福建省社会科学规划项目
福建省高校人文社科研究基地体育产业研究中心资助出版

FUJIAN

福建省

农村体育公共服务精准化供给研究

陈霞明 ◎ 著

厦门大学出版社 国家一级出版社
XIAMEN UNIVERSITY PRESS 全国百佳图书出版单位

图书在版编目（CIP）数据

福建省农村体育公共服务精准化供给研究 / 陈霞明
著. -- 厦门：厦门大学出版社，2022.12
ISBN 978-7-5615-8900-7

Ⅰ．①福… Ⅱ．①陈… Ⅲ．①农村－群众体育－公共
服务－研究－福建 Ⅳ．①G812.757

中国版本图书馆CIP数据核字(2022)第237121号

出 版 人	郑文礼
责任编辑	李峰伟

出版发行 厦门大学出版社

社　　址	厦门市软件园二期望海路 39 号
邮政编码	361008
总 编 办	0592-2182177　　0592-2181253(传真)
营销中心	0592-2184458　　0592-2181365
网　　址	http://www.xmupress.com
邮　　箱	xmupress@126.com
印　　刷	厦门市明亮彩印有限公司

开本	787 mm×1 092 mm　1/16
印张	9.75
字数	245 千字
版次	2022 年 12 月第 1 版
印次	2022 年 12 月第 1 次印刷
定价	39.00 元

本书如有印装质量问题请直接寄承印厂调换

厦门大学出版社
微信二维码

厦门大学出版社
微博二维码

前 言

"没有全民健康,就没有全面小康。"2020年9月22日,习近平总书记在教育文化卫生体育领域专家代表座谈会上指出:"要紧紧围绕满足人民群众需求,统筹建设全民健身场地设施,构建更高水平的全民健身公共服务体系。"农村体育公共服务作为满足农民日常体育需求的途径,是维护乡村社会和谐稳定与促进乡村精神文明建设的重要抓手。因此,健全完善的公共文化服务体系,是推动乡村文化振兴的重要环节。多年以来,福建省认真贯彻落实中央一系列决策部署,全面深化农村改革,深入践行精准扶贫、精准脱贫方略,扎实推进农业农村现代化,农业农村发展取得新进展。农村体育事业发展也是成绩斐然,尤其是从2002年福建省体育局率先将全民健身场地设施建设列入省委省政府为民办实事项目以来,福建省农村体育各项事业均取得了快速发展。本研究以福建省"十三五"期间全民健身实施计划落实情况督查调研和福建省2020年全国体育场地统计调查为依据,从福建省农村体育场地、赛事活动、健身组织、健身指导、体育文化的供给情况入手,在全面把握福建省农村体育公共服务体系建设现状基础上,探索在乡村振兴战略背景下福建省农村体育公共服务精准化供给发展路径。这对于科学编制福建省农村体育事业"十四五"发展规划,制订健康福建行动方案,构建更高水平的全民健身公共服务体系,建设"机制活、产业优、百姓富、生态美"的新福建,助力乡村振兴,具有重要的理论意义和现实价值。

本书共5章,第一章为导言,第二章为概念界定与研究对象、方法及思路,第三章为福建省农村体育公共服务体系建设现状,第四章为福建省农村体育公共服务体系建设困境及成因分析,第五章为福建省农村体育公共服务精准化供给发展路径分析。

第一章,以选题背景导入,在阐述本研究意义的基础上,对国内外农村公共体育服务的相关研究进展展开梳理和评述。深知公共服务是乡村振兴战略的"显示器"和"助推剂",也是乡村振兴战略的"关键抓手"。当前,构建更高水平的全民健身公共服务体系已成为学者们研究的课题,都致力于从全国层面、从城乡等不同维度推动农村体育公共服务朝科学化、现代化方向不断发展,为农村构建

1

更高水平的全民健身公共服务体系创造条件。

第二章,从公共服务、基本公共服务、基本公共服务均等化、公共服务精准化供给、农村体育公共服务的概念、内涵及相关理论进行梳理。学者们认为国家政府扮演着"公共服务者"的角色,所以由政府主导的市场监控、经济调整等工作均属于公共服务范畴;虽在如何引入多元的农村体育公共服务投资主体、如何提高农村体育公共服务的供给效率和能力等问题上尚未形成统一定论,但关于公共体育服务供给都较为一致地主张从场地设施、体育赛事、健身活动、健身组织、健身指导、体育文化等方面进行分析,并说明了福建省农村体育公共服务研究对象、研究范围、研究内容以及研究思路。

第三章,从福建省农村体育场地、赛事活动、健身组织、健身指导、体育文化等方面,围绕研究样本的发展总量、建设相对量指标,就福建省农村建设总体情况,不同农村地区,以及县里、镇里、乡里、村里等不同维度进行纵横比较。研究表明:近几年来,为了解决"满足农民群众体育日益增长需求"问题,福建省、市、县各级政府加大建设力度,推进农村体育公共服务供给发展。在福建省政策法规引领下,各级政府将农村体育公共服务建设纳入为民办实事项目,纳入加快社会事业发展补齐民生短板工程,纳入城乡民生基础设施建设工程,各项指标均取得了可喜的发展成绩。截至2019年12月31日,福建省农村人均体育场地面积2.43平方米,基本形成了县、乡镇、行政村的农村体育场地设施网络体系,并逐步向自然村延伸。构建了以体育赛事为龙头、全民健身运动会为引领、其他体育赛事为特色的赛事体系;持续深化"全民健身百村行""运动健身进万家""一县一品""一行一品"等体育健身活动,使农村健身赛事活动常态化开展。组建了以县城为主,镇级为辅,乡村和特殊区域分散建设的农村体育社会组织体系。当前福建省农村体育社会组织共有732个,每万人拥有体育社会组织0.52个,同时组建了一支每千人拥有1.9名社会体育指导员的本土化健身指导队伍,且经常举办各类培训来提升社会体育指导员的指导能力。按照总局部署,落实国民体质监测站点建设覆盖率达100%;推进广播体操、工间操培训、展示、展演和比赛等推广普及活动;"八闽百村行""健身气功五进工程"等活动深受农民朋友喜爱;逐步形成了政府牵头、协会推进、机构联动、农民参与的农村体育发展模式。

第四章,通过供需理论分析发现:①福建省农村虽然都成立了全民健身领导小组,"大群体"发展格局也已形成,但是体育部门与发改、土地、规划、住建、税务、教育、旅游、卫生等部门协同运行机制仍较为松散,工作合力不齐。②"城乡二元"结构使得农村体育发展相对滞后,农民参与体育意识薄弱,对公共体育服务供给无法形成正确、前瞻、可行的需求表达,导致供给内源性动力不强。③福建省农村体育依托"六大员"制度搭起农村综合服务体系,但由于农村经营主体较为分散、抗风险能力不高、盈利模式不确定,因此各级政府及其他供给主体在进行公共体育供给时都选择远离农村，造成了农村体育公共服务供给的外源性动力不强。④福建省农村体育公共服务供给决策机制、主体权责失衡，供给监督管理缺乏延续性，导致了农村体育公共服务供给形式仍然是以为民办实事项目、购买提供为主，不论是实物性服务，还是非实物性产品城乡供给都存在差异性，区域供给配置发展也不均衡。

第五章，农村体育公共服务精准化供给是各级政府及社会行业协会供给主体，以精准供给为导向，通过精准识别、精准管理、精准评估为农民提供更多准确、高效的公共体育服务产品。针对福建省农村体育公共服务体系发展实际提出：①强化全民健身公共服务职能，实现基本公共体育服务向农村倾斜。一是推进城乡公共服务均等化，使广大农民共享现代化发展成果；二是强化各级政府对农村体育公共服务的保障责任，加大专项投资力度，确保农村体育有序发展；三是建立自下而上和自上而下相结合的公共服务供给决策机制，提升政府向农村体育供给服务绩效。②通过编制增加场地设施供给，丰富农村体育赛事活动，加快农村"体育＋""＋体育"多元融合发展，提升科学健身指导水平，推进信息化平台建设等精准化供给专项规划，开启福建省农村体育发展新时代。③"送体育"对农民来说无疑是杯水车薪。因此，应将农村体育公共服务的财权和事权一并下放给乡镇政府，确保乡镇直接治理，提升治理效率；应创新社会组织参与机制，调动社会组织参与农村体育公共服务供给的积极性；构建多层次的公共服务供给体系。④在"城乡二元"公共体育服务体系下，农村地区公共服务存在离县政府中心越远供给能力越弱或执行无法覆盖的情况。因此，农村体育公共服务供给应坚持在以政府为主渠道的基础上，积极鼓励市场化供给、政府与市场混合供给等方式，丰富农村体育公共服务供给主体，提升农村体育公共服务供给效率。⑤制定农村体育公共服务的行为规范和技术标准，明确农村体育公共服务的市场准入条件，适当允许符合条件的市场供给主体参与；促进农村体育公共服务信息公开，构建农村公共体育服务的质量监督体系，定期对参与农村公共体育服务的相关部门、社会组织、协会等进行服务质量、能力以及信用等方面的综合评定，并根据评定等级给予相应的财政补贴，进而规范农村公共体育服务市场化治理的环境，提高农村体育公共服务精益供给的服务效益。

著　者

2022 年 6 月

目 录

CONTENTS

第一章 导 言 ……………………………………………… 1

第一节 选题背景及意义 …………………………………… 1

第二节 文献综述 …………………………………………… 2

一、国外农村公共体育服务相关研究 …………………… 2

二、国内农村公共体育服务相关研究 …………………… 4

三、相关研究评述 ………………………………………… 8

第二章 概念界定与研究对象、方法及思路 ……………… 9

第一节 概念的界定 ………………………………………… 9

一、公共服务概念界定 …………………………………… 9

二、农村体育公共服务概念界定 ………………………… 11

第二节 研究对象、方法及基本思路 ……………………… 12

一、研究对象 ……………………………………………… 12

二、研究方法 ……………………………………………… 13

三、研究基本思路 ………………………………………… 14

第三章 福建省农村体育公共服务体系建设现状 ………… 15

第一节 福建省农村体育场地设施建设现状 ……………… 15

一、体育场地建设总体情况 ……………………………… 16

二、各行业体育场地建设情况 …………………………… 17

三、各地农村体育场地建设情况 ………………………… 19

四、各类型体育场地建设情况 …………………………… 24

五、体育场地发展水平测度 ……………………………… 30

六、典案分析：泉州市"百村百座"老年活动中心建设 … 39

七、小 结 ………………………………………………… 40

第二节 福建省农村体育赛事活动发展现状 ……………… 41

一、全民健身活动开展情况 ……………………………… 42

1

二、全民健身运动会开展情况 ………………………………… 47
　　三、体育赛事举办情况 ……………………………………………… 52
　　四、其他体育赛事开展情况 ……………………………………… 58
　　五、小　结 ………………………………………………………………… 63
第三节　福建省农村体育健身组织发展现状 ………………… 64
　　一、体育社会组织发展情况 ……………………………………… 65
　　二、全民健身活动站点建设发展情况 ………………………… 73
　　三、小　结 ………………………………………………………………… 79
第四节　福建省农村体育健身指导发展现状 ………………… 80
　　一、社会体育指导员基本情况 …………………………………… 81
　　二、社会体育指导员培训情况 …………………………………… 83
　　三、国民体质监测站点建设与运行情况 …………………… 87
　　四、工间操开展情况 …………………………………………………… 88
　　五、小　结 ………………………………………………………………… 89
第五节　福建省农村体育文化建设发展现状 ………………… 90
　　一、营造体育锻炼氛围情况 ……………………………………… 91
　　二、民间传统体育文化建设情况 ……………………………… 92
　　三、乡村振兴战略中屏南县传统弓箭射艺传承及发展研究 … 96
　　四、典案分析：福建省农村体育文化建设中的榜样与故事 … 100
　　五、小　结 ……………………………………………………………… 104

第四章　福建省农村体育公共服务体系建设困境及成因分析 … 106
第一节　福建省农村体育公共服务体系建设中存在的问题分析 … 106
　　一、政府公共体育服务供给机制合力不齐 ………………… 106
　　二、农村体育公共服务供给内源性动力不强 …………… 106
　　三、农村体育公共服务供给外源性动力不足 …………… 107
　　四、农村体育公共服务结构不均衡 ………………………… 108
第二节　福建省农村体育公共服务体系建设中面临问题的成因分析 … 109
　　一、城乡二元的公共服务供给制度 ………………………… 109
　　二、农村体育公共服务供给决策机制 ……………………… 110
　　三、农村体育公共服务主体权责失衡 ……………………… 111
　　四、农村体育公共服务供给监督管理缺乏延续性 …… 112

第五章　福建省农村体育公共服务精准化供给发展路径分析 … 113
第一节　农村体育公共服务精准化供给的内涵与特征 …… 113
　　一、公共服务精准化供给的内涵与特征 …………………… 113
　　二、农村体育公共服务精准化供给的内涵与特征 …… 114
第二节　福建省农村体育公共服务精准化供给发展路径分析 … 115
　　一、强化全民健身公共服务职能，实现基本公共体育服务向农村倾斜 … 115

二、制定农村公共服务供给专项规划,开启农村体育发展新时代 ……………… 115

三、增进公共服务治理创新,构建多层次农村体育公共服务供给体系 ……… 117

四、深化公共服务生产模式,丰富多元农村体育公共服务供给主体 ………… 118

五、强化公共服务监督管理,推进农村体育公共服务供给高质量发展 ………… 118

参考文献 ………………………………………………………………………… 119

附　录 …………………………………………………………………………… 125

后　记 …………………………………………………………………………… 143

第一章

导　言

第一节　选题背景及意义

现阶段,随着各产业发展速度的进一步提升,社会民众的物质文化生活水平也获得了质的飞跃。传统的劳动生产生活方式正逐步被休闲生活方式所取代,不仅经济短缺现象得到了极大的改善,而且知识经济体系也展示出了蓬勃的发展活力。而随着生产方式和生活方式的转型发展,社会民众也在体验着由"生存需求"转向"发展需求"的美好变化。如何提升社会民众的发展质量和发展效率,已成为当下社会进步发展的导向性任务之一。体育事业是支撑社会民众健康、稳定发展的必要手段,国务院于 2019 年正式发布了《体育强国建设纲要》,并指出:到 2035 年,形成政府主导有力、社会规范有序、市场充满活力、人民积极参与、社会组织健康发展、公共服务完善、与基本实现现代化相适应的体育发展新格局,体育治理体系和治理能力实现现代化。全民健身更亲民、更便利、更普及,经常参加体育锻炼人数比例达到 45％以上,人均体育场地面积达到 2.5 平方米,城乡居民达到《国民体质测定标准》合格以上的人数比例超过 92％。到 2050 年,全面建成社会主义现代化体育强国。① 随着国内体育事业发展速度的不断提升,农村公共体育服务建设的重要性也在不断彰显,不仅与乡村振兴战略保持了极高的联系,同时也为体育强国事业发展提供持续性的推进力量。

随着乡村振兴战略的持续性推进,党的二十大报告也进一步强调了乡村振兴战略在我国未来发展过程中所占据的重要地位。为保障乡村振兴战略的持续化、稳定化、高效化推进,国务院和各级人民政府也发挥着自身的导向性作用,利用政策扶持、资金补给等手段助力乡村振兴战略的部署与落实。体育事业作为乡村振兴战略推进的重要环节之一,其社会关注热度也获得了大幅提升。国务院于 2015 年发布了《国务院办公厅关于推进农村一二三产业融合发展的指导意见》(简称《意见》),《意见》指出:拓展农业多种功能。加强统筹规划,推进农业与旅游、教育、文化、健康养老等产业深度融合。2017 年 2 月 5 日,"田园综合体"概念被正式提出,即通过资金补给与政策扶持等手段,帮助乡村地区构建田园综合体,用以助力集体农业、现代化农业的建设工作。此外,还应为农业综合开发及各项创新性改革政策提供试点,助力农村综合改革发展。2018 年,国务院发布了《中共中央国务院关于实施乡村振兴战略

---

① 国务院办公厅关于印发体育强国建设纲要的通知［EB/OL］.（2019-09-02）［2020-10-10］. http://www.gov.cn/zhengce/content/2019－09/02/content_5426485.htm.

的意见》,进一步明确了助力乡村振兴战略实施的改革意见。

福建省,简称"闽",位于我国东南沿海,以山地丘陵为主,拥有大量的海产资源。福建省下辖1个副省级城市、8个地级市,共包括28个市辖区,13个县级市,44个县(金门县除外)。《福建统计年鉴》显示:截至2020年底,除金门县外,福建省43个县级行政区划共有9 139个,占全省行政区划总数的53.46%;全省县域土地面积80 870.47平方千米,占全省总土地面积的65.22%;全省县域常住人口总数达1 498.7万人,占全省总常住人口的37.72%;全省县域经济的GDP达12 556.64亿元,占全省GDP的29.62%。[①] 可见,在福建省各项社会事业发展中县级行政区划都占据着重要的地位。"郡县治,天下安。"县域作为连接城市与乡村的关键场域,是国家治理现代化中非常重要的一环,是推进国家全民健身公共服务体系建设的根底性环节。特别是"十三五"以来,随着全民健身国家战略的深入实施,福建省城乡公共体育服务设施得到明显改善,广大农村各项事业均取得可喜成就,农民体育公共服务体系也得到了一定程度的发展与完善。保障乡村振兴战略的持续化推进,是实现共同富裕目标的必经之路。因此,在乡村振兴战略背景下,本书将分析福建省农村公共服务各个方面供给的配置情况,梳理公共服务供给中存在的问题及成因,探寻如何供给侧改革、如何结合乡村振兴等可行的发展路径,为新时代打造由政府主导、部门协同、社会参与的多元化农村体育公共服务供给模式提供有益探索。

第二节　文献综述

一、国外农村公共体育服务相关研究

西方发达国家开展公共体育服务理论研究的起步时间较早,各项理论体系均较为完善,且拥有较为丰硕的研究成果。由于受工业发展水平的影响,发达国家的城市公共体育服务与乡村公共体育服务的构建思想和发展状态具备相似性,因此关于农村公共体育服务的专项性课题研究数量较少,鲜有针对农村地区公共体育服务的表述与研究,很难为本次课题研究直接提供具有参考性的文献资料;但是通过研究国外公共体育服务的相关理论,可以吸取到大量关于公共体育服务的建设经验,并最终为国内农村公共体育服务的建设与发展提供参考和借鉴。

从公共体育服务的建设层面看,西方发达国家已构建出公共体育服务的完善化理论研究体系,拥有较强的实践经验和丰硕的理论研究成果。我们可以吸取其发展公共体育服务的优秀经验,使其助力我国农村地区完善公共体育服务体系的最终目标。以美国的公共体育服务为例,其在发展公共体育服务的同时并未设置专项化的监督管理组织,而是委派各类社会企业作为"监督者"的角色投入公共体育服务的建设工作中。美国政府在公共体育服务的建设过程中,扮演着主导者角色,负责协调组织管理和资源配给等工作;在规划体育运动场地时,美国政府依照各社区的人口分布差异,制订出更具适应性的场地建设方案。除此之外,美国还建立了专项性的法律体系来保障体育场地建设的质量与效率。体育场地的建设支出主要由政府承担,后续维护费用则需要政府与社会企业及民众的共同支持。[②] 学者

①　福建省统计局.福建统计年鉴(2021)[M].北京:中国统计出版社,2021.

②　JAY J C. Sport in society:issue and controversies[M]. New York:McGraw-Hill,2004:354-356.

Gratton 在研究中指出:20 世纪 40 年代,随着英国社会产业发展速度的进一步提升,民众对于身体健康需求的呼声愈发高涨,英国政府为满足民众需要,开展了公共体育服务的筹备建设工作。除此之外,许多西方国家也认识到体育运动对于提升国民身体素质的积极作用,相继开展了关于公共体育服务的研究,并不断提高对于公共体育服务的资源投入。英国政府为保障公共体育服务的科学性与实用性,设立了专项性的监督管理部门——文化传媒体育部。除负责日常的监督管理任务外,其还需承担起体育活动策划、政策传达和场地管理等职责。英国政府使用构建法律体系的手段来保障公共体育服务的覆盖性与公平性,使得每位英国公民都能充分享受到公共体育服务所带来的健康收益。除此之外,开办体育活动、维护体育场地和更新体育设施均需要大量的资金供给。英国政府为解决此类问题,将体育彩票收益、社区捐款和企业捐助的资金进行了有效整合,并加设了用于管理资金配给的专项性策略,以保障公共体育服务的长期化运行。德国为保障公共体育服务的持续化发展,组织建设了体育联盟和各类体育俱乐部。德国政府仅在必要时对其进行资金补给或政策调控,以保障公共体育服务体系的长期化、稳定化运行。① 其在组织建设体育场地和引入体育设施时,须遵循德国政府出台的相关管理标准,使其能够更好地满足当地居民的实际需求。数据统计显示:德国政府向公共体育服务发展所投入的资金占比约为 10%,而剩余 90%的资金均需依靠俱乐部与体育联盟组织的各类体育活动及营销活动获得。除上述内容外,部分学者还针对公共体育服务的供给效率开展了专项性研究。研究结果显示:应当进一步提升社会对于体育发展重要性的认识,从而吸纳更多的资源为公共体育服务的未来建设提供源源不断的活力。20 世纪 90 年代,部分英国学者便指出:应当通过调动社会资源的方式,增强社会组织及各类企业对于公共服务的关注力度,从而使得更多的人力、物力、财力资源投入公共服务建设中来。这一方面可以缓解政府的财政压力,另一方面也能够大幅提升公共服务体系的建设质量与建设效率。

从公共体育服务治理角度看,西方发达国家凭借理论和实践层面的优势,已经构建出了极具地方特色的服务治理体系。我国在建设公共体育服务治理体系的过程中,应当充分借鉴其建设经验,做到取其精华,去其糟粕。以日本为例,日本儿童的健康水平在世界儿童健康水平排行中始终占据着领先地位,这与日本拥有完善的青少年体育服务治理体系密不可分。数据统计显示:1980 年前后,日本青少年的身体素质呈现出显著的下降趋势,日本政府为解决此问题,制订了完备的政策方案,通过政策引导等方式为日本青少年树立"体育强身"的基本理念。日本政府除推行相关政策外,还不断加大体育场地建设和引入体育设备的投入力度。通过日本政府的不断努力,日本青少年健康水平持续下滑的问题终于得到了解决。② 英国作为最早开展公共体育服务建设的国家之一,其在公共体育服务治理方面也表现出了卓越优势。英国政府按照国内公共体育服务体系的发展特点,构建出了极具特色的公共体育服务治理体系。从青少年公共体育服务治理体系角度观察,英国政府通过政策引导的方式,将英国青少年的体育运动水平与学科综合成绩直接联系起来。数据统计显示:英国政府为提升本国青少年对于体育运动的重视程度,曾于 2000 年前后出台了用于管理青少年身体健康的重要政策,此举也正式确立了公共体育服务在英国公共服务体系中的重要地位。

① 刘芳.中外公共体育服务体系构建比较研究[J].山东体育科技,2015,37(1):26-30.
② 王占坤,周以帖,李款,等.日本青少年公共体育服务治理经验及启示[J].沈阳体育学院学报,2020,39(6):18-26.

英国政府除使用政策手段外,还与教育部门、卫生部门共同组织了多项有助于提升青少年身体健康水平的体育活动赛事,并设置了专项基金来保障相关活动的持续开展,提升公共体育服务治理水平。西班牙政府另辟蹊径,将公共体育服务治理工作交由社会组织负责,并通过资金补助及政策扶持等方式维持其长期化、稳定化的发展态势。芬兰政府的公共体育服务治理手段与西班牙政府较为相似,其通过组织各类体育赛事的方式来获取用于补给公共体育服务治理的资金,政府在公共体育服务治理工作中扮演着组织者和协调者的角色,以此来促进国内各大体育组织的协调化、稳定化发展,并借助组织体育赛事的收益来反哺本国体育事业的建设发展。此外,随着芬兰公共体育服务的不断完善,芬兰政府也在不断加强公共体育服务治理与本国教育部门、卫生部门的协同发展,意在借助各方力量做好本国公共体育服务的治理工作。[①]

二、国内农村公共体育服务相关研究

(一)农村公共服务体系运行机制探究

开展关于农村公共体育服务体系运行机制的课题研究工作,梳理并总结现阶段所存在的缺陷性问题,有助于进一步明确农村地区公共服务体系的运行原理,具有十分重要的理论意义与实践价值。齐立斌(2010)曾在研究中指出:现阶段,国内公共体育服务体系的构建仍处于起步阶段,存在较大的优化空间。此外,他还从服务体系的构建原理入手,针对上述问题给出了极具实用性的改良优化方案。[②] 唐鹏等(2010)的研究结论指出:农村公共服务体系需要政府发挥强有力的主导作用,不断强化自身在公共服务体系中的指导性地位。此外,还应通过政策调控等手段增强各类社会组织为农村公共服务体系建设提供的推动作用,助力农村公共服务体系的健全发展。[③] 胡庆山等(2011)在研究中指出:随着我国体育强国战略的不断推行,现有的农村公共服务体系在运行过程中也暴露出了许多缺陷性问题,如资金补给源过于单一、与农民群体实际需求脱节等,亟待利用有效手段予以优化。[④]

除上述内容外,部分学者还提出了新的理论观点。王凯(2017)在研究中引入了扁平化理论,并指出:政府作为农村公共服务体系的主导者,其应不断强化自身对于服务体系运行原理的认知,从而更高质量、更高效率地开展后续的资源配给等工作。除此之外,还应进一步完善政府工作人员的专项性技能培养,增强其综合服务能力。[⑤] 政策导向也会对农村公共服务体系的运转效率产生决定性的影响作用。颜小燕(2018)在研究中指出:随着乡村振兴战略推进速度的不断提升,各级地方政府部门也应增强自身与其他单位的协同作业能力,推动农村公共体育服务朝科学化、现代化方向不断发展,并通过引入专业人才和现代化的信息技术手段,巩固现有工作成果。[⑥] 许彩明和武传玺(2019)的研究结论显示:现阶段,由于农村

① 李留东,田林,杜浩,等.美、德、英三国公共体育服务建设经验及启示[J].天津体育学院学报,2019,34(6):466-473,485.

② 齐立斌.农村公共体育服务体系的运行机制研究[J].南京体育学院学报(社会科学版),2010,24(4):44-48.

③ 唐鹏,潘蓉,刘嘉仪,等.农村公共体育服务体系的建构研究[J].体育与科学,2010,31(6):53-57.

④ 胡庆山,方千华,张铁明.迈向体育强国的农村体育公共服务体系建设[J].上海体育学院学报,2011,35(5):12-17.

⑤ 王凯.农村公共体育服务扁平化治理的理论建构与路径展望[J].体育科学,2017,37(10):90-97.

⑥ 颜小燕.农村公共体育服务供给的治理机制研究——基于十九大报告中"乡村振兴"战略背景的分析[J].体育与科学,2018,39(2):13-19.

公共服务体系缺乏配套的评价体系,农村公共服务体系建设难以在短时间内取得突破性进展。[①]

(二)农村公共体育服务供给侧改革探索

国内学者也就如何增强我国农村公共体育服务供给能力的问题开展了理论研究。熊禄全和张玲燕(2018)的研究结果显示:现阶段,我国农村公共体育服务存在着政府主导性过强的问题,不利于吸纳其他非政府性组织的供给,亟待改善。除此之外,现有的公共体育服务不能很好地满足农民群体的实际需求,这也是引发群众满意度下滑和供给失衡问题的原因所在。若想解决上述问题,需从推进供给方多元化发展的角度入手,借助现代化信息技术手段,加强农民群体对于体育活动的认识;还应根据地区差异制订出适用于当地发展的体育活动计划,并做好公共体育服务配套监督管理体系的建设工作。[②]郑丽和张勇(2016)在研究中指出:若想做好农村公共体育服务供给侧改革工作,就应当充分发挥非政府组织的强大力量,构建出以政府为主导,各类社会组织协同发展的良好服务体系。[③]胡庆山和王健(2014)在研究中指出:现阶段,农村公共体育服务仍存在着诸多缺陷性问题,如服务模式过于单一、缺乏配套的监管体系、运转过程中存在冗余环节等,并针对上述所存在的问题给出了极具针对性的优化改良方案。[④]

开展公共体育服务供给侧改革有利于为公共体育服务的未来发展注入新的活力。王毅和双重(2014)的研究成果显示:我国农村公共体育服务供给侧存在着诸多缺陷性问题,如政府主导作用缺失、市场供求关系失衡等,可尝试通过引入非政府组织力量的方式来解决上述问题。[⑤]李珊珊(2014)在研究中指出:社会化供给是农村公共体育服务未来发展的必然导向之一,应当充分运用农村社区、个人及各类非政府组织的推动性力量,为农村公共体育服务的未来发展提供活力。[⑥]刘玉(2017)曾就农村公共体育服务供给侧问题开展了实地调研,并在研究结论中指出:现阶段,我国农村公共体育服务供给侧缺少必要的社会力量,这也对农村公共体育服务的未来发展起到了严重的阻滞作用。为解决上述问题,应从调动农民群体参与体育活动的积极性入手,并为农民群体提供交流服务意愿的信息沟通平台。[⑦]秦小平等(2012)在研究中指出:在现有的农村公共体育服务体系中,农民群体缺乏必要的表达手段,难以与政府部门进行有效沟通。因此,应当依据"因地制宜"的基本原则,做好配套管理体系的建立健全等工作,并利用完善的奖惩体系来提升农村公共体育服务的建设效率与建设质量,为农村公共体育服务供给侧多元化发展提供强大助力。[⑧]

(三)农村公共体育服务均等化探讨

农村公共体育服务均等化是我国政府现阶段的重要发展任务之一,相关学者也就这一

① 许彩明,武传玺."乡村振兴战略"背景下我国农村体育公共服务升级路径研究[J].西安体育学院学报,2019,36(5):555-561.
② 熊禄全,张玲燕.农村公共体育服务供给侧改革治理的内在需求与路径导向[J].体育科学,2018,38(4):22-36.
③ 郑丽,张勇.农村公共体育服务供给侧改革协同治理路径研究[J].沈阳体育学院学报,2016,35(3):19-23.
④ 胡庆山,王健.农村体育公共服务供给的价值审思与现实困境[J].上海体育学院学报,2014,38(4):20-24,30.
⑤ 王毅,双重.失灵与农村体育公共服务探索[J].体育文化导刊,2014(6):15-18.
⑥ 李珊珊.农村体育公共服务供给模式探索[J].体育文化导刊,2014(12):43-46.
⑦ 刘玉.我国农村政府购买基本公共体育服务发展困境与破解路径[J].西安体育学院学报,2017,34(1):34-39.
⑧ 秦小平,王志刚,王健,等."以钱养事":农村体育公共服务供给机制改革新思路[J].上海体育学院学报,2012,36(1):32-35.

问题开展了深入化、系统化的研究。俞丽萍(2011)在研究中指出:现阶段,国内农村公共体育服务供给缺乏社会财政资源的必要支撑,这也使得农村公共体育服务的未来发展水平受到了严重制约,从而进一步拉开了城乡公共体育服务水平的差距。为有效解决上述问题,应当做好农村地区与城市地区的协同发展工作,致力于提升农村公共体育服务建设质量与建设效率,从而缩小城乡公共体育服务的差距。此外,政府还应当做好向服务型政府转型的相关工作,通过构建评价体系与信息反馈体系等手段,促进政府的资源配置工作朝科学化、合理化方向不断迈进;对于缺乏必要沟通渠道的群众,政府应当主动为其提供反馈意见的渠道。[①] 薛山和龙家勇(2016)的研究结论表明:农村公共体育服务均等化更加强调农民群众的满意度;地方政府也应当发挥自身的引导作用,带动落后地区公共服务体系的建设共组。[②] 舒刚民(2017)研究认为:城乡二元发展的政策制度是导致农村公共体育服务"非均等化"发展的根源;财政支持"碎片化"是制约农村公共体育服务供给的关键;诉求缺失是"离土离乡"的农村青壮年劳动力的体育生活现状;需求表达不畅是农村留守群体话语响应的实属无奈。应当整合政府职能结构、优化运行机制、引领媒介信息传播,以提升政府公共治理能力,通过重塑基层组织责任、强化招商引资措施、发掘乡土体育资源等提升乡村基层治理,构建乡村命运共同体,培养村民体育参与意识来提升村民民主自治水平等。[③]

(四)农村公共体育服务现状对策探求

受环境、经济产业发展水平等因素的影响,我国东西部地区的农村公共体育服务的发展水平与发展效率仍存在着较强的差异。部分学者开展了关于农村公共体育服务现状对策的相关研究,并取得了丰硕的研究成果。与我国西部地区相比,我国东部地区的经济产业发展水平较高,农村公共体育服务的建设质量与运行效率等方面也拥有一定的优势,但其也存在着诸多缺陷性问题。彭国华等(2017)的研究结果表明:广东部分农村地区的农村公共体育服务存在着供求关系不平衡的问题,现有公共体育服务不能很好地满足当地民众需求。此外,体育活动教练普遍存在着专业技能水平低、缺乏活动管理经验等问题。上述问题不仅对农村公共体育服务的建设质量造成了严重的负面影响,更造成了政府投入资源的巨大浪费。为解决上述问题,广东省政府应当从助力农村产业发展的角度入手,充分利用农村的闲置土地资源,从而在保障体育活动场地建设质量与建设效率的前提下,实现控制建设成本的最终目的。此外,还应加强体育活动教练的专业技能培训,并引入配套的绩效奖惩机制,使之不断提升自主学习意识。[④] 王驰和何元春(2018)在研究中指出:东部地区农村公共体育服务建设普遍存在着盲目追求效率和供给关系不平衡的问题,使得难以通过农村公共体育服务的建设来调动农民群体对于体育运动的重视。[⑤] 现阶段,我国苏南地区的农村公共体育服务建设已取得了诸多突破性成果,具备极高的参考价值。陈家起等(2013)在研究中指出:苏南地区农村公共体育服务的发展具有象征性意义,我国其他农村地区可充分借鉴其发展经验,不断提升自身的服务建设水平,改善农村公共体育服务中所存在的各类缺陷性问题。苏南地

① 俞丽萍.我国体育公共服务均等化问题的研究[J].武汉体育学院学报,2011,45(7):31-35.
② 薛山,龙家勇."均等化"理念下农村基本公共体育服务的经验与选择[J].北京体育大学学报,2016,39(3):17-22.
③ 舒刚民.中国农村公共体育服务供给的治理路径[J].成都体育学院学报,2017,43(5):33-39.
④ 彭国华,张莉,庞俊鹏.中国农村公共体育服务政策的变迁历程[J].当代中国史研究,2017,24(3):121.
⑤ 王驰,何元春.地方性知识视阈下我国农村公共体育服务供给理念的反思及重构[J].北京体育大学学报,2018,41(7):9-16.

区的农村公共体育服务体系与其他农村公共体育服务相比,具备供给多元化、服务效率高、服务内容广等优势。但是,苏南地区的农村公共体育服务也同样面临着农村公共体育服务公共性特征下滑的问题,亟待借助有效手段予以解决。此外,苏南地区在快速发展农村公共体育服务的同时,缺乏同步建设体育精神文化的意识,这也为当地公共体育服务的未来发展埋下了隐患。①

　　部分学者也开展了关于我国西部地区农村公共体育服务的相关研究。卢文云等(2010)曾在研究中指出:现阶段,我国西部地区在发展农村公共体育服务的过程中,普遍存在农民群体缺乏自主参与体育活动的问题,许多农民群众并未认识到体育运动与自身健康水平存在的关联。针对上述问题,其还给出了针对性的优化改良意见,即:当地政府应通过政策调控等手段,将农民收入与体育运动联系起来,从而充分调动农民群众自主参与体育活动的积极性。② 王海宏等(2008)在研究中指出:河南省地区在农村公共体育服务的建设过程中暴露出了诸多缺陷性问题,如体育活动场地建设水平较差、公共体育服务项目与民众实际需求不协调等问题。上述问题的出现,进一步降低了当地农民群体参与体育活动的积极性。他的研究结果显示:河南省政府应致力提升当地体育活动场地的建设质量,并引进高质量的体育活动教练,从而解决当地农民群众参与体育活动积极性低下等问题,为当地农村公共体育服务的未来发展奠定有利的基础条件。③ 王小娟等(2012)选取我国发达地区农村和欠发达地区农村作为研究样本,开展了关于农村体育服务发展现状的比对研究,研究结论显示:应当不断提升农村公共体育服务覆盖面积,致力于公共服务项目的多元化发展,使之与当地医疗产业、教育事业协调发展。④

(五)关于乡村振兴战略与农村公共体育服务的相关研究

　　许彩明和武传玺(2019)开展了关于农村公共体育服务与乡村战略协同性的相关研究,研究结果显示:现阶段,国内农村公共体育服务由于缺乏配套监管体系,使得公共体育服务在发展过程中出现了供求关系不平衡等问题。而若想解决上述缺陷性问题,当地政府就必须从优化资源配给的角度入手,致力于扩充农村公共体育服务供给渠道,为农村公共体育服务的未来发展注入源源不断的活力。⑤

　　肖伟等(2019)在研究中指出:随着乡村振兴战略的不断推进,企业为农村公共体育服务的未来发展提供了强大的助推力量。乡村振兴战略的推进能够有效提升农村地区的现代化改革的发展速度与水平,综合提升农村地区体育设施的基础建设水平。而受乡村振兴战略的影响,农村公共体育服务也在不断朝可持续化发展方向靠拢,为提升农民群众身体健康水平提供了全新的发展思路。⑥

　　颜小燕(2018)在研究中指出:随着乡村振兴战略的不断推进,农村公共体育服务所存在

① 陈家起,刘红建,朱梅新.苏南地区农村体育公共服务供给的有益探索[J].体育与科学,2013,34(5):111-117.
② 卢文云,梁伟,孙丽,等.新农村建设背景下西部农村体育公共服务供给现状、问题及对策研究[J].体育科学,2010,30(2):11-19.
③ 王海宏,杨建国,王剑,等.农村公共体育服务的现状调查与对策研究[J].武汉体育学院学报,2008(11):73-77.
④ 王小娟,郁俊,罗华敏,等.新农村多元化公共体育服务形式实证研究[J].体育科学,2012,32(2):69-80.
⑤ 许彩明,武传玺."乡村振兴战略"背景下我国农村体育公共服务升级路径研究[J].西安体育学院学报,2019,36(5):555-561.
⑥ 肖伟,田媛,夏成前.乡村振兴战略下农村体育发展方向与路径研究——基于乡村振兴与体育发展关联的辨析[J].武汉体育学院学报,2019,53(1):24-29.

的缺陷性问题也逐渐暴露出来,如供给模式单一、群众满意度不高、缺乏必要的管理监督体系等。为优化上述问题,各级地方政府应当进一步完善现有的服务架构,不断加强农民群体对于参与体育活动重要性的认识。除此之外,还应当进一步优化信息沟通渠道,帮助地方政府收集群众的反馈意见,为农村公共体育服务的未来发展奠定有利的基础。①

马德浩(2020)在研究中指出:压力型任务传导机制使得农村公共体育服务治理低效化,运动型治理方式使得农村公共体育服务治理形式化,"乡财县管"的财政制度使得农村公共体育服务治理的经费扶持力度被削弱,村民自治"梗阻"使得农村公共体育服务治理运转不畅,体育能人的流失使得农村公共体育服务治理的人力资源捉襟见肘,体育社会组织的"少而弱"使得农村公共体育服务的多元治理远未成形。体育市场组织参与农村公共体育服务治理的机制尚未打通。因此,他提出优化农村公共体育服务治理的任务传导机制、细化农村公共体育服务运动型治理方式的操作路径、调整农村公共体育服务治理的财政制度、提升农村公共体育服务的自我治理能力、壮大农村公共体育服务治理的人力资源队伍等,以破解农村公共体育服务治理困境。②

三、相关研究评述

综上所述,通过对国内外相关研究的学术史梳理可见,目前学界对于公共体育服务概念的研究和争论仍然层见叠出,但可以看出的是公共体育服务是由供给主体为保障公民体育权利所提供的,其服务对象是不变的,是服务于社会广大公众的,而具体表达可以根据视角的不同进行多种不同的表述。有的学者就在他们的研究中引入了协同理论、扁平化理论、地方性知识理论等理论工具来解决农村公共体育服务中存在的问题。尽管目前的研究对我国学者从多层次研究农村体育公共服务提供了重要的参考价值,但依然存在以下问题:①研究数量偏少,深度、广度不够。近些年,在建设公共服务型政府的背景下,我国公共管理学界、公共行政学界致力于公共服务的研究,使公共服务理论日臻成熟。然而我国农村体育公共服务的研究刚刚起步,研究明显滞后,在总体上数量偏少,还较为粗糙。②背景分析不足。研究缺乏对国内外公共服务发展进程的背景分析,特别是缺乏对我国农村体育公共服务的现状、存在的问题、制约因素背景等的阐述。③缺乏理论支撑。从总体上说,研究的理论深度不够,尚未在公共服务的理论框架下形成一条具有内在逻辑联系的主线,具体论证和说明农村体育公共服务体系。例如,供给和需求的关系,提供公共服务的主体与服务对象的关系,农村公共服务的体制、机制,政府、市场、社会三者如何互动,如何引入多元的农村体育公共服务投资主体,如何提高农村体育公共服务的效率和供给能力等。为此,要在乡村振兴战略背景下补福建省农村体育公共服务体系的短板,满足农村多元化的体育需求问题,更需要正确厘析和审视福建省农村体育公共服务建设现状与存在的不足,从精准理论与实践的基础上提出弘扬八闽优秀传统体育文化,健全乡村体育公共文化服务体系的发展路径,为建设"机制活、产业优、百姓富、生态美"的新福建提供有力支撑。

---

① 颜小燕.农村公共体育服务供给的治理机制研究——基于十九大报告中"乡村振兴"战略背景的分析[J].体育与科学,2018,39(2):13-19.
② 马德浩.新时代我国农村公共体育服务的治理困境及其应对策略[J].体育科学,2020,41(1):104-111.

第二章

概念界定与研究对象、方法及思路

第一节　概念的界定

一、公共服务概念界定

(一)公共服务内涵

王郅强和靳江好(2004)基于参会代表们的意见得出关于公共服务内涵的 4 种观点：①社会公共服务一般是指依托社会公共设施或公共部门、公共资源的服务；②公共服务是为消费者提供公共物品的服务；③公共服务是政府社会管理职能的主要内容,政府的责任是为公众提供优质高效的公共服务；④公共服务是指用以解决公共问题、维护社会经济秩序的主要手段,也是一种资源配置,其基本目的是为解决每一独立的市场主体所不能单独解决的许多公共问题。[①] 黄丽华(2005)研究认为：随着社会不确定因素的逐步增多,政府要强化其公共服务的职能,把自己的主要职责放到管理社会公共事务、提供有效的公共服务方面,才能使社会发展与经济发展同步进行。[②] 许晓龙(2013)研究认为：公共服务供给是政府治理的一项核心内容,有效的公共服务供给是政府善治的表现,加强公共服务供给也是完善公共服务体系的重要内容；科学合理有效地协调政府与其他供给主体的关系是构建科学合理有效的公共服务供给机制的关键。[③] 薛晓东和邢浩然(2017)研究认为：公共服务是从公共管理视角到公共服务视角,从依赖政府组织到依赖非政府组织,从重视提供者到重视受益者,从关注单个项目服务到建立服务体系。[④] 可见,现阶段学术界对于公共服务的概念界定并未形成统一的意见,但可总结为如下 4 种：①从本质角度讲,国家政府扮演着"公共服务者"的角色,所以由政府主导的市场监控、经济调整等工作均属于公共服务范畴；②公共服务特指政府在行使管控职能的过程中,以维护社会公平与市场稳定性发展为目的的所有工作；③指政府及各

---

① 王郅强,靳江好.坚持科学发展观 强化社会管理和公共服务职能[J].中国行政管理,2004(10):60-63.
② 黄丽华.政府公共服务:范围、规模与工具选择[J].探求,2005(1):35-39.
③ 许晓龙.公共服务供给机制[J].山东省农业管理干部学院学报,2013,30(1):66-69.
④ 薛晓东,邢浩然.公共服务研究综述[J].山东省农业管理干部学院学报,2013,30(1):66-69.

类社会组织在开展公共产品生产工作和私人产品生产工作中所发挥的主导性作用,以及维护生产稳定与生产质量的基本职责;④政府职能可划分为经济调节职能、社会管理职能、公共服务职能、市场监管职能,公共服务是政府职能体系的重要组成部分。

(二)基本公共服务含义

陈昌盛和蔡跃洲(2007)在研究中指出:基本公共服务需要社会共识作为必要的前提条件,基本公共服务能够展现出国家的经济发展水平与综合国力,其不仅能够帮助国家经济产业保持稳定化、持久化、健康化的发展态势,还能够保护社会公民拥有必要的生存权与发展权。基本公共服务是公共服务的最小化覆盖范围,如社会保障服务、公共卫生服务、基础设施服务等。① 常修泽(2007)曾在研究结论中指出:随着我国社会发展水平的逐步提升,现阶段我国的基本公共服务应当涵盖如下几方面:①民生性服务。例如,基本的社会保障服务等。②事业性服务。例如,公共卫生服务、公共医疗服务等。③基础性服务。例如,基础设施建设等。④安全性服务。例如,国防保障、消费安全、信息安全等。陈海威在研究中将公共服务内容做出了如下划分:①生存性服务。例如,社会救助、社会福利待遇、养老保障等。②发展性服务。例如,教育服务、医疗服务、文化建设服务等。③环境卫生服务。例如,环境保护、通讯体系建设、交通建设等。④安全性服务。例如,食品安全、消费安全、信息安全、公民的生命财产安全等。②

(三)基本公共服务均等化内涵

Nagel在研究中指出:现阶段,美国地区的基本公共服务体系建设已趋于完善化,在义务教育服务、养老服务、住房服务等方面已初步实现均等化发展目标。均等化具体表现可做如下概括:①美国的儿童均可享受国家提供的义务教育服务;②不在岗公民也能通过国家提供的失业待遇维持基本的生活状态;③美国公民均可享受完善的医疗体系服务;④退休公民均可享受退休养老服务,维持良好的生活状态;⑤每位公民均可享受基本的住房保障服务。除此之外,Carney也在研究中表示:现阶段,澳大利亚已将建设养老、医疗、失业公共服务体系作为未来国家发展的重要任务。此外,部分学者也指出发达国家在构建基本公共服务体系时的思想和行为具备相似性特征,惯于将就业公共服务体系作为基本公共服务建设的中心任务。③

唐钧(2006)曾在其研究中指出:在公共服务体系覆盖范围内,使得社会民众能够公平地享受公共服务所带来的各项优惠。而在社会领域中,国家政府必须满足社会公民如下几项基本权利:①生存权;②工作权;③资产保有权;④健康权;⑤受教育权;⑥居住权。政府可通过必要的政策手段,实现对上述各项权利的保护作用。④ 邱霈恩(2007)在研究中指出:基本公共服务是指国家政府为社会民众所提供的必要的、完善的物品和服务体系,在社会发展的

---

① 陈昌盛,蔡跃洲.中国政府公共服务:体制变迁与地区综合评估[M].北京:中国社会科学出版社,2007.
② 常修泽.中国现阶段基本公共服务均等化研究[J].中国天津市委党校学报,2007(2):66-71.
③ 廖文剑.基本公共服务均等化研究文献综述[J].辽宁行政学院学报,2008(9):17-19.
④ 唐钧."公共服务均等化"保障6种基本权利[J].时事报告,2006(6):42-43.

不同阶段,其提供物品或服务的标准也会存在一定差异。各国的基本公共服务也应朝均等化目标不断发展和完善。[①] 缪小林等(2020)认为,新时代我国基本公共服务均等化不再是仅仅缩小地区间财力差距,而是随着经济社会的发展和水平的提高,更应该注重人民群众的获得感。[②]

为了满足县域群众多元化的体育需求,增加政府服务投入,构建更高水平的全民健身公共服务体系,本研究更倾向于公共服务应该是政府作为公共服务的责任主体,以群众需求为导向,以群众利益为目的,公平、均衡地提供不同形态的公共服务产品。

二、农村体育公共服务概念界定

(一)公共体育服务概念界定

肖林鹏(2003)在研究中对公共体育服务做出如下概念界定:国家公共组织为满足社会民众的体育需求,所提供的各类公共体育产品或服务。此外,肖林鹏的研究结果显示:公共体育服务供给方可以是各类社会组织,也可以是国家政府。而公共体育服务供给方的多元化发展有助于建设出更高水平、更高质量的公共体育服务体系。[③] 周爱光(2012)曾指出:公共体育服务是公共服务体系的重要组成部分之一,其与公共服务间保持了较高的协同性和相似性,且公共体育服务更偏向于为社会民众提供用于体育活动的专项性产品和服务。[④] 刘玉(2010)也就公共体育服务课题开展了深入研究,结论显示:公共体育服务与其他各类公共服务具备相似性,其需要依靠政府的组织与领导,并通过政府、社会组织及民众个体的共同努力,向社会民众提供满足其基本体育需求的产品和相关服务。[⑤] 郇昌店等(2009)的研究结论显示:体育公共服务与公共体育服务的概念存在一定差异,公共体育服务能够更好地强调提供服务的组织性及目的性,认为公共体育服务更具代表性,更能凸显向社会民众提供满足其体育需求的设施或服务的内涵。[⑥]

(二)农村体育公共服务概念界定

彭国华和庞俊鹏(2019)曾在其研究中指出:现阶段,农村公共体育服务的概念界定并未形成统一意见,各国学者分别从不同角度对农村公共体育服务概念进行了解释,但均存在一定缺陷。他们依照现有公共服务理论研究体系,结合现代化公共管理思想,将农村公共体育服务概念界定如下:将国家政府、社会组织和民众个体作为服务共计来源,通过协调资源配给等方式,为农民群众提供必要的体育产品和相关服务。农村公共体育服务能够很好地满足农民群众的体育需求,不仅能够提升农民群体生活幸福感,还能够为农村地区的经济、文

① 邱霈恩.基本公共服务均等化理论与政策研究[J].公共管理高层论坛,2007(1):243-260.
② 缪小林,张蓉,于洋航.基本公共服务均等化治理:从"缩小地区间财力差距"到"提升人民群众获得感"[J].中国行政管理,2020(2):67-71.
③ 肖林鹏.公共体育服务概念及理论分析[J].天津体育学院学报,2003(2):97-101.
④ 周爱光.从体育公共服务的概念审视政府的地位和作用[J].体育科学,2012,32(5):64-70.
⑤ 刘玉.论社会转型期我国体育公共服务的内涵、特性与分类框架[J].成都体育学院学报,2010,36(10):1-4.
⑥ 郇昌店,肖林鹏,李宗浩,等.我国公共体育服务发展述评[J].体育学刊,2009,16(6):20-24.

化产业发展提供助推力量。① 舒刚民(2017)对农村公共体育服务做出如下概念界定:农村公共体育服务是指为满足农民群众生产生活需求,所提供的一类公益性质的社会服务。农村公共体育服务更加强调对于农民群众生活、发展的关怀性,是保障农民群众健康权的必要手段。② 詹新寰和仇泽国(2018)借助多样化的研究手段,开展了对农村公共体育服务概念的研究与探索,研究结果显示:农村公共体育服务即指为满足农村地区民众对于体育活动的基本需求,政府及各类社会组织为其提供的必要体育设施及体育服务。此外,他们还做出如下总结:①现阶段,国内公共体育服务仍存在着城乡发展失衡问题;②国内公共体育服务的种类过于单一,不利于未来发展,亟待改善;③针对农村公共体育服务建设缺乏必要的监督管理体系;④现有的农村公共体育服务不能很好地满足农民群众的实际需求。③

通过对上述概念的梳理理解,本研究认为农村体育公共服务的概念是:由政府及各类社会组织,为满足和实现固定地理区域内群众的公共体育需求,而为其提供的各种体育公共产品和服务的活动。

第二节 研究对象、方法及基本思路

一、研究对象

基于不同的自然地理形态、人口密度分布、社会经济发展水平、政治体制等,学者们对城市与农村的划分难以形成统一的标准。有学者将人口规模、密度作为城市与农村的划分依据;也有学者采用地理区域划分,根据国家统计局发布的《关于统计上划分城乡的规定》,将现有行政区中的主城区、城乡接合部、镇中心区、特殊区域划作"城镇",将乡中心区和村庄划分为"乡村";还有学者,如李斌和李拓(2015)④、杨晓军(2017)⑤和焦利民等(2020)⑥,在涉及城乡的研究领域时将地级市视为城市,市辖区以外的地区均视为农村。基于县级政府作为贯彻落实国家方针、政策的执行机关,负责本县域各项资金投入、统筹基本公共服务、明确公共服务责任分工、维护本县社会公平,本书选取福建省43个县(金门县除外)作为研究单元,以县区域中体育公共服务体系中的场地设施、赛事活动、健身指导、健身组织、体育文化等配置情况作为研究对象,并结合这43个县的体育公共服务供给情况、供给环境及问题进行实证调研,以更为有效地推进课题研究。

① 彭国华,庞俊鹏.新时代中国农村公共体育服务发展的路径选择[J].武汉体育学院学报,2019,53(2):25-32,39.
② 舒刚民.中国农村公共体育服务供给的治理路径[J].成都体育学院学报,2017,43(5):33-39.
③ 詹新寰,仇泽国.我国农村公共体育服务运行现状研究[J].首都体育学院学报,2018,30(4):292-296.
④ 李斌,李拓.公共服务均等化、民生财政支出与城市化[J].中国软科学,2015(6):79-90.
⑤ 杨晓军.城市公共服务质量对人口流动的影响[J].中国人口科学,2017(2):104-114,128.
⑥ 焦利民,雷玮倩,许刚,等.中国城市标度律及标度因子时空特征[J].地理学报,2020,75(12):2744-2758.

二、研究方法

(一)文献资料法

我们运用中国知网、万方等网络检索工具查找发表在核心期刊上的文章和论文,通过其他网络辅助工具获取国外的相关文献,到图书馆借阅,以及购买与本课题研究相关的书籍文献。查阅、搜索、整理、分析国内外相关资料,了解目前关于公共服务、农村体育公共服务体系的关注视角与研究情况,以及乡村振兴与精准化供给相关理论和应用,全面系统地把握前沿研究情况,为课题研究做好基础性的工作。

(二)实地调查法

根据研究需要,我们带着福建省农村体育公共服务体系建设现状的各种假设,于2017—2019年每年的6—10月,在已经确定的辖区进行实地考察,并通过现场观察与询问的方式搜集大量相关的资料,以便统计分析,从而审视乡村振兴战略视野下福建省农村体育公共服务体系建设的困境及不足。对于不确定的或不太肯定的现状,我们将采取回头看的做法,再一次做实地调查,从而为课题研究的顺利进行奠定基础。

(三)问卷调查法

根据研究需要,本书就《福建省全民健身实施计划(2016—2020年)》中体育公共服务各指标体系建设情况设计了18个相关的问卷表,并根据相关表格填写进行指标说明,然后发放到福建省43个县市区文体局的相关负责人手上,随即在实地调查的现场座谈会上进行审核和回收相关表格,以便统计分析。

(四)访谈法

根据研究需要,我们通过查阅文献资料,请教专家学者,以及凭借个人经验分别制定针对乡镇干部、村民、驻村干部、体育部门工作人员等的访谈提纲,根据福建省农村的实际情况,选取访谈对象,随后依照访谈的基本原则,采用科学合理的方法和技巧对选取的对象进行访谈。

(五)数理统计法

我们运用SPSS统计软件进行统计分析,就福建省农村体育公共服务体系建设情况进行描述统计、推理统计及分析,将其数据处理的结果作为本研究最主要的数据支撑。

(六)归纳演绎法

我们就福建省农村体育公共服务体系建设现状、困境的资料进行分析归纳,揭示福建省农村体育公共服务体系建设的特征、存在的不足及因果关系;结合精准化理念与乡村振兴战略理论,与西方发达国家和我国发达省份公共服务资源建设的成功经验相结合,推演出福建省农村体育公共服务精准化供给的发展路径。

三、研究基本思路

研究基本思路如图 2-1 所示。

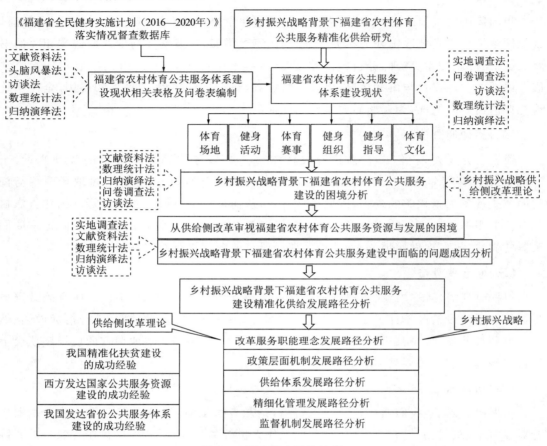

图 2-1 研究基本思路流程

第三章

福建省农村体育公共服务体系建设现状

中共中央历来重视群众体育的发展。毛泽东同志提出："发展体育运动,增强人民体质。"邓小平同志指出："没有广泛的群众体育活动,就没有雄厚的基础,好的选手就出不来。当然,整个国家水平要提高,要在提高指导下普及,这也是不可缺少的,这是对立的统一。"江泽民同志明确提出社会主义体育事业的根本宗旨是："体育的中心任务、重要任务就是要保证人民身体健康。"胡锦涛同志指出:"广泛开展全民健身活动,提高全民族的健康素质,是全面建设小康社会的重要内容,是构建社会主义和谐社会的必然要求。"习近平同志提出"没有全民健康,就没有全面小康"的重要论断,提出必须把人民健康放在优先发展的战略地位,把以治病为中心转变为以人民健康为中心,树立"大健康"理念,将健康融入所有政策,努力全方位、全周期保障人民健康等一系列新思想、新要求。特别是党的十九大以来,以习近平同志为核心的党中央、国务院提出了健康中国、体育强国建设等各项规划来大力推进全民健身战略。

2020 年 9 月 22 日,习近平总书记在教育文化卫生体育领域专家代表座谈会上指出:"要紧紧围绕满足人民群众需求,统筹建设全民健身场地设施,构建更高水平的全民健身公共服务体系。"体育公共服务是公共服务体系的重要组成部分,农村体育公共服务作为满足农民日常体育需求的途径,是维护乡村社会和谐稳定与促进乡村精神文明建设的重要抓手,其建设发展的好坏将直接影响到乡村社会未来的发展走向。只有构建完善的农村体育公共服务体系,为农民体育健身活动和其他农村体育活动提供物质上的支持和制度上的保障,才能更好地促进农村体育的持续发展。十八大以来,福建省委省政府认真贯彻落实中央一系列决策部署,全面深化农村改革,深入践行精准扶贫、精准脱贫方略,扎实推进农业农村现代化,使农业农村发展取得新进展。在农村体育事业的发展上也是成绩斐然,特别是农村体育公共服务,经过省政府、省体育局和各级地方政府的多年经营已取得一定的成就,为农村体育事业发展奠定了基础。

第一节　福建省农村体育场地设施建设现状

体育场地是保障公民参与体育活动的基本权利,是提高竞技运动水平的物质基础,是健全公共体育服务体系的重要载体。伴随着福建省各地经济社会及竞技体育、群众体育、学校体育的快速发展,农村体育场地的数量和质量都发生了巨大的变化。2019 年是全国范围内体育场地常态化统计调查工作的第一个年头,根据国家体育总局体育经济司颁发的《全国体育场地统计调查制度(试行)》(以下简称《制度》)(国统制〔2018〕138 号)①和福建省体育局《关于开展 2020 年度体育场地统计调查工作的通知》(闽体〔2020〕205 号)②,福建省各设区市体育局于 2020 年 2 月中旬在全省范围内开展了常态化体育场地统计调研工作。由于本次调查工作以第四次全国经济普查及体育场地统计调查工作的《制度》为基准,统计调查范围为全省各系统、各行业、各种所有制形式的各类体育场地(部队和铁路系统除外),普查的内容主要包括体育场地所属单位基本情况、场地基本情况(具体内容详见附录1)。因此,福建省体育局继续采用第四次全国经济普查及体育场地统计调查的工作模式,以 2019 年 12 月 31 日为普查标准时点,组织各设区市按照不重不漏的原则进行全面统计普查,通过普查员实地丈量,采集数据,在手机移动端录入调查单位基本情况表和体育场地调查表,并于 2020 年 5 月 30 日顺利通过国家体育总局技术部验收,圆满结束本次常态化普查工作。本研究依托全国体育场地常态普查系统 2020 年(正式版)和 Excel 统计软件进行数据的统计、汇总、分析,具体情况如下所述。

一、体育场地建设总体情况

体育场地数量在一定程度上可表征该区域体育场地资源配置的总量情况,包括室内体育场地和室外体育场地。表 3-1 显示:截至 2019 年 12 月 31 日,福建省农村各系统、各行业、各种所有制形式(不含解放军、武警、铁路系统,下同)共有符合《制度》要求的各类体育场地 49 754 个,场地面积约 3 642.51 万平方米。累计场地固定资产投资合计约 179.71 亿元,其中财政投资约 144.81 亿元,占 80.58%;民间投资约 34.90 亿元,占 19.42%。

表 3-1　2019 年福建省农村体育场地主要核心数据

区域	场地数量/个	场地面积/万平方米	建筑面积/万平方米	固定资产投资/万元	财政投资/万元	民间投资/万元
农村	49 754	3 642.510 3	248.601 6	1 797 132	1 448 092	349 040
全省	117 187	9 063.104 0	868.976 2	5 689 005	4 126 050	1 562 955

"人均体育场地面积"反映了国家或省区市体育场地建设的现状及其未来布局规划的方向,是体育场地普查最为核心和关键的指标。按 2019 年底福建省各地常住人口计算(表 3-2)③,福建省农村平均每万人拥有场地数量 33.20 个,比全省平均水平高出了 3.7 个;人均场地面积 2.43 平方米,比全省平均水平高出了 0.15 平方米;人均场地建筑面积 0.17 平方米,比全省平均水平低了 0.05 平方米;人均投资 1 199 元,比全省平均水平低了 233 元。每 1.58 平方千米拥有 1 个场地,每平方千米拥有场地面积 464.10 平方米。可见,"十三五"期间,福建省各级政府做好顶层设计,从高质量地制订全民健身实施计划到为民办实事项目的有序推进,以及中期的全省全民健身实施计划督查工作的积极开展,确保实际解决"健身去哪儿"的问题。在调研中发现,福建省各地都加大农村全民健身场地设施建设力度,并将其纳入政府为

① 国家统计局. 全国体育场地统计调查制度[EB/OL]. (2020-06-10)[2022-06-16]. http://www. stats. gov. cn/tjfw/bmd-cxmsp/bmzd/202006/t20200610_1755562. html.

② 福建省体育局. 关于开展 2020 年度体育场地统计调查工作的通知[EB/OL]. (2020-01-20)[2022-07-16]. http://tyj. fujian. gov. cn/zwgk/zfxxgkzl/gkml/gzdt/202001/t20200120_5184422. htm.

③ 国家统计局. 福建省统计年鉴[J]. 北京:中国统计出版社,2013—2020.

民办实事项目,加快社会事业发展补齐民生短板工程,精准化地建设农村体育场地设施,提前1年完成《福建省全民健身实施计划(2016—2010年)》提出的人均2.00平方米的发展目标。

表 3-2　2019 年福建省农村体育场地人均数据

区　域	常住人口/万人	万人场地数量/个	人均场地面积/m²	人均建筑面积/m²	人均投资/元
农村	1 498.70	33.20	2.43	0.17	1 199
全省	3 973	29.50	2.28	0.22	1 432

与 2013 年福建省第六次全国体育场地普查数据相比较(表 3-3)(数量来源下同)①,福建省农村体育场地数量增加 28 043 个,增长 129.16%;场地面积增加 1 438.38 万平方米,增长 65.26%;建筑面积增加 136.85 万平方米,增长 122.46%;建设投资增加 109.12 亿元,增长 154.57%;每万人拥有场地数量增加 18.13 个,增长 120.31%;人均场地面积增加 0.90 平方米,增长 58.52%;人均建筑面积增加 0.09 平方米,增长 112.50%;人均场地投资增加 709 元,增长 144.69%;每平方千米拥有场地数量增加 0.35 个,增长 125.00%;每平方千米拥有场地面积增加 183.27 平方米,增长 65.26%。可见,2013—2019 年福建省农村体育场地各项建设指标的增长率均明显高于常住人口增长率,有效缓解了农民"健身去哪儿"的问题。

表 3-3　2013 年与 2019 年福建省农村体育场地核心指标比较数据

指　标	2019 年	2013 年	增加量	增长率/%
常住人口/万人	1 498.70	1 440.90	57.80	4.01
场地数量/个	49 754	21 711	28 043	129.16
场地面积/万平方米	3 642.51	2 204.13	1 438.38	65.26
建筑面积/万平方米	248.60	111.75	136.85	122.46
累计投资金额/万元	1 797 132	705 939	1 091 193	154.57
万人场地数量/个	33.20	15.07	18.13	120.31
人均场地面积/m²	2.43	1.53	0.90	58.82
人均建筑面积/m²	0.17	0.08	0.09	112.50
人均投资金额/元	1199	490	709	144.69
每平方千米拥有场地数量/个	0.63	0.28	0.35	125.00
每平方千米拥有场地面积/m²	464.10	280.83	183.27	65.26

二、各行业体育场地建设情况

依据体育场地统计调查制度行业划分②,表 3-4 显示:福建省农村体育行业共有体育场地 824 个,占农村场地总量的 1.66%;场地面积约 480.90 万平方米,占农村场地总量的 13.20%;建筑面积约 65.06 万平方米,占农村场地总量的 26.17%;场地建设投资 447 510

---

①　课题组. 福建省第六次全国体育场地普查调查报告[R]. 2014.
②　国家统计局. 全国体育场地统计调查制度[EB/OL]. (2020-06-10)[2022-06-16]. http://www.stats.gov.cn/tjfw/bm-dcxmsp/bmzd/202006/t20200610_1755562.html.

万元,占农村场地总量的 24.90%,其中财政投资 303 683 万元,占 67.86%,民间投资 143 827万元,占 32.14%。农村教育行业共有体育场地 17 332 个,占农村场地总量的 34.83%;场地面积约 1 295.54 万平方米,占农村场地总量的 35.57%;建筑面积约 67.19 万平方米,占农村场地总量的 27.03%;场地建设投资 462 510 万元,占农村场地总量的 25.74%,其中财政投资 410 945 万元,占 88.85%,民间投资 51 565 万元,占 11.15%。农村其他行业共有体育场地 31 598 个,占农村场地总量的 63.51%;场地面积约 1 866.07 万平方米,占农村场地总量的 51.23%;建筑面积约 116.35 万平方米,占农村场地总量的 46.80%;场地建设投资 887 112 万元,占农村场地总量的 49.36%,其中财政投资 733 464 万元,占 82.68%,民间投资 153 648 万元,占 17.32%。

表 3-4　2019 年福建省农村各行业体育场地建设主要核心数据

行业	场地数量/个	场地面积/万平方米	建筑面积/万平方米	固定资产投资/万元	财政投资/万元	民间投资/万元
体育行业	824	480.901 8	65.062 0	447 510	303 683	143 827
教育行业	17 332	1 295.538 2	67.193 9	462 510	410 945	51 565
其他行业	31 598	1 866.070 3	116.345 7	887 112	733 464	153 648
合计	49 754	3 642.510 3	248.601 6	1 797 132	1 448 092	349 040

与 2013 年福建省第六次全国体育场地普查数据相比较(表 3-5),首先,福建省农村体育场地数量比重由原来的 1:31.05:33.35 调整为 1:21.03:38.35,其中福建省农村体育行业体育场地数量增加 492 个,增长 148.19%;教育行业体育场地数量增加 7 024 个,增长 68.14%;其他行业体育场地数量增加 20 527 个,增长 185.41%。其次,福建省农村体育场地面积建设比重由原来的 1:5.34:3.11 调整为 1:2.69:3.88,其中福建省农村体育行业场地面积增加 247.66 万平方米,增长 106.18%;教育行业场地面积增加 49.27 万平方米,增长 3.95%;其他行业场地面积增加 1 141.44 万平方米,增长 157.52%。再次,福建省农村体育场地建筑面积建设比重由原来的 1:1.40:1.94 调整为 1:1.03:1.79,其中福建省农村体育行业建筑面积增加 39.31 万平方米,增长 152.66%;教育行业建筑面积增加 31.14 万平方米,增长 86.38%;其他行业建筑面积增加 66.40 万平方米,增长 132.93%。最后,福建省农村体育场地固定资产投资比重由原来的 1:2.69:4.49 调整为 1:1.03:1.98,其中福建省农村体育行业建设投资增加 361 192 万元,增长 418.44%;教育行业建设投资增加 230 042 万元,增长 98.96%;其他行业建设投资增加 499 959 万元,增长 129.14%。

表 3-5　2013 年与 2019 年福建省农村体育场地核心指标建设一览

指标		2019 年	2013 年	增加量	增长率/%
场地数量/个	体育行业	824	332	492	148.19
	教育行业	17 332	10 308	7 024	68.14
	其他行业	31 598	11 071	20 527	185.41
场地面积/万平方米	体育行业	480.90	233.24	247.66	106.18
	教育行业	1 295.54	1 246.27	49.27	3.95
	其他行业	1 866.07	724.63	1 141.44	157.52

指　标		2019 年	2013 年	增加量	增长率/%
建筑面积/ 万平方米	体育行业	65.06	25.75	39.31	152.66
	教育行业	67.19	36.05	31.14	86.38
	其他行业	116.35	49.95	66.40	132.93
累计投资金额/ 万元	体育行业	447 510	86 318	361 192	418.44
	教育行业	462 510	232 468	230 042	98.96
	其他行业	887 112	387 153	499 959	129.14

三、各地农村体育场地建设情况

表 3-6 显示:福建省各地农村体育场地数量居前 10 位的是闽侯县、惠安县、漳浦县、连江县、安溪县、仙游县、平和县、上杭县、尤溪县和大田县,以上 10 个县的场地数量合计23 771个,占全省农村的 48.02%;场地数量居后 10 位的则是建宁县、华安县、长泰县、周宁县、清流县、东山县、屏南县、政和县、松溪县和柘荣县,这 10 个县的场地数量合计 4 370 个,仅占8.78%。场地面积居前 10 位的是闽侯县、安溪县、惠安县、连江县、仙游县、漳浦县、长汀县、上杭县、平和县和永春县,这 10 个县的场地面积合计 1 857.94 万平方米,占全省农村的51.01%;场地面积居后 10 位的则是清流县、明溪县、建宁县、政和县、光泽县、泰宁县、屏南县、周宁县、松溪县和柘荣县,这 10 个县的场地面积合计 273.84 万平方米,仅占 7.52%。建筑面积居前 10 位的是闽侯县、惠安县、连江县、安溪县、永春县、霞浦县、宁化县、沙县、漳浦县和将乐县,这 10 个县的场地建筑面积合计 134.48 万平方米,占全省农村的 54.10%;建筑面积居后 10 位的则是东山县、泰宁县、松溪县、政和县、清流县、屏南县、罗源县、柘荣县、平和县和华安县,这 10 个县的建筑面积合计 19.15 万平方米,仅占 7.70%。建设投资居前 10 位的是闽侯县、连江县、沙县、上杭县、安溪县、惠安县、漳浦县、云霄县、仙游县和永春县,这 10 个县的建设投资合计 939 959 万元,占全省农村的 52.30%;建设投资居后 10 位的则是古田县、柘荣县、顺昌县、罗源县、松溪县、泰宁县、周宁县、政和县、屏南县和华安县,这 10 个县的建设投资合计 139 672 万元,仅占 7.77%。其中,财政投资比重居前 5 位的是清流县、宁化县、闽清县、柘荣县和将乐县,这 5 个县的财政投资占比均高于 96%;漳浦县、闽侯县、安溪县、惠安县和永春县的财政投资占比排在最后,这 5 个县的财政投资占比约 60%。

表 3-6　2019 年福建省各地农村体育场地主要核心数据

区　域	场地 数量/个	场地 面积/m²	建筑面积/ m²	固定资产 投资/万元	财政投资/ 万元	民间投资/ 万元
闽侯县	3 236	3 818 732	305 583	268 078	151 300	116 778
连江县	2 807	1 954 950	170759	151 139	121 557	29 582
罗源县	903	399 957	18 409	15 193	10 869	4 324
闽清县	1 514	741 869	41 917	30 023	29 399	624
永泰县	1 085	659 049	25 931	31 428	28 821	2 607
平潭县	748	607 225	47 217	41 112	37 906	3 206

续表

区　域	场地 数量/个	场地 面积/m²	建筑面积/ m²	固定资产 投资/万元	财政投资/ 万元	民间投资/ 万元
仙游县	2 230	1 861 281	69 191	52 302	43 263	9 039
明溪县	999	331 905	55 248	23 049	22 316	733
清流县	454	335 555	20 369	27 066	26 757	309
宁化县	907	649 284	93 302	29 284	28 937	347
大田县	1 563	888 360	51 163	43 741	41 688	2 053
尤溪县	1 718	749 059	62 882	19 942	18 136	1 806
沙县	1 282	856 078	91 714	84 455	81 307	3 148
将乐县	612	436 441	79 413	39 562	38 311	1 251
泰宁县	605	274 359	24 991	8 838	8 353	485
建宁县	564	315 381	34 904	33 064	30 211	2 853
惠安县	3112	2 161 355	192 955	71 653	47 907	23 746
安溪县	2631	2 556 794	127 687	73 465	46 111	27 354
永春县	1521	1 065 756	99 379	50 216	34 098	16 118
德化县	794	643 243	56 570	30 839	24 420	6 419
云霄县	763	1 048 285	30 552	56 139	50 553	5 586
漳浦县	2 887	1 606 125	89 615	57 220	27 645	29 575
诏安县	908	1 040 824	35 953	36 241	28 081	8 160
长泰县	522	508 086	29 816	32 635	30 659	1 976
东山县	429	505 226	25 147	19 220	14 320	4 900
南靖县	954	817 848	35 393	35 692	31 853	3 839
平和县	1 852	1 148 305	13 923	44 237	35 056	9 181
华安县	532	412 487	8 170	14 239	13 311	928
顺昌县	681	399 954	27 012	15 731	14 073	1 658
浦城县	852	519 576	27 090	34 711	32 214	2 497
光泽县	597	285 337	34 352	22 995	22 014	981
松溪县	344	209 647	23 839	14 301	13 776	525
政和县	401	313 880	22 591	12 854	10 727	2 127
长汀县	1 158	1 230 714	41 196	34 633	32 604	2 029
上杭县	1735	1 175 422	74 308	75 292	71 831	3 461
武平县	1 078	675 407	30 164	25 063	22 860	2 203
连城县	819	567 590	37 038	23 903	16 384	7 519
霞浦县	1 090	985 745	94 416	37 933	33 636	4 297
古田县	1 125	625 513	38 394	16 623	14 623	2 000
屏南县	416	250 212	18 744	12 637	11 749	888
寿宁县	618	370 184	34 026	21 128	20 441	687
周宁县	457	227 778	29 368	12 907	12 130	777
柘荣县	251	194 325	15 325	16 349	15 885	464

表 3-7 显示:福建省农村每万人拥有场地数量居前 10 位的是明溪县、闽清县、沙县、泰宁县、大田县、尤溪县、连江县、建宁县、上杭县和闽侯县,这 10 个县的每万人拥有场地数量都在 43 个以上,比全省农村平均水平数高了 7 个以上;而每万人拥有场地数量居后 10 位的则是德化县、仙游县、安溪县、政和县、霞浦县、长泰县、东山县、云霄县、平潭县和诏安县,这 10 个县的每万人拥有体育场地数量均在 27 个以下,比全省农村平均水平数低了 8 个以上。人均场地面积位居前 10 位的是闽侯县、沙县、连江县、明溪县、上杭县、长汀县、闽清县、将乐县、大田县和建宁县,这 10 个县的人均场地面积都在 2.61 平方米以上,比全省农村平均水平数高了 0.23 平方米以上;而人均场地面积居后 10 位的则是古田县、漳浦县、政和县、周宁县、罗源县、屏南县、蒲城县、松溪县、诏安县和平潭县,这 10 个县的人均场地面积均在 1.90 平方米以下,比全省农村平均水平低了 0.48 平方米以上。人均建筑面积居前 10 位的是明溪县、将乐县、闽侯县、沙县、宁化县、建宁县、连江县、光泽县、周宁县和泰宁县,这 10 个县的人均建筑面积都在 0.22 平方米以上,比全省农村平均水平数高了 0.04 平方米以上;而人均建筑面积居后 10 位的则是南靖县、漳浦县、平潭县、蒲城县、仙游县、罗源县、云霄县、诏安县、华安县和平和县,这 10 个县的人均建筑面积均在 0.10 平方米以下,比全省农村平均水平低了 0.08 平方米以上。人均投资居前 10 位的是闽侯县、沙县、建宁县、将乐县、连江县、明溪县、上杭县、清流县、柘荣县和光泽县,这 10 个县的人均投资都在 1 666 元以上,比全省农村平均水平数高了 379 元以上;而人均投资居后 10 位的则是泰宁县、政和县、安溪县、惠安县、罗源县、漳浦县、仙游县、诏安县、尤溪县和古田县,这 10 个县的人均投资均在 762 元以下,比全省农村平均水平低了 904 元以上。

表 3-7　2019 年福建省各地农村体育场地人均指标数据

区　域	常住人口数/ 万人	万人场地 数量/个	人均场地 面积/m²	人均建筑 面积/m²	人均投资/ 元
闽侯县	74	43.73	5.16	0.41	3 623
连江县	60	46.78	3.26	0.28	2 519
罗源县	22	41.05	1.82	0.08	691
闽清县	24.5	61.8	3.03	0.17	1 225
永泰县	25.5	42.55	2.58	0.1	1 232
平潭县	46	16.26	1.32	0.1	894
仙游县	86.7	25.72	2.15	0.08	603
明溪县	10.3	96.99	3.22	0.54	2 238
清流县	13.6	33.38	2.47	0.15	1 990
宁化县	28.8	31.49	2.25	0.32	1 017
大田县	32.2	48.54	2.76	0.16	1 358
尤溪县	36.3	47.33	2.06	0.17	549
沙县	23.4	54.79	3.66	0.39	3 609
将乐县	15.4	39.74	2.83	0.52	2 569
泰宁县	11.6	52.16	2.37	0.22	762
建宁县	12.1	46.61	2.61	0.29	2 733

续表

区 域	常住人口数/ 万人	万人场地 数量/个	人均场地 面积/m²	人均建筑 面积/m²	人均投资/ 元
惠安县	102.2	30.45	2.11	0.19	701
安溪县	102.7	25.62	2.49	0.12	715
永春县	46.8	32.5	2.28	0.21	1 073
德化县	29.7	26.73	2.17	0.19	1 038
云霄县	41.23	18.51	2.54	0.07	1 362
漳浦县	86.05	33.55	1.87	0.1	665
诏安县	62.8	14.46	1.66	0.06	577
长泰县	22.87	22.82	2.22	0.13	1 427
东山县	22.6	18.98	2.24	0.11	850
南靖县	35.34	26.99	2.31	0.1	1 010
平和县	52.4	35.34	2.19	0.03	844
华安县	16.61	32.03	2.48	0.05	857
顺昌县	19.2	35.47	2.08	0.14	819
浦城县	30	28.4	1.73	0.09	1 157
光泽县	13.8	43.26	2.07	0.25	1 666
松溪县	12.3	27.97	1.7	0.19	1 163
政和县	16.9	23.73	1.86	0.13	761
长汀县	40.1	28.88	3.07	0.1	864
上杭县	37.4	46.39	3.14	0.2	2 013
武平县	27.6	39.06	2.45	0.11	908
连城县	24.6	33.29	2.31	0.15	972
霞浦县	46.7	23.34	2.11	0.2	812
古田县	33	34.09	1.9	0.12	504
屏南县	14.2	29.3	1.76	0.13	890
寿宁县	17.9	34.53	2.07	0.19	1 180
周宁县	12.3	37.15	1.85	0.24	1 049
柘荣县	9	27.89	2.16	0.17	1 817

与第六次全国体育场地普查相比(表3-8),各县体育场地主要指标占全省比重的整体格局没有重大变化,闽侯县、连江县、闽清县、沙县、明溪县、上杭县、泰宁县、连城县、东山县等县体育场地数量、规模、投资仍然保持全省领先水平,屏南县、松溪县、周宁县、罗源县、顺昌县、光泽县等县的增长速度喜人。福建省各地农村每万人体育场地拥有量增加量都在3.49个以上,其中每万人体育场地拥有量增加量居前10位的是明溪县、闽清县、沙县、尤溪县、泰宁县、光泽县、大田县和闽侯县,每万人体育场地拥有量都增加24个以上;每万人体育场地拥有量全省排位调整幅度较大的前10位是屏南县、霞浦县、长汀县、宁化县、政和县、平潭县、周宁县、将乐县、连城县和寿宁县。除东山县人均场地面积减少3.75平方米和连江县减

少 0.22 平方米外,其余的县人均场地面积增加 0.25~1.90 平方米,其中增幅居前 10 位的是沙县、云霄县、长汀县、大田县、华安县、闽侯县、永泰县、闽清县、建宁县和明溪县,人均场地面积全省排位调整幅度较大的前 10 位是屏南县、松溪县、东山县、罗源县、周宁县、顺昌县、光泽县、政和县、泰宁县和连城县。人均投资都出现了增长态势,其中人均投资增加量居前 10 位的是沙县、将乐县、连江县、建宁县、清流县、柘荣县、明溪县、上杭县、光泽县和长泰县,人均投资在全省排位调整幅度居前 10 位的是惠安县、泰宁县、尤溪县、南靖县、顺昌县、安溪县、松溪县、屏南县、东山县和宁化县。

表 3-8　2013 年与 2019 年福建省农村体育场地人均指标比较数据

区　域	常住人口/万人		万人场地数量/个		人均场地面积/m²		人均投资/元	
	2019 年	2013 年	2019 年	2013 年	2019 年	2013 年	2019 年	2013 年
闽侯县	74	69.3	43.73	18.11	5.16	3.66	3 623	2 965
连江县	60	57	46.78	16.21	3.26	3.48	2519	519
罗源县	22	20.5	41.05	18.63	1.82	1.35	691	207
闽清县	24.5	23.3	61.8	29.44	3.03	1.69	1 225	347
永泰县	25.5	24.7	42.55	18.58	2.58	1.23	1 232	250
平潭县	46	40	16.26	14.73	1.32	0.96	894	218
仙游县	86.7	84	25.72	12.7	2.15	1.27	603	186
明溪县	10.3	10.1	96.99	35.84	3.22	1.9	2238	657
清流县	13.6	13.5	33.38	15.93	2.47	1.53	1 990	268
宁化县	28.8	27.5	31.49	21.56	2.25	1.25	1 017	324
大田县	32.2	31.1	48.54	22.54	2.76	1.16	1 358	208
尤溪县	36.3	35.3	47.33	17.45	2.06	1.07	549	217
沙县	23.4	22.8	54.79	23.55	3.66	1.76	3609	352
将乐县	15.4	14.9	39.74	26.91	2.83	1.67	2 569	460
泰宁县	11.6	11.1	52.16	23.24	2.37	1.91	762	336
建宁县	12.1	12.1	46.61	23.31	2.61	1.27	2 733	970
惠安县	102.2	96.9	30.45	10.64	2.11	1.02	701	1 846
安溪县	102.7	99.5	25.62	11.12	2.49	1.2	715	239
永春县	46.8	45.7	32.5	10.33	2.28	1.04	1 073	268
德化县	29.7	28.3	26.73	11.7	2.17	1.06	1 038	196
云霄县	41.23	41.3	18.51	10.24	2.54	0.89	1 362	287
漳浦县	86.05	80.7	33.55	9.49	1.87	1.26	665	118
诏安县	62.8	59.8	14.46	3.49	1.66	0.41	577	54
长泰县	22.87	21.5	22.82	8.7	2.22	1.35	1 427	181
东山县	22.6	21.7	18.98	9.63	2.24	5.99	850	262
南靖县	35.34	33.7	26.99	14.87	2.31	1.3	1 010	394
平和县	52.4	49.7	35.34	11.05	2.19	1.17	844	147
华安县	16.61	16.1	32.03	10.25	2.48	0.9	857	161

续表

区　域	常住人口/万人		万人场地数量/个		人均场地面积/m²		人均投资/元	
	2019 年	2013 年	2019 年	2013 年	2019 年	2013 年	2019 年	2013 年
顺昌县	19.2	18.8	35.47	16.38	2.08	1.52	819	265
浦城县	30	29.9	28.4	13.81	1.73	1	1157	142
光泽县	13.8	13	43.26	15.46	2.07	1.49	1 666	316
松溪县	12.3	11.9	27.97	14.62	1.7	1.45	1 163	835
政和县	16.9	16.6	23.73	16.33	1.86	1.26	761	193
长汀县	40.1	39.6	28.88	20.25	3.07	1.44	864	165
上杭县	37.4	37.1	46.39	25.01	3.14	2.69	2 013	492
武平县	27.6	27.5	39.06	20.33	2.45	1.67	908	206
连城县	24.6	24.5	33.29	17.63	2.31	1.89	972	221
霞浦县	46.7	46.2	23.34	16.6	2.11	1.2	812	202
古田县	33	32.6	34.09	16.04	1.9	1.25	504	143
屏南县	14.2	13.6	29.3	21.76	1.76	1.49	890	276
寿宁县	17.9	17.6	34.53	19.03	2.07	1.17	1 180	103
周宁县	12.3	11.1	37.15	26.49	1.85	1.41	1 049	242
柘荣县	9	8.8	27.89	15	2.16	0.94	1817	217

四、各类型体育场地建设情况

体育场地是居民参与体育活动的物质载体,因此体育场地建设类型不仅反映了政府在公共体育场地设施资源配置上的政策导向,而且反映了不同区域居民参与体育锻炼的运动偏好。依据《制度》(国统制〔2018〕138 号)体育场地分类标准,福建省农村共有 83 类体育场地(表 3-9)。表 3-9 显示:场地数量居前 10 位的是全民健身路径 11 212 个(占 22.53%)、篮球场 10 119 个(占 20.34%)、乒乓球场 5 994 个(占 12.05%)、小运动场 5 420 个(占 10.89%)、羽毛球场 2 205 个(占 4.43%)、乒乓球馆 2 138 个(占 4.30%)、棋牌室 1 942 个(占 3.90%)、健身房 1 628 个(占 3.27%)、三人制篮球场 1 611 个(占 3.24%)和步行道 1 225 个(占 2.46%),以上 10 类场地数量合计 43 494 个,占总数的 87.42%。场地面积居前 10 位的是小运动场约 763.66 万平方米(占 20.97%)、篮球场约 614.11 万平方米(占 16.86%)、步行道约 432.91 万平方米(占 11.88%)、高尔夫球场约 348.73 万平方米(占 9.57%)、田径场约 240.60 万平方米(占 6.61%)、登山步道约 169.31 万平方米(占 4.65%)、步行骑行综合道约 135.40 万平方米(占 3.72%)、体育场约 134.31 万平方米(占 3.69%)、水上运动场约 107.15 万平方米(占 2.94%)和天然游泳场约 71.73 万平方米(占 1.97%),以上 10 类场地面积合计 3 017.91 万平方米,占总数的 82.85%。建筑面积居前 10 位的是综合馆约 36.64 万平方米(占 14.74%)、健身房约 30.43 万平方米(占 12.24%)、乒乓球馆约 23.74 万平方米(占 9.55%)、游泳馆约 20.23 万平方米(占 8.14%)、体育场约 19.35 万平方米(占 7.78%)、体育馆约 18.76 万平方米(占 7.55%)、篮球馆约 16.10 万平方米(占 6.48%)、棋牌室约 14.78 万平方米(占 5.95%)、羽毛球馆约 12.92 万平方米(占 5.20%)和社区健身中心约 6.41 万平方米（占 2.58%），以上 10 类建筑面积合计 199.36 万平方米，占总数的 80.19%。固定资产投资居前 10 位的是步行道约 25.55 亿元（占 14.22%）、小运动场约 18.94 亿元（占 10.54%）、综合馆约 13.79 亿元（占 7.67%）、篮球场约 12.22 亿元（占 6.80%）、步行骑行综合道约 12.15 亿元（占 6.76%）、高尔夫球场约 11.80 亿元（占 6.57%）、体育场约 11.74 亿元（占 6.53%）、游泳馆约 8.27 亿元（占 4.60%）、体育公园约 7.82 亿元（占 4.35%）和体育馆约 7.19 亿元（占 4.00%），以上 10 类固定资产投资合计 129.47 亿元，占总数的 72.05%。福建省农村体育场地财政投资合计 144.81 亿元，占农村总投资的 80.58%。其中各类体育场地财政投资比重居前 10 位的是垒球场、田径馆、田径跑廊、棒球场、举重馆、板球场、田径跑道、摔跤馆、七人制足球场、曲棍球场和五人制足球馆，财政投资比重均为 100.00%，而高尔夫球场、高尔夫球练习场、卡丁车运动场、沙滩足球场、跳水池、自行车馆、轮滑馆、橄榄球场、射箭馆和泰拳馆的体育场地投资 100% 来自民间投资。可见，社会各界正悄然从高端、时尚、新兴的体育场地类型建设切入，积极参与福建省农村体育场地建设。

表 3-9　2019 年福建省农村各类体育场地主要核心指标数据

场地名称	场地数量/个	场地面积/m²	建筑面积/m²	固定资产投资/万元	财政投资/万元	民间投资/万元
全民健身路径	11 212	405 325	0	29 277	26 078	3 199
篮球场	10 119	6 141 145	542	122 213	102 654	19 559
乒乓球场	5 994	262 158	156	6 513	5 746	767
小运动场	5 420	7 636 586	41 274	189 393	173 940	15 453
羽毛球场	2 205	365 339	202	9 768	7 718	2 050
乒乓球馆	2 138	183 547	237 440	14 042	10 347	3 695
棋牌室	1 942	116 263	147 842	12 169	6 349	5 820
健身房	1 628	240 358	304 282	34 365	14 536	1 9829
三人制篮球场	1 611	473 353	14	8 783	7 066	1 717
步行道	1 225	4 329 091	1 395	255 485	245 607	9878
排球场	1 072	304 457	420	8 512	7 479	1033
田径场	464	2 405 996	37 819	63 833	52 126	11 707
综合馆	438	220 490	366 401	137 912	126 035	11 877
门球场	425	180 882	900	8 039	6 985	1 054
五人制足球场	396	293 872	714	12 188	10 926	1 262
登山步道	371	1 693 138	2 460	66 293	60 106	6 187
台球馆	307	35 349	45 131	3 111	832	2 279
游泳池	295	308 722	38 896	44 875	15 086	29 789
羽毛球馆	252	101 121	129 158	16 268	11 196	5 072
体育场	245	1 343 062	193 481	117 365	106 665	10 700
社区健身中心	172	51 447	64 145	3 444	2 929	515
篮球馆	151	117 669	160 958	30 495	26 597	3 898
轮滑场	138	85 215	50	1 843	1 046	797

续表

场地名称	场地数量/个	场地面积/m²	建筑面积/m²	固定资产投资/万元	财政投资/万元	民间投资/万元
体育公园	135	410 551	0	78 222	78 017	205
地掷球场	126	19 590	0	964	753	211
网球场	125	79 382	0	5 336	2419	2 917
跆拳道馆	119	37 983	46 012	3 646	583	3 063
艺术体操馆	102	22 181	27 078	1 942	653	1 289
步行骑行综合道	87	1 353 988	0	121 499	121 449	50
排球馆	83	32 207	39 860	3 959	3 599	360
游泳馆	82	132 969	202 279	82 740	62 325	20 415
体育馆	75	72 757	187 642	71 891	69 065	2 826
七人制足球场	58	157 743	0	3 073	2 923	150
全民健身中心	55	8 352	12 368	3 180	3 042	138
武术馆	54	33 664	39 731	3 905	806	3 099
体能训练馆	49	19 972	29 289	3 619	3 352	267
水上运动场	39	1 071 516	8 480	22 113	7 063	15 050
门球馆	38	17 837	22105	1 682	1 426	256
自行车骑行道	38	597 467	0	20 986	20 511	475
十一人制足球场	33	190 526	300	5 011	4 411	600
毽球场	26	11494	0	377	176	201
天然游泳场	21	717 278	13 440	12 965	12 016	949
滑板场	14	6 140	0	134	87	47
沙滩排球场	13	4 884	0	201	173	28
小轮车场	11	7 800	0	123	76	47
攀岩场	11	6 031	120	630	99	531
体操馆	10	4 462	5 511	242	158	84
垒球场	10	51 098	8 957	10 029	10 029	0
拳击馆	10	2 966	3412	421	38	383
营地	10	0	3 630	4 850	515	4 335
射箭场	9	6 614	0	707	550	157
网球馆	8	6 060	8122	1 700	610	1 090
手球场	8	8 578	0	190	189	1
高尔夫球练习场	8	95 533	195	710	0	710
田径跑廊	7	8 721	10 143	803	803	0
举重馆	6	1 125	1 302	403	403	0
田径跑道	5	7 527	0	121	121	0
高尔夫球场	4	3 487 263	8 762	117 995	0	117995

场地名称	场地数量/个	场地面积/m²	建筑面积/m²	固定资产投资/万元	财政投资/万元	民间投资/万元
击剑馆	4	1 509	1 881	370	270	100
海上运动场	4	270 000	0	2 630	1 430	1 200
蹦床馆	3	6 280	6 960	105	40	65
棒球场	3	4 975	0	658	658	0
射击馆	3	1 236	1 765	105	65	40
五人制足球馆	2	1484	1 640	20	20	0
橄榄球场	2	1 000	0	81	0	10
空手道馆	2	875	1130	18	3	15
自行车馆	2	170	240	35	0	35
山地自行车场	2	48 750	0	240	20	220
赛马场	2	21 500	0	300	150	150
板球场	2	1 028	0	20	20	0
汽车赛车场	2	49 840	0	4 000	3 600	400
七人制足球馆	1	3 500	3 800	80	80	0
沙滩足球场	1	2 000	0	200	0	200
泰拳馆	1	180	220	3	0	3
田径馆	1	11 000	15 000	5 000	5 000	0
跳水池	1	1 500	200	70	0	70
曲棍球场	1	1 296	0	50	50	0
摔跤馆	1	376	452	87	87	0
自行车场	1	5 000	0	95	90	5
射击场	1	500	0	60	20	40
射箭馆	1	160	190	6	0	6
轮滑馆	1	100	120	15	0	15
卡丁车运动场	1	4 000	0	400	0	400
合计	49 754	36 425 103	2 486 016	1 797 132	1 448 092	349 040

与第六次全国体育场地普查相比(表 3-10),场地类型分类越来越优化,且更加吻合运动项目的要求。本研究为了进一步分析各类体育场地的建设变化情况,采取忽略 2013 年的 2 590 个不符合项目规格的"其他场地"的体育场地,将 2019 年的拳击馆、摔跤馆、泰拳馆和跆拳道馆按 2013 年标准合并为摔跤/柔道/拳击/跆拳道/空手道房(馆),高尔夫球场和高尔夫球练习场合并为高尔夫球场/练习场,进行统计分析。表 3-10 数据显示:2019 年新增了社区健身中心、体育公园、步行骑行综合道、全民健身中心、自行车骑行道、毽球场、滑板场、小轮车场、橄榄球场、卡丁车运动场等新兴的体育运动场地。其中,体育场地数量增加量位居前 10 位的是全民健身路径(器械)增加了 38 485 个、小运动场增加 4 657 个、乒乓球场增加 3 370 个、健身房增加 1 393 个、三人制篮球场增加 1 235 个、步行道增加 1 225 个、乒乓球馆

增加 1 220 个、羽毛球场增加 1 173 个、棋牌室增加 721 个、排球场增加 595 个;体育场地面积增加量居前 10 位的是步行道增加约 432.91 万平方米、小运动场增加约 335.92 万平方米、登山步道增加约 169.31 万平方米、高尔夫球场/练习场增加约 144.48 万平方米、步行骑行综合道增加约 135.40 万平方米、田径场增加约 83.86 万平方米、天然游泳场增加约 62.47 万平方米、体育公园增加约 41.06 万平方米、三人制篮球场增加约 35.81 万平方米和篮球场增加约 32.58 万平方米。

表 3-10　2013 年与 2019 年福建省农村各类体育场地指标比较数据

类　型	2019 年体育场地		2013 年体育场地		场地数量增加量/个	场地面积增加量/m²
	数量/个	面积/m²	数量/个	面积/m²		
全民健身路径(器械)	81 065	405 325	42 580	212 900	38 485	192 425
篮球场	10 119	6 141 145	10 077	5 815 391.34	42	325 753.66
乒乓球场	5 994	262 158	2 624	126 083.72	3 370	136 074.28
小运动场	5420	7636586	763	4277 371.15	4657	3359 214.85
羽毛球场	2 205	365 339	1 032	149 790.22	1 173	215 548.78
乒乓球馆	2 138	183 547	918	86 914.27	1220	96 632.73
棋牌室	1 942	116 263	1 221	78 975.60	721	37 287.40
健身房	1 628	240 358	235	35 123.78	1 393	205 234.22
三人制篮球场	1611	473353	376	115 263.75	1 235	358 089.25
步行道	1 225	4 329 091	0	0	1 225	4 329 091
排球场	1 072	304 457	477	156 112.90	595	148 344.10
田径场	464	2 405 996	95	1 567 427.62	369	838 568.38
综合馆	438	220 490	161	158 994.23	277	61 495.77
门球场	425	180 882	298	113 540.95	127	67 341.05
五人制足球场	396	293 872	40	35 023.30	356	258 848.70
登山步道	371	1 693 138	0	0	371	1 693 138
台球馆	307	35 349	119	20 248	188	15 101
游泳池	295	308 722	151	211 301	144	97 421
羽毛球馆	252	101 121	53	21 294.44	199	79 826.56
体育场	245	1 343 062	72	1 220 228	173	122 834
社区健身中心	172	51 447	0	0	172	51 447
篮球馆	151	117 669	40	38 782	111	78 887
轮滑场	138	85 215	4	3 719	134	81 496
体育公园	135	410 551	0	0	135	410 551
摔跤/柔道/拳击/跆拳道/空手道房(馆)	131	41 505	16	3 777.70	115	37 727.30
地掷球场	126	19 590	79	11 630.25	47	7 959.75
网球场	125	79 382	107	44 411.92	18	34 970.08

类　型	2019 年体育场地		2013 年体育场地		场地数量增加量/个	场地面积增加量/m²
	数量/个	面积/m²	数量/个	面积/m²		
艺术体操馆	102	22 181	0	0	102	22 181
步行骑行综合道	87	1 353 988	0	0	87	1 353 988
排球馆	83	32 207	10	3 811	73	28 396
游泳馆	82	132 969	29	36 688	53	96 281
体育馆	75	72 757	26	44 320.60	49	28 436.40
七人制足球场	58	157 743	6	16 055	52	141 688
全民健身中心	55	8 352	0	0	55	8 352
武术馆	54	33 664	7	2 488	47	31 176
体能训练馆	49	19 972	0	0	49	19972
水上运动场	39	1 071 516	5	767 996	34	303 520
门球馆	38	17 837	8	3 337	30	14 500
自行车骑行道	38	597 467	0	0	38	597 467
十一人制足球场	33	190 526	12	70 898	21	119 628
毽球场	26	11 494	0	0	26	11 494
天然游泳场	21	717 278	10	92 540	11	624 738
滑板场	14	6 140	0	0	14	6 140
沙滩排球场	13	4 884	8	3 492	5	1 392
高尔夫球场/练习场	12	3 582 796	7	2 137 974.00	5	1 444 822
攀岩场	11	6 031	2	437.50	9	5 593.50
小轮车场	11	7 800	0	0	11	7 800
垒球场	10	51 098	0	0	10	51 098
体操馆	10	4 462	4	3112	6	1 350
营地	10	0	0	0	10	0
射箭场	9	6 614	4	2 717	5	3 897
手球场	8	8 578	0	0	8	8 578
网球馆	8	6 060	2	1 856	6	4 204
田径跑廊	7	8 721	0	0	7	8 721
举重馆	6	1 125	7	891.40	−1	233.60
田径跑道	5	7 527	0	0	5	7 527
海上运动场	4	270 000	2	1 047 000	2	−777 000
击剑馆	4	1 509	2	564	2	945
棒球场	3	4 975	1	1 000	2	3 975
蹦床馆	3	6 280	0	0	3	6 280
射击馆	3	1 236	2	1 100	1	136

续表

类　型	2019 年体育场地		2013 年体育场地		场地数量增加量/个	场地面积增加量/m²
	数量/个	面积/m²	数量/个	面积/m²		
板球场	2	1 028	0	0	2	1 028
橄榄球场	2	1 000	0	0	2	1 000
空手道馆	2	875	0	0	2	875
汽车赛车场	2	49 840	1	24 000	1	25 840
赛马场	2	21 500	1	9 000	1	12 500
山地自行车场	2	48 750	0	0	2	48 750
五人制足球馆	2	1 484	1	459	1	1 025
自行车馆	2	170	0	0	2	170
卡丁车运动场	1	4 000	0	0	1	4 000
轮滑馆	1	100	5	4 805	−4	−4 705
七人制足球馆	1	3 500	0	0	1	3 500
曲棍球场	1	1 296	0	0	1	1 296
沙滩足球场	1	2 000	0	0	1	2 000
射击场	1	500	0	0	1	500
射箭馆	1	160	1	204	0	−44
田径馆	1	11 000	0	0	1	11 000
跳水池	1	1 500	0	0	1	1 500
自行车场	1	5 000	0	0	1	5 000
其他类型	0	0	2 590	3 473 152.98	−2 590	−3 473 152.98
合计	119 607	36 425 103	64 291	22 254 203.62	55 316	14 170 899.38

五、体育场地发展水平测度

体育场地是百姓进行健身活动、开展竞技运动的物质载体,是健全体育公共服务的重要内容。第五次全国体育场地普查显示:虽然福建省农村经济快速发展,但是出于历史原因,农村体育场地建设基础差、底子薄。[1] 随着福建省体育的全面推进,2003—2013 年福建省体育场地建设取得了较快发展,但新建或改建的体育场地以"小型化"类型的建设为主,且场地建设速度低于人口增长速度。[2] 到了 2013 年底,福建东部沿海县域的体育场地面积增长快于内陆山区,南部内陆山区又快于北部。[3] 县域体育场地的发展水平、品质表现出比较稳定

① 戴维红,许红峰.福建省农村体育场地现状调查[J].山西师大体育学院学报,2008(3):18-21.
② 夏博雯,魏德样.福建省体育场地发展的动态特征分析——基于"五普""六普"数据挖掘视角[J].体育科学研究,2018,22(5):36-43,88.
③ 雷雯,魏德样.县域体育场地发展空间特征及其影响因子研究——基于 ESDA-GWR 方法[J].福建师范大学学报(自然科学版),2017,33(1):99-108.

的集聚特征,但近10年来集聚程度正逐步"减弱"。① 以上研究成果为测度体育场地发展水平提供了有益的参考与借鉴。然而当前对于体育场地发展水平综合指标体系的构建仍不够完善,现有研究指标对体育场地水平测度涵盖面不足,无法对体育场地发展数量与发展质量进行综合水平测评。鉴于此,本书依据全国体育场地统计调查指标内涵,从发展数量、发展质量2个层面8个具体测度指标构建一个体育场地发展水平评价体系,基于2003年、2013年、2019年全国体育场地统计调查数据进行水平测度,梳理和总结当前福建省农村体育场地建设发展情况,并提出相应的发展路径,对构建更高水平的全民健身公共服务体系具有重要的理论价值和现实意义。

(一)体育场地发展评价体系与测度方法

1.体育场地发展水平评价体系构建及说明

资料显示:第五次全国体育场地普查公报公布了体育场地建设数量、规模、投资结构,计算了平均每万人拥有场地数量、人均场地面积和人均体育场地建设投入资金;第六次全国体育场地普查公报公布了体育场地建设数量、场地面积、室内外场地数量和面积总量,计算了平均每万人体育场地拥有量和人均体育场地面积;2020年全国体育场地统计调查数据仅公布了全国体育场地总数量、总面积的总量指标,计算出人均体育场地面积的相对量指标。考虑到选取体育场地发展水平评价指标应遵循科学性、代表性、易得性等原则②,本书依托3次全国体育场地统计调查通用技术指标数据,在参考魏德样等(2016)③、钟武和王冬冬(2012)④、许月云等(2016)⑤、许月云和陈霞明(2016)⑥、李玏(2022)⑦等学者相关研究成果基础上,结合体育场地建设实际,选取发展数量和发展质量2个维度来评价体育场地发展水平。首先,人均体育场地面积是评价更高水平的全民健身公共服务体系的主要目标。显而易见,体育场地面积和人均场地面积发展就成了政府、社会和学者们特别关注的重点。根据有效体育场地面积与建设数量之间的紧密关联性,我们将其与体育场地数量建设结合起来,共同反映体育场地发展数量水平的测定指标。其次,统计调查指标显示建筑面积指室内体育场地的建筑面积或室外体育场地附属设施及服务用房的建筑面积,固定资产投资指建造体育场地或购置相关固定资产的总投资⑧。在同等条件下,室内场地建设、建筑面积、投资合计等在一定层面上折射出体育场地品质建设情况,因此我们选取每万人拥有室内场地数量、人均室内场地面积、人均建筑面积、平均单个场地投资金额作为测度体育场地发展质量的测定指标。具体综合评价指标见表3-11。

①③ 魏德样,黄彩华,雷福民,等.基于县域单元的福建省体育场地发展空间特征及其演化[J].体育科学,2016,36(1):38-48,90.

② 朱焱,于文谦.新时期我国公共体育资源综合配置水平评价指标体系构建[J].武汉体育学院学报,2020,54(3):5-12.

④ 钟武,王冬冬.基于基尼系数的群众体育资源配置公平性研究[J].体育科学,2012,32(12):10-14.

⑤ 许月云,黄燕霞,吴玉珊.基于协整模型的福建省教育系统体育场地建设发展趋势预测[J].体育学刊,2016,23(5):35-41.

⑥ 许月云,陈霞明.区域体育场地建设现状与发展路径:以泉州市为例[J].首都体育学院学报,2016,28(2):114-121.

⑦ 李玏.中国乡村宜居宜业水平评价体系及测度研究[J].山西农业大学学报,2022,21(4):94-103.

⑧ 国家统计局.全国体育场地统计调查制度[EB/OL].(2020-06-10)[2022-06-16].http://www.stats.gov.cn/tjfw/bmdcxmsp/bmzd/202006/t20200610_1755562.html.

表 3-11 体育场地发展水平评价指标一览

目标指标	测定指标	指标计算及说明	权 重
A 发展数量	A1 场地数量	累计场地数量/个	0.113 2
	A2 场地面积	累计场地面积/m²	0.140 0
	A3 每万人拥有场地数量	累计场地数量/常住人口/(个/万人)	0.080 6
	A4 人均场地面积	累计场地面积/常住人口/(m²/个)	0.073 8
B 发展质量	B1 每万人拥有室内场地数量	累计室内场地数量/常住人口/(个/万人)	0.178 7
	B2 人均室内场地面积	累计室内场地面积/常住人口/(m²/人)	0.118 2
	B3 人均建筑面积	累计建筑面积/常住人口/(m²/人)	0.122 1
	B4 平均单个场地投资	累计场地资产合计/累计场地数量/(万元/个)	0.173 3

注：数据截止时间分别为 2003 年、2013 年、2019 年全国体育场地统计调查的时间。

2. 数据选取、处理与测度

（1）数据来源。

本书数据主要来源于第五次全国体育场地普查、第六次全国体育场地普查、全国体育场地常态普查系统（2019 版）中福建省统计调查数据，常住人口数据来源于福建省统计年鉴 2004 年、2014 年、2020 年。由于县级政府作为贯彻落实国家方针、政策的最小执行机关，负责本县域各项资金投入、统筹基本公共服务、明确公共服务责任分工、维护本县社会公平，且地级市与县级市在公共服务财政制度上有所区别，因此本书选取福建省 43 个县级数据，暂不包括金门县。其中，场地数量和场地面积数据为直接获取的总量指标，其余测定指标均为计算获得的相对指标。

（2）数据处理。

在构建一个综合指标评价体系时，需要确定各相关指标的权重。为了减小指标测度偏差和忽视研究者的主观意图，本书采用熵权法进行客观赋权。熵权法的具体步骤如下：

第一，对原始数据进行标准化处理，由于本书所选指标均属于正向指标，于是标准化处理公式如下：

$$Y_{ij} = \frac{X_{ij} - \min\{X_j\}}{\max\{X_j\} - \min\{X_j\}} \tag{3-1}$$

式中，X_{ij} 为第 i 县的第 j 个指标的数据，$i = 1, 2, \cdots, m, j = 1, 2, \cdots, n$；$Y_{ij}$ 为各指标数据标准化后的对应值。

第二，确定各测度指标的权重。采用熵权法的客观评价方法，即从各测度项指标值的变异程度，计算出各单项指标的权重，公式为

$$Z_{ij} = \frac{Y_{ij}}{\sum\limits_{i=1}^{m} Y_{ij}} \tag{3-2}$$

根据信息熵计算公式，分别计算出各个指标的权重，具体公式为

$$e_j = -k \sum_{i=1}^{m} (Z_{ij} + \ln Z_{ij}), k = \frac{1}{\ln m} \tag{3-3}$$

信息冗余值公式：

$$d_j = 1 - e_j \tag{3-4}$$

再按照信息熵计算公式，计算出各个指标的权重，公式为

$$\omega_j = \frac{d_j}{\sum\limits_{j=1}^{n} d_j} \tag{3-5}$$

上述式中，e_j 为指标 j 的信息熵；d_j 为指标 j 的信息冗余度；ω_j 为指标 j 指标的权重。

第三，对各维度指数进行综合测度。根据已计算出的指标权重和标准化值，通过加权计算得出体育场地发展水平综合指数和各维度指数，公式为

$$L_i = \sum\limits_{j=1}^{n} \omega_j \times Y_{ij} \tag{3-6}$$

式中，L_i 为县域，i 为农村体育场地发展水平指数。L_i 越大，表明农村体育场地发展水平越高；反之，L_i 越小，表明农村体育场地发展水平越低。

（二）评价结果分析

1. 全省层面体育场地发展水平及变化特征

由图 3-1 可知，2003—2019 年福建省农村体育场地发展水平显著提高。2003 年福建省农村体育场地建设水平综合指数仅 2.158 5，2019 年已增加至 11.641 2。从指数的年增速来看，2003—2019 年福建省农村体育场地发展水平综合指数年增速达 11.11%。其中 2003—2013 年年增速达 10.78%，2013—2019 年年增速达 11.65%，福建省农村体育场地发展进入了一个较为平稳的增长阶段。福建省体育局把建设群众身边的体育场地设施作为重要任务和民生工程来抓紧、抓实、抓细，连续 20 年将体育场地设施建设列入省委省政府为民办实事项目加以落实。随着"农民健身工程""乡镇青少年校外体育健身场所""青少年校外体育活动中心""乡镇综合文化站""全民健身场地设施建设项目"等项目的陆续推进，截至 2019 年，已完成 1.4 万余个农民体育健身工程建设，实现了福建省行政村全覆盖①，从而有效地提升了福建省农村体育场地建设。

从发展维度来看，福建省农村体育场地 2 个维度建设发展出现明显的分叉特征。2003—2019 年从发展数量指数＞发展质量指数转变为发展数量指数＜发展质量指数，2003—2019 年福建省农村体育场地发展数量综合指数年增速达 8.32%，而 2003—2019 年福建省农村体育场地发展质量综合指数年增速则达 14.94%，比发展数量年增速高了 6.62%。其中发展质量指数由 2003—2013 年每年以 15.33% 的增速快速增长，转变为 2013—2019 年每年以 14.30% 的增速稳定增长。究其原因，一方面是省体育局把大力发展乡村体育事业作为福建省体育工作的一项主要任务。在农村体育场地建设中，注重统筹规划、整合资源，把农村体育场地建设与村小学、村文化室、党员活动室、老年活动中心、科技培训站等设施建设相结合。截至 2014 年底，从彩票公益金拨款 4 000 多万元为全省 202 个乡镇建设健身中心。另一方面与福建省"乡村振兴"战略、新时代文明实践中心建设有关。2016 年福建省将体育场地与"基层综合性文化服务中心"进行融合建设，其中村（社区）综合

---

① 福建省体育局. 积极推进全民健身场地设施建设［EB/OL］.（2020-04-14）［2022-06-16］. https://tyj. fujian. gov. cn/zwgk/zfxxgkzl/gkml/gzdt/202004/t20200414_5236202. htm.

性文化服务中心建设基本标准要求户籍人口在 300 人以下的村必须建设室内面积不低于 80 平方米、室外场地不低于 200 平方米的村(社区)综合性文化服务中心,有效地助推了福建省农村体育场地的提质增量建设。数据显示:截至 2019 年底,福建省基层综合性文化服务中心功能整合完成率达 99.6%,基层综合性文化服务中心基本实现全覆盖。[①]

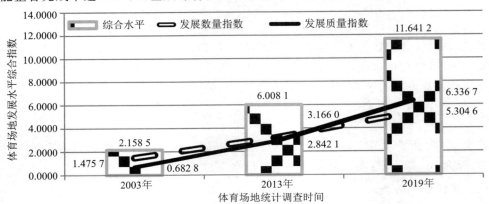

图 3-1　2003—2019 年福建省农村体育场地发展水平综合指数及各维度指数

2.县域单元层面体育场地发展水平及变化特征

本研究测算了 2003—2019 年福建省 43 个县体育场地建设综合指数(表 3-12)。从发展综合指数水平来看,2003—2019 年福建省 43 个县体育场地发展水平均呈现逐步递增的态势,但存在非均衡发展特征。"十三五"期间,43 个县政府都制定了《全民健身实施计划(2016—2020)》,将全民健身事业纳入国民经济和社会发展规划,将全民健身工作纳入政府工作报告,将全民健身体育场地建设与维护经费纳入财政预算,并将体育场地设施建设作为为民办实事项目加以推进,省、市、县的精准施策、扎实推进,有效地促进了体育场地的建设发展。但由于各地财政能力和体彩公益金筹集能力不同,虽然平均综合指数涨幅达 0.220 5,平均年增速达 12.75%,但是综合指数最大涨幅、年增速分别是最小涨幅、年增速的 6 倍以上,县际差距较明显。

从各维度发展来看,2003—2019 年福建省农村数量指数发展幅度小于质量发展指数。目前福建省农村体育场地质量发展水平均值(0.147 4)略高于数量发展均值(0.123 4),各县之间质量发展综合指数的标准差(0.073 4)也高于数量发展综合指数的标准差(0.060 4)。从县际来看,闽侯县、连江县、明溪县、沙县、上杭县和永春县数量与质量发展综合指数均实现了较大幅度的提升,综合指数涨幅都在 0.10 以上;南靖县、华安县、屏南县、顺昌县和政和县则属于数量与质量发展综合指数都相对不足的县,其数量发展综合指数涨幅都在 0.066 以下,质量发展综合指数涨幅也都小于 0.093。相比较而言,其他的县体育场地的数量发展和质量发展则各有千秋,有的数量发展较好,有的则是质量发展较好,也都存在发展不够均衡的问题。例如,安溪县数量发展综合指数涨幅达 0.207 3,位居第一位,但质量发展则相对不足,以 0.093 2 位居全省涨幅的第 31 位。

---

① 葛宁远.福建省基本实现基层综合性文化服务中心全覆盖[EB/OL].(2020-01-20)[2022-06-16].http://fj.cri.cn/20200120/27abbef0-b03a-1cd8-34d7-ef2ce2233e10.html.

表 3-12　2003—2019 年福建省农村体育场地数量与质量发展综合指数

区　域	数量发展综合指数			质量发展综合指数		
	2003 年	2013 年	2019 年	2003 年	2013 年	2019 年
闽侯县	0.217 7	0.216 2	0.351 3	0.025 7	0.272 0	0.303 6
连江县	0.102 3	0.181 1	0.244 4	0.017 6	0.107 7	0.215 0
罗源县	0.010 6	0.063 5	0.094 8	0.019 7	0.026 5	0.063 7
闽清县	0.029 0	0.099 4	0.162 8	0.024 2	0.089 2	0.129 0
永泰县	0.018 1	0.065 7	0.122 1	0.005 8	0.076 4	0.113 0
平潭县	0.004 9	0.060 4	0.069 3	0.001 0	0.062 2	0.111 9
仙游县	0.071 3	0.106 0	0.187 9	0.001 0	0.053 2	0.071 1
明溪县	0.021 7	0.077 8	0.161 7	0.029 6	0.119 8	0.445 1
清流县	0.013 3	0.048 1	0.078 3	0.025 5	0.039 2	0.166 9
宁化县	0.025 8	0.072 6	0.101 7	0.011 9	0.057 1	0.152 2
大田县	0.026 6	0.096 9	0.155 2	0.020 5	0.075 5	0.152 2
尤溪县	0.048 6	0.064 5	0.145 4	0.014 4	0.066 7	0.162 5
沙　县	0.036 9	0.081 9	0.161 0	0.035 8	0.077 1	0.269 8
将乐县	0.023 2	0.072 8	0.097 8	0.012 7	0.112 6	0.290 0
泰宁县	0.036 5	0.060 1	0.096 1	0.027 6	0.083 4	0.165 1
建宁县	0.014 2	0.051 5	0.094 6	0.006 7	0.124 7	0.241 8
惠安县	0.068 3	0.092 0	0.234 1	0.020 3	0.208 5	0.131 2
安溪县	0.025 2	0.112 1	0.232 5	0.001 6	0.044 5	0.094 8
永春县	0.030 9	0.057 8	0.140 4	0.019 6	0.058 4	0.158 4
德化县	0.017 8	0.048 0	0.092 3	0.022 5	0.037 6	0.156 3
云霄县	0.026 0	0.047 9	0.104 1	0.021 7	0.048 9	0.128 9
漳浦县	0.081 5	0.087 4	0.204 9	0.055 3	0.031 1	0.097 1
诏安县	0.028 0	0.016 9	0.094 1	0.008 3	0.021 8	0.076 6
长泰县	0.044 6	0.038 0	0.074 9	0.021 7	0.037 0	0.152 2
东山县	0.074 4	0.136 5	0.068 4	0.020 7	0.073 8	0.115 0
南靖县	0.046 6	0.071 5	0.106 6	0.040 0	0.053 8	0.091 4
平和县	0.044 6	0.069 6	0.156 6	0.003 6	0.026 1	0.043 1
华安县	0.023 8	0.026 2	0.082 9	0.017 6	0.026 3	0.069 5
顺昌县	0.024 2	0.053 8	0.085 5	0.019 7	0.054 8	0.109 9
浦城县	0.012 3	0.053 8	0.085 5	0.001 0	0.028 3	0.112 3
光泽县	0.004 8	0.042 1	0.084 7	0.000 8	0.046 7	0.186 5
松溪县	0.013 8	0.039 0	0.055 0	0.017 8	0.109 0	0.137 1
政和县	0.012 4	0.043 2	0.059 4	0.012 6	0.056 4	0.105 0
长汀县	0.029 4	0.085 2	0.140 7	0.020 1	0.036 9	0.083 1

续表

区 域	数量发展综合指数			质量发展综合指数		
	2003 年	2013 年	2019 年	2003 年	2013 年	2019 年
上杭县	0.037 2	0.128 3	0.175 2	0.020 7	0.079 4	0.168 7
武平县	0.033 4	0.079 7	0.117 8	0.001 9	0.057 8	0.112 6
连城县	0.027 4	0.070 8	0.097 8	0.004 9	0.051 6	0.115 4
霞浦县	0.013 8	0.079 4	0.112 0	0.004 2	0.029 2	0.148 7
古田县	0.029 1	0.068 4	0.106 3	0.017 2	0.030 9	0.093 4
屏南县	0.006 5	0.060 1	0.061 0	0.009 8	0.060 6	0.096 0
寿宁县	0.007 6	0.052 6	0.081 2	0.001 1	0.012 4	0.139 5
周宁县	0.003 7	0.057 4	0.069 5	0.004 4	0.042 2	0.182 1
柘荣县	0.007 7	0.029 5	0.057 0	0.014 0	0.035 0	0.178 7
均 值	0.034 3	0.073 6	0.123 4	0.015 9	0.066 1	0.147 4
标准差	0.035 7	0.037 4	0.060 4	0.011 6	0.047 7	0.073 4

3.2019 年县域单元层面体育场地发展水平特征

表 3-13 显示:2019 年体育场地发展水平超过全省平均水平(0.270 7)的县总计 15 个,占 34.88%,为发展水平较高的第一梯队。其中,明溪县、沙县、上杭县和永春县是 2021 年获得福建省第一届全民运动健身示范县[①]。沙县、上杭县和永春县依据全民运动健身示范县评审标准,以创建全民健身模范市县为抓手,制定本地区的全民运动健身模范市创建总体规划和实施方案,并把创建工作纳入当地政府年度民生实事加以推进,从覆盖率、二代室外健身器材及智能体育设施等具体工作中推进体育场地建设,有力地推进了该县体育场地建设的高质量发展;而闽侯县则是源于大学城建设,有效地促进体育场地基础设施较高、较快发展。第二梯队则是泰宁县、霞浦县、仙游县、宁化县、周宁县、德化县、连城县等 15 个县,其综合指数在 0.213 2~0.261 2,以 10% 左右年增速、0.2 增幅有序发展,如周宁县和霞浦县增幅最大达 0.24,增幅最小的长泰县为 0.16。第三梯队是平和县、古田县、南靖县、政和县、诏安县、罗源县、屏南县、华安县等 13 个县,作为目前发展较差的区域,其综合指数都在 0.152 4~0.199 7。这些县大多是 2003 年基础相对较差,且近年来体育场地建设也是相对有限的地方,如平潭县 2003 年仅有 100 个体育场地,这几年人口增长较为缓慢,体育场地也只增加 648 个,目前室内场地仅建设 113 个。

表 3-13 2019 年福建省农村体育场地发展水平综合指数及排位一览

区 域	发展水平综合指数		数量发展指数		质量发展指数	
	数 值	排 位	数 值	排 位	数 值	排 位
闽侯县	0.654 9	1	0.351 3	1	0.303 6	2
明溪县	0.606 8	2	0.161 7	9	0.445 1	1

---

① 福建省体育局. 关于命名 2019—2021 年度福建省全民运动健身模范县(市、区)的通知[EB/OL]. (2022-01-10)[2022-06-16]. http://tyj. fujian. gov. cn/zwgk/zfxxgkzl/gkml/gzdt/202201/t20220110_5812568. htm.

区 域	发展水平综合指数		数量发展指数		质量发展指数	
	数 值	排 位	数 值	排 位	数 值	排 位
连江县	0.459 4	3	0.244 4	2	0.215 0	6
沙　县	0.430 8	4	0.161 0	10	0.269 8	4
将乐县	0.387 7	5	0.097 8	23	0.290 0	3
惠安县	0.365 3	6	0.234 1	3	0.131 2	22
上杭县	0.343 9	7	0.175 2	7	0.168 7	10
建宁县	0.336 4	8	0.094 6	27	0.241 8	5
安溪县	0.327 2	9	0.232 5	4	0.094 8	35
尤溪县	0.308 0	10	0.145 4	13	0.162 5	13
大田县	0.307 4	11	0.155 2	12	0.152 2	16
漳浦县	0.302 0	12	0.204 9	5	0.097 1	33
永春县	0.298 8	13	0.140 4	15	0.158 4	14
闽清县	0.291 8	14	0.162 8	8	0.129 0	23
光泽县	0.271 2	15	0.084 7	32	0.186 5	7
泰宁县	0.261 2	16	0.096 1	25	0.165 1	12
霞浦县	0.260 7	17	0.112 0	18	0.148 7	19
仙游县	0.259 0	18	0.187 9	6	0.071 1	40
宁化县	0.253 9	19	0.101 7	22	0.152 2	17
周宁县	0.251 6	20	0.069 5	37	0.182 1	8
德化县	0.248 6	21	0.092 3	29	0.156 3	15
清流县	0.245 2	22	0.078 3	35	0.166 9	11
柘荣县	0.235 7	23	0.057 0	42	0.178 7	9
永泰县	0.235 1	24	0.122 1	16	0.113 0	27
云霄县	0.233 0	25	0.104 1	21	0.128 9	24
武平县	0.230 4	26	0.117 8	17	0.112 6	28
长泰县	0.227 1	27	0.074 9	36	0.152 2	18
长汀县	0.223 8	28	0.140 7	14	0.083 1	38
寿宁县	0.220 7	29	0.081 2	34	0.139 5	20
连城县	0.213 2	30	0.097 8	24	0.115 4	25
平和县	0.199 7	31	0.156 6	11	0.043 1	43
古田县	0.199 6	32	0.106 3	20	0.093 4	36
南靖县	0.197 9	33	0.106 6	19	0.091 4	37
浦城县	0.197 8	34	0.085 5	30	0.112 3	29
顺昌县	0.195 4	35	0.085 5	31	0.109 9	31
松溪县	0.192 1	36	0.055 0	43	0.137 1	21
东山县	0.183 4	37	0.068 4	39	0.115 0	26

续表

区 域	发展水平综合指数		数量发展指数		质量发展指数	
	数 值	排 位	数 值	排 位	数 值	排 位
平潭县	0.181 3	38	0.069 3	38	0.111 9	30
诏安县	0.170 7	39	0.094 1	28	0.076 6	39
政和县	0.164 4	40	0.059 4	41	0.105 0	32
罗源县	0.158 5	41	0.094 8	26	0.063 7	42
屏南县	0.157 0	42	0.061 0	40	0.096 0	34
华安县	0.152 4	43	0.082 9	33	0.069 5	41

(三)总结和建议

1.总结

上述测评结果反映出福建省县域单元农村体育场地发展水平、趋势和特征,表明自2003年以来,农村体育场地发展水平显著提升,尤其是2013年以后,农村体育场地建设发展更为明显,数量与质量结构不断得到优化。各县体育场地2个维度均取得了不同程度的发展,相较之下,各县域体育场地质量建设仍然有待提高,且非均衡发展特征更为明显。可见,强化全民健身公共服务职能,制定农村体育场地供给专项规划,成为新时期促进农村体育场地建设发展的重点。丰富体育场地多元供给主体是动力,强化体育场地建设监督管理是关键。新时期只有构建一个更高水平的体育场地公共服务体系,才能有效地助力健康福建的高质量发展。

2.建议

(1)加强规划领航,促进体育场地建设高质量发展。

新时期必须对县域公共体育场地设施发展进行统筹规划,加大投入,完善城乡均等化的公共体育场地设施服务体系。建立县域"四级"公共体育场地设施体系,即县级以"两场一馆一步道"建设为核心,乡镇(街道)级以"一园一中心"建设为重点,行政村(社区)级以"口袋公园"建设为重点,村庄(小区)级以"活动角"建设为延伸。同时,鼓励学校、企事业等单位的体育场地设施向社会有序开放,鼓励社会经营性健身场馆(俱乐部)通过政府采购项目为群众开启公益性公共服务。逐步完善县、乡镇(街道)、行政村(社区)、村庄(小区)"四级"县级公共体育场地服务网,实现体育场地服务内容和服务标准的统一衔接。

(2)强化资金扶持,推进体育场地服务提质增效。

首先,统筹专项资金集聚公共场地设施配置,扩大优质场地设施供给。在县域体育事业发展进程中,财政部门应增加县域全民健身公共场地设施建设的投入,并及时对缺损、存在问题的"乡镇农民体育健身活动中心""青少年校外体育活动中心"等公共设施进行修补和升级,以满足群众日益增长的健身需求。其次,设立专项资金打造县域体育场地公共服务平台,提升全县体育场地服务的信息化程度,促使城乡体育场地公共服务供给相互补充、协调发展。

(3)细化政策标准,加快体育场地融合发展。

第一,细化非体育用地建设审批手续,解决社会力量建设体育场地的难题。为了激励社会资本借助未使用的土地建设临时体育场地,如可充气膜式体育设施、经营性足球场地、可拆卸游泳池等,政府应细化利用非体育用地建设临时性或永久性体育场地设施的审批许可手续,可免于办理规划、用地、环评、施工等手续。第二,细化融合建设审批手续,解决各部门协同建设体育场地的难题。例如,利用公园、郊野绿地、土地收储等建设体育场地设施,政府应在不改变、不影响主要用地性质用途的前提下,探索依据兼容用地办理相关手续,而不动产产权则由各方协商确定①。第三,出台乡镇社区、乡村聚居区体育设施相关配建标准,推进全县城乡小区 10 分钟健身生态圈建设。新建的集聚居住小区、安置小区、移民小区等应在建设中适当引入城市小区"四同步"建设管理制度,促进县域体育场地公共服务均等化发展。

（4）坚持开放共享,打造"运动""活动"一体化空间建设。

一是拓展体育场地服务边界,增强体育场地的全民健身公共服务供给。依托补齐 5 000 个以上乡镇（街道）全民健身场地器材构建更高水平的全民健身公共服务体系行动,打造体育与教育一体化的健身活动中心、农村青少年户外活动中心等场地设施建设,推进优质场地设施资源进县里。二是挖掘体育场地服务功能,优化全县体育场地公共服务供给。充分利用县域现有山地、林地、湿地、生态绿地、河湖水系等自然资源,推进"体育＋公园"建设,着力打造覆盖全生命周期的生活性、休闲性、健身性综合休闲公园、口袋公园、健身活动角等,让运动与活动交相辉映,健身活动中心与生态公园相得益彰。

六、典案分析:泉州市"百村百座"老年活动中心建设

泉州,辖 4 个区、3 个县级市、5 个县（包括金门县）和泉州经济技术开发、泉州台商投资区,是全国著名侨乡,历史悠久,资源丰富,作用独特。2020 年 12 月从泉州市侨联了解到,泉籍华侨华人有 950 多万人,特别是在东南亚各国,拥有诸多知名华侨领导、企业家,许多人既是当地首届一指的亿万富豪,也是有着重要社会、政治影响力的社团领袖,积极推动老年人活动中心建设。调研中获悉:2008 年,泉州市体育局重视老年人的"三重""三边"建设。"三重"指的是重在农村、重在基层、重在普及;"三边"即把组织安排到老年人身边,把场地建设到老年人身边,把活动开展到老年人身边。为了落实"三重""三边"的融合发展,泉州市体育局通过市老体协拨款与社会各界热心人士捐款共筹集 200 万元资金,开启泉州市老年人体育场地建设,并利用老年人身边闲置的空地和旧建筑建设老年活动场地。到 2010 年底,已扶持 400 多个村建设老年人体育场地,极大地缓解了农村老年人参加体育锻炼难的问题。比如,永春县达埔镇延清村联络附近几个村庄一起建设场地,一块开展活动,集约利用土地,资源共享,村村同乐。晋江市内坑镇经济比较落后,镇村企业少,为了建场地,主要镇村干部亲自带头去找在外经商的乡绅们筹资,老年人也硬着头皮,磨破嘴皮,多方筹集,在 26 个村建设了 23 个门球场,使得晋江市老年健身场地得以逐步改善。

随着经济发展和城镇化的进程,农村很多中青年出外务工赚钱,老年人在家带孙种田,农村中空巢、半空巢的现象越来越明显。如何为农村老年人创造更好的健身条件呢?泉州市体育局和老体协在总结前期建设老年体育活动场地的经验基础上,于 2010 年提出了在百村建设百座老年活动中心的构想,再次携手"二次创业",打造"百村百座"老年活动中心工

---

① 陈元欣,何开放,杨金娥,等.我国利用非体育用地建设突出的设施研究[J].体育学研究,2020,34(5):41-47.

程,老体协从选点、规划、建筑标准、政府配套资金、拨款方式、筹集资金、管理机构7个方面高标准高要求地提出建设"百村百座"老年活动中心的蓝图。2012年以来,泉州市委、市政府高度重视老年人体育场地建设,持续把"百村百座"老年活动中心列入为老年人办实事的健康幸福工程。每座老年体育活动中心由市财政补贴20万元,县(市、区)财政补贴20万元,市老体协筹资支持20万元,所在乡镇和村负责解决建设用地和发动社会捐资赞助。在"百村百座"老年活动中心建设示范工程带动下,泉州市各地掀起自筹自建老年活动中心的热潮,各县(市、区)自筹资金24 908.88万元,自建了137座高标准、多功能的老年活动中心。截至2019年,泉州市实现基层老年人体育健身设施100%全覆盖,全市建成的老年活动中心有3 089座,社会筹集资金达8亿元,老年人人均体育健身场地拥有量位居全省前列。泉州市老体协先后2次被国家体育总局评为全国群众体育先进单位,鲤城区、惠安县、南安市、晋江市、泉州台商投资区等被国家、省体育部门、老体协多次评为老年体育先进单位,泉港区被省老体协授予"老年门球之乡"称号。

七、小　结

(1)截至2019年12月31日,福建省农村各类体育场地共有49 754个,场地面积约3 642.51万平方米,累计场地固定资产投资约179.71亿元,其中财政投资约144.81亿元,占80.58%,民间投资约34.90亿元,占19.42%,平均每万人拥有场地数量33.20个,人均场地面积2.43平方米,人均场地建筑面积0.17平方米,人均投资1 199元。每1.58平方千米拥有1个场地,每平方千米拥有场地面积464.10平方米。与2013年第六次全国体育场地普查相比,福建省农村体育场地数量、规模、投资等增长速度明显高于同期农村人口的增长速度,人民群众日益增长的健身需求与体育场地设施不足的矛盾得到有效缓解。

(2)福建省农村体育行业体育场地数量占全省农村的1.66%,场地面积占13.20%,建筑面积占26.17%,场地建设投资占24.90%;教育行业体育场地数量占全省农村的34.83%,场地面积占35.57%,建筑面积占27.03%,场地建设投资占25.74%;其他行业体育场地数量占全省农村的63.51%,场地面积占51.23%,建筑面积占46.80%,场地建设投资占49.36%。与2013年第六次全国体育场地普查相比,各行业体育场地数量、规模、投资均大幅度增长,其中其他行业增长最为显著,教育行业增长幅度相对有限,但各项指标建设比重得到不断优化,不断向着合理化方向发展。

(3)数据显示:福建省农村体育场地建设80%的固定资产投资依赖财政投资,民间投资仅占19.42%,其中清流县、宁化县、闽清县、柘荣县和将乐县财政投资比重均高于96%,而居后5位的漳浦县、闽侯县、安溪县、惠安县和永春县的财政投资比重约占50%。另外,闽侯县、沙县、连江县、明溪县、上杭县、闽清县、将乐县、大田县、建宁县等县的人均体育场地数量、规模、投资继续保持全省领先水平。与第六次全国体育场地普查相比,各县的体育场地数量、规模、投资整体格局没有重大变化,但建宁县、清流县、柘荣县、光泽县、长泰县、大田县、寿宁县、云霄县、蒲城县等县人均体育场地投资增长速度喜人,其中云霄县、长汀县、大田县、华安县、建宁县、永泰县人均体育场地面积增长都在1.30平方米以上。

(4)福建省农村共建有83类体育场地,其中全民健身路径11 212个(占22.53%)、篮球场 10 119 个（占 20.34%）、乒乓球场 5 994 个（占 12.05%）、小运动场 5 420 个（占 10.89%）、羽毛球场 2 205 个（占 4.43%）、乒乓球馆 2 138 个（占 4.30%）、棋牌室 1 942 个（占 3.90%）、健身房 1 628 个（占 3.27%）、三人制篮球场 1 611 个（占 3.24%）和步行道 1 225 个（占 2.46%），以上 10 类场地数量合计 43 494 个，占总数的 87.42%。与第六次全国体育场地普查相比，全民健身路径、小运动场、乒乓球场、健身房、三人制篮球场、步行道、乒乓球馆、羽毛球馆、羽毛球场、棋牌室仍然是福建省农村配置建设的主要项目，但也新增了社区健身中心、体育公园、步行骑行综合道、全民健身中心、自行车骑行道、毽球场、滑板场、小轮车场、橄榄球场、卡丁车运动场等，虽然多数新增的体育场地类型数量有限，但是这表明新兴、时尚、休闲类的体育场地在福建省农村中悄然兴起。

（5）2003 年以来，福建省农村体育场地发展水平显著提升，尤其是 2013 年以后，农村体育场地建设发展速度更为明显，数量与质量结构不断得到优化。各县体育场地 2 个维度均取得了不同程度发展，相较之下，各县体育场地质量建设仍然有待提高，且非均衡发展特征更为明显。可见，强化全民健身公共服务职能，制定农村体育场地供给专项规划，成为新时期促进农村体育场地建设发展的重点。丰富体育场地多元供给主体是动力，强化体育场地建设监督管理是关键。新时期只有构建一个更高水平的体育场地公共服务体系，才能有效助力健康福建的高质量发展。

第二节　福建省农村体育赛事活动发展现状

"小康不小康，关键看老乡。"[①]习近平总书记多次强调，在奔小康的路上决不让一个贫困地区的贫困群众掉队，"一个都不能少"是我们党对人民做出的庄严承诺。党的十九大报告提出："广泛开展全民健身活动，加快推进体育强国建设，筹办好北京冬奥会、冬残奥会。"[②]广泛开展全民健身活动既是中国体育事业的顶层设计，也是实现人民群众充分行使体育权利的制度保障，更是习近平总书记"以人民为中心"的生动体现。开展全民健身活动必须覆盖全人群全生命周期，覆盖到广大农村地区，逐步提升农村体育人口，满足农村群众的健身需求，这是开展全民健身活动与推进全民健身工作的重要内容，也是全民健身发挥其功能作用的主要方式。

2019 年 1 月 31 日，习近平总书记在会见国际奥委会主席巴赫时谈道：全民健身运动的普及和参与国际体育合作的程度，也是一个国家现代化程度的重要标志。[③] 随着健康观念的深入和体育意识的提升，国人日益认识到健康的重要性以及体育对于促进健康的独特意义。《健康中国行动（2019—2030 年）》旗帜鲜明地指出："体育运动是健康生活方式的重要内容，

① 习近平的扶贫观：决不能让困难群众掉队[EB/OL].（2015-10-16）[2020-09-10]. http://news.cnr.cn/native/gd/20151016/t20151016_520164525.shtml.
② 习近平：广泛开展全民健身活动，加快推进体育强国建设[EB/OL].（2017-10-18）[2020-09-10]. http://sports.people.com.cn/n1/2017/1018/c22155-29594985.html.
③ 习近平会见国际奥委会主席巴赫[EB/OL].（2019-01-31）[2021-09-10]. http://www.xinhuanet.com/politics/leaders/2019-01-31/c_1124072056.htm.

是实现全民健康最积极、最有效也是最经济的手段。"①随着农村经济社会不断发展,农民群众对美好生活的需要日益多样化,对物质和精神文化生活都提出更高要求,对健康状况和生活品质品位抱有更高期待。体育活动是人类最喜爱的休闲娱乐活动内容之一,同时也是人们增进健康,进行人际互动与交流的最好社会活动之一。因此,参与体育活动也就成了人类最为向往的要求与选择之一。2016年10月15日,福建省人民政府印发的《福建省全民健身实施计划(2016—2020年)》明确提出:打造全民健身核心品牌赛事。以"一起动起来,全民健身与您同行"为主题,打造省、设区市、县(市、区)三级全民健身运动会为龙头的全民健身系列品牌赛事,通过深化上下联动组织模式、增设比赛项目、丰富组织形式等,发挥其示范、引领、辐射效应,推进全民健身活动向基层延伸、向常态化发展。② 近年来,福建省大力践行全民健身和健康中国国家战略,不断深化开展全民健身活动,以全民健身活动为抓手,以"全民健身百村行"为载体,让全民健身品牌赛事工程成为踏石有印、抓铁留痕的农民幸福工程、民生工程、健康促进工程,具有重要的理论意义和实践价值。

本书根据研究需要,依托2017—2019年《福建省全民健身实施计划(2016—2020年)》落实情况,督查调研活动,在对福建省闽侯县、闽清县、永泰县、寿宁县、柘荣县、诏安县等43个县进行督查期间进行材料搜集。第一,在调研期间,组织课题组成员(课题组5名成员是督查组成员,其中董婧涓老师还担任整个督查工作联络员工作)通过听取各地《全民健身实施计划(2016—2020)自查报告》汇报,参加全民健身实施成员单位专题座谈会,查看六边工程实施效果档案资料,实地考察、实地访谈等方式搜集大量有关资讯。第二,借助梳理《福建省全民健身实施计划(2021—2025)》规划研制前期材料的便利优势,补齐2017年、2018年已督查县2019年度对应的材料数据。第三,利用福建省体育场地普查技术专员的工作之便,于2020年5月向平潭县和霞浦县获取相关数据,同时针对前期整理数据中不确定或不太肯定的资料,采取回头电话、微信咨询和表格申报等做法,再进行一次核实整理,从而搜集齐43个县的相关研究材料,以保证课题研究顺利进行。第四,根据福建省农村群众身边"健身活动"建设情况研究需要,依据数据完整性、准确性、全面性原则,排除数据不全面的平潭县、霞浦县的数据,最后确定以闽侯县、闽清县、永泰县、寿宁县、柘荣县等41个县的群众身边"健身活动"相关数据(截至2019年底)作为本章节研究分析数据库。

一、全民健身活动开展情况

体育理论认为体育的本质属性是"人们有意识地用自身的身体运动来增进健康、增强体质、促进人的身心发展的活动",并以这一本质属性作为内涵,将体育定义为"以身体练习为基本手段,为增强体质,提高运动技术水平,进行思想品德教育,丰富社会文化生活而进行的一种有意识的身体运动和社会活动"。③ 为了统一搜集各地方的全民健身活动数据的口径,本研究对全民健身活动做了界定。全民健身活动是指县(市、区)区域里由体育行政部门、街道、乡镇文体机构、行业协会等主办的健身活动,含健身气功"五进"活动(没有竞赛规程、秩

① 健康中国行动推进委员会. 健康中国行动(2019—2030年)[EB/OL]. (2019-07-15)[2021-09-10]. http://www.govcn/xinwen/2019-07/15/content_5409694. htm.

② 福建省全民健身实施计划(2016—2020年)[EB/OL]. (2016-10-19)[2021-09-10]. http://www.fujian. gov. cn/xwdt/mszx/201610/t20161019_1635142. htm.

③ 全国体育学院教材委员会. 体育概论[M]. 北京:人民体育出版社,1989:18.

序册,但有活动方案)。为了更科学、准确、全面地反映福建省农村全民健身活动开展情况,这部分选取 43 个县"十三五"期间其中一年的面板数据进行统计分析。首先,对 2018 年督查的县,根据填报数据的完整性直接从督查数据中获取 2017 年度或 2018 年度该区域的全民健身活动数据;其次,对 2017 年督查的县,于 2018 年 12 月采取问卷调查的形式搜集该区域 2017 年度全民健身活动的数据;再次,对 2019 年督查的县,直接选取 2018 年度该县域单元里开展的全民健身活动数据。经过数据分析与整理,最后获得古田县、仙游县、惠安县、屏南县、闽侯县、松溪县等 23 个县 2017 年度全民健身活动数据和闽侯县、建宁县、德化县、光泽县、漳浦县等 18 个县 2018 年度全民健身活动数据。

(一)全民健身活动总体情况

随着农村群众健身意识的提高,体育场地供给不断增加,群众参与健身活动的积极性也逐渐增强,企业、行业、协会等参与全民健身活动的积极性不断提升,农村全民健身活动不断朝着丰富化、多样化、本土化、趣味化、草根化的方向发展。"十三五"期间,福建省农村依托元旦、春节、端午节、五一、全民健身日、国庆、重阳节、丰收节、旅游节等节假日,开展了太极拳、太极剑、秧歌、腰鼓、龙舟、武术、球类、广场舞、健身气功、棋牌、健步、登山、长跑、自行车、冬游、趣味运动会、拔河、跳绳、柔力球等全民健身活动,打造"节节有欢庆、月月有赛事、周周有活动"的全民健身大格局。调查数据显示:"十三五"期间,福建省农村由各体育行政部门、街道、乡镇文体机构、行业协会等主办或举办的全民健身活动达 886 次,参与人数达 281 088 人次,活动经费达 2 538.181 万元,其中财政投资 1 409.741 万元,占 55.54%,民间投资 1 128.44 万元,占 44.56%。每个县平均每年都举办了 22 场全民健身活动。从走访中发现,在福建省体育局"一起动起来,全民健身与您同行"的号召下,各县文体局积极推出各种常态化的全民健身活动档期。[①] 例如,大田县明确提出:遵循"因地制宜、业余自愿、小型多样、就近就便"的原则,积极组织办好各类群众体育比赛活动,推动青少年、老年人、农民、职工、妇女五大人群参与健身活动。2017 年举办了大田县马拉松协会周末亲子健康跑、大田县"迎新春"趣味性体育游园活动、"庆八一"军民工共建篮球邀请赛等各式各样的全民健身活动 29 场,打造了一批既有影响力又方便群众的健身活动,做到"天天有活动、月月有赛事、年年树品牌"。

(二)全民健身活动举办地分布情况

草根型全民健身活动是全民健身的根基。全民健身活动举办地分布情况在一定程度上反映了全民健身活动草根化的程度。调查数据显示(表 3-14):2017—2018 年,福建省农村全民健身活动举办地在"县城"的占 78.10%,位居第一位;在"街镇"的占 17.95%,位居第二位;在"作业区/农场/林场"的占 2.37%,位居第三位;在"村里"的占 1.24%,位居第四位;在"乡里"的仅占 0.34%,位居第五位。众所周知,一项全民健身活动的举办需要策划、组织、经费、人员等保障,体育行政部门、街道、乡镇文体机构、行业协会等主办的健身活动主要以常态化为主导,推进各项工作开展。可见,在县、街、镇范围内开展全民健身活动是"十三五"期间福建省农村体育活动开展的主线,打造乡、村、生活区的特色活动是辐射,形成多层面的福建省农村草根型全民健身活动态势。

---

① 三明市体育局.三明市及各县市区全民健身实施计划(2016—2020)[R].2017.

表 3-14　2017—2018 年福建省农村全民健身活动举办地分布情况

区　域	举办场次/场	占比/%	排　位
县城	692	78.10	1
街镇	159	17.95	2
村里	11	1.24	4
乡里	3	0.34	5
作业区/农场/林场	21	2.37	3
合计	886	100.00	

(三)全民健身活动举办时间分布情况

常态化全民健身活动是全民健身工作的根本。发挥县级全民健身品牌活动的示范带头和引领作用,鼓励各乡镇(街道)、社区、行业结合全民健身日、传统节假日和重要体育文化活动,广泛组织群众喜闻乐见、简便易行的全民健身活动,构建"周周有活动、月月有竞赛、季季有交流"的全民健身活动体系。调查数据显示(表 3-15):2017—2018 年,福建省农村全民健身活动举办时间在 8 月的有 104 场,占 11.74%,位居第一位;在 2 月的有 101 场,占 11.40%,位居第二位;在 10 月和 5 月的分别以 97 场,占 10.95%,并列位居第三位;1 月、3 月、6 月/9 月(并列)分别以 90 场(占 10.16%)、69 场(占 7.79%)、64 场(占 7.22%)位居第四、五、六位;而在 4 月、7 月、11 月、12 月的分别以 61 场(占 6.88%)、55 场(占 6.21%)、43 场(占 4.85%)、41 场(占 4.63%)位居第七、八、九、十位。在调研中知悉:福建省各地将全民健身活动与"一县多品""一街(镇)一特色""一行一品牌"的发展战略相结合,依托当地经济、地理、风情、习俗等生态文化环境,开展各具特色的全民健身活动。例如,泰宁县文体局及各体育协会在春节期间趁青年人闲暇时,举办迎新年游园文体活动和迎新春赛事活动 10 余场;3 月举办了庆"三八"全县女子趣味运动会;4 月举办了"中国民间徒步节"暨第七届鸿徒马拉松(泰宁站)活动、泰宁寻花穿越节(健步走)、泰宁县"邮储杯"五四青年篮球赛;5 月举办了"静心泰宁·骑游苏区"第四届环大金湖骑行大赛、泰宁县第二届社区杯五人制足球赛;6 月举办了第二届大金湖网球邀请赛;7 月举办了"礼赞新中国、奋进新时代、建设新泰宁"教职工气排球比赛;8 月举办了第一届闽赣两省羽毛球邀请赛、第三届七夕国际帐篷节;9 月举办了大田乡第九届农民趣味运动会、泰宁县首届航空航天模型公益展演暨泰宁县中小学生航空航天模型科普展、三明市第七届运动会群众组象棋比赛、泰宁第二届大金湖公开水域游泳赛、第八届"平安杯"篮球邀请赛、泰宁县首届健身气功运动会;10 月举办了 2018 泰宁环大金湖世界华人山地马拉松赛、2019"健康泰宁"福建省全民健身运动会泰宁县首届职工运动会、第五届"一建·御景园"杯羽毛球赛;11 月举办了 2019 福建省全民健身运动会、泰宁县第六届职工气排球联赛等。泰宁县政府鼓励与支持企事业单位、体育协会组织跑步、羽毛球、气排球、乒乓球、篮球等群众喜闻乐见、参与性强的体育活动,营造良好的全民健身氛围,促进各类人群自主参与体育健身活动。而永春县则以白鹤拳为媒介,积极推进白鹤拳"五进"活动,服务学校、乡镇、社区、农村等健康需求,成为"体育＋康养"非物质文化传统项目传承与发展的典范。

表 3-15　2017—2018 年福建省农村全民健身活动举办时间分布情况

时　间	举办场次/场	占比/%	排　位
1 月	90	10.16	4
2 月	101	11.40	2
3 月	69	7.79	5
4 月	61	6.88	7
5 月	97	10.95	3
6 月	64	7.22	6
7 月	55	6.21	8
8 月	104	11.74	1
9 月	64	7.22	6
10 月	97	10.95	3
11 月	43	4.85	9
12 月	41	4.63	10
总 计 数	886	100.00	

（四）全民健身活动参加人数情况

2013 年 8 月 31 日,习近平总书记在会见参加全国群众体育先进单位和先进个人表彰会、全国体育系统先进集体和先进工作者表彰会的代表时强调:"全民健身是全体人民增强体魄、健康生活的基础和保障,人民身体健康是全面建成小康社会的重要内涵,是每一个人成长和实现幸福生活的重要基础。"①调查数据显示:在"十三五"期间,每年福建省各地由体育行政部门、街道、乡镇文体机构、行业协会等主办的全民健身活动参加人数达 281 088 人,平均每场活动超过 300 人。其中,参加人数在 50～100 人的活动达 216 场,占 24.38％,位居第一位;在 200～500 人的活动达 185 场,占 20.88％,位居第二位;在 100～200 人的活动达 178 场,占 20.09％,位居第三位;在 1 000～5 000 人、500～1 000 人、5 000 人以上的分别以 57 场、56 场和 4 场位居后三位(表 3-16)。当前,随着群众体育的蓬勃发展,人民群众参与体育活动的热情日益高涨,参加体育活动已经成为人民群众共享体育发展成果、实现全面发展的重要途径。但由于大型群众体育活动具有规模大、社会影响面广、聚集程度高等特点,往往存在各种突发性和偶然性因素,因此举办大型群众性体育活动对安全管理工作提出了更高的要求。2015 年 4 月 10 日,福建省人民政府第 39 次常务会议通过并公布《福建省大型群众性活动安全管理办法》,明确规定法人或者其他组织面向社会公众举办的每场次预计参加人数达到 1 000 人以上体育比赛活动,安全管理工作遵循安全第一、预防为主的方针,坚持承办者负责、政府监管的原则,由县级以上人民政府公安机关负责大型群众性活动的安全管理工作。② 可见,在各地体育行政部门、街道、乡镇文体机构、行业协会等积极推进下,福建省农村体育活动精彩纷呈,涌现出"全民健身百村行"、"铁长客家本草养生文化旅游艺术节"、屏

---

① 习近平.习近平在会见全国体育先进单位和先进个人代表等时的讲话[N].人民日报,2013-09-01(1).
② 福建省大型群众性活动安全管理办法[EB/OL].(2015-06-01)[2021-09-26].https://baike.so.com/doc/26130222-27326889.html.

南白水洋景区第八届"万人狂欢泼水节"、"漳浦佛昙端午龙舟赛"、"环中央苏区骑行红土地"、三明市自行车骑游大会、漳州中华武术大家练等较大型的特色全民健身活动。

表 3-16 "十三五"期间每年福建省农村全民健身举办活动参加人数情况

选 项	举办场次/场	占比/%	排 位
1~30 人	62	7.00	5
30~50 人	128	14.45	4
50~100 人	216	24.38	1
100~200 人	178	20.09	3
200~500 人	185	20.88	2
500~1 000 人	56	6.32	7
1 000~5 000 人	57	6.43	6
5 000 人以上	4	0.45	8
合计	886	100.00	

（五）全民健身活动经费情况

21 世纪,随着科学技术迅速发展,人们从劳动生产方式向休闲生活方式积极转变,从短缺经济向过剩经济转变,从农业和工业经济向知识经济转变,社会生产方式和生活方式的改变促使农村群众生活需求逐步由"生存型阶段"向"发展型阶段"转变。如今,越来越多的人喜欢上运动,全民健身已成为群众必不可少的生活方式之一。随着《福建省全民健身运动会资金使用管理办法》的出台,上杭县、永春县、泰宁县等县文体广电新闻出版局分别出台《上杭县文体广电新闻出版局全民健身赛事活动经费扶持办法（试行）》[①]、《永春县县级文化和体育发展专项资金管理暂行规定》[②]、《泰宁县体育社团开展全民健身活动经费补助办法》[③]等政策,激发了很多企业、社团、体育爱好者俱乐部等踊跃加入举办全民健身活动,充分利用节假日、全民健身日等时间节点,融合推进城市营销＋全民健身、企业营销＋全民健身、产业营销＋全民健身、产品营销＋全民健身、旅游营销＋全民健身、康养＋全民健身等全民健身系列活动。调查数据显示:在"十三五"期间,福建省农村每年由体育行政部门、街道、乡镇文体机构、行业协会等主办的全民健身活动运作经费达 2 538.181 万元,平均每场活动经费达2.86 万元。其中,各级财政用于开展全民健身活动的财政拨款总额（包含体彩公益金投入金额）达 1 409.741 万元,占 55.54%,由个人、企业、社会团体等赞助的用于开展全民健身活动的金钱、物资等社会赞助金额达 1 128.440 万元,占 44.46%。调研中悉知:随着福建省全民健身政策举措越来越完善、健身活动运作途径越来越便捷,"健康中国"聚焦运动休闲、体育赛事活动已深入人心,越来越多的人从体育比赛的观赏者变成了运动场上的参与者。比如,圣阳鸳鸯溪旅游开发有限公司携手文体局打造的 2017"斗鱼杯"中国·白水洋国际户外挑战赛暨第七届白水洋泼水节,围绕国家全域旅游示范区建设大力推动"旅游＋"跨界融合,

① 上杭县文体局.关于印发全民健身赛事活动经费扶持办法（试行）的通知[EB/OL].(2018-07-06)[2021-09-06].http://www.shanghang.gov.cn/bm/wtj/zwgk/zcjdwtj/201807/t20180731_1292443.htm.

② 永春县文体局.永春县全民健身实施计划(2016—2020)督查报告[R].2017.

③ 泰宁县文体广电出版局.泰宁县体育社团开展全民健身赛事活动经费补助办法[EB/OL].(2018-12-18)[2021-09-26].http://www.fjtn.gov.cn/zfxxgkzl/zfxxgkml/zdgz/201812/t2018,1218_1249979.htm.

嵌入全民健身活动体验,打造全民健身＋旅游营销。文体局启动 50 万元产业引导金,携手企业投资 30 万元,共同打造 2017"斗鱼杯"中国·白水洋国际户外挑战赛暨第七届白水洋泼水节,参与人数达到 1 万人以上,借助全民健身丰富屏南县旅游多元供给,促进优质旅游提档升级。

二、全民健身运动会开展情况

"十三五"期间,福建省体育局每年都会出台《福建省全民健身运动会实施方案》,推进《"健康中国 2030"规划纲要》和《全民健身计划(2016—2020 年)》等计划项目,围绕"再上新台阶、建设新福建"的目标,全面贯彻《福建省全民健身实施计划(2016—2020 年)》,以保障人民群众基本体育权益为出发点,以增强人民体质、提高健康水平为目标,以满足人民群众日益增长的多元化健身需求为落脚点,以加快公共体育产品供给侧结构性改革为突破口,以"新时代、新气象,全民健身动起来"为主题,打造省委、省政府为民办实事的福建省全民健身品牌活动。

(一)全民健身运动会总体情况

"十三五"期间,福建省以"运动健身进万家"为主题,践行健康中国战略、全民健身国家战略和乡村振兴战略,努力打响全民健身运动会品牌战。2015 年,福建省率先打造"全民健身百村行"活动;2019 年"全民健身百村行"活动扩大覆盖面,全面提升为"运动健身进万家"。[①] 参赛人员由农村群众带动街道、社区、机关、企业、学校的人群,让全民健身运动会走到百姓身边,走进千家万户,扩大全民参与、全民运动、全民健康、全民欢乐的场域范围,让更多群众享有全民健身的获得感、幸福感。由于永泰县、蒲城县、古田县和顺昌县的调查数据是 2017 年督查的,全民健身运动会填报的数据缺失较多,无法进行全盘比较,因此在全民健身运动会部分就以其他 37 个县的数据进行分析。调查数据显示:2017—2018 年,福建省农村举办的统一规定赛事(有专门的竞赛规程、秩序册)的全民健身运动会有 447 项,参赛选手合计 91 110 人,赛事举办经费达 7 979.361 万元,其中财政投资 1 565.021 万元,民间投资 6 414.34 万元,平均每个县举办全民健身运动会达到 12 项。可见,在福建省委、省政府为民办实事实施方案的推动下,福建省逐步构建了"接地气、聚人气"的全人群、全项目、全周期的农村体育品牌赛事体系。健康理念深入人心,越来越多的农民从体育比赛的观赏者变成了运动场上的参与者。

(二)全民健身运动会举办地分布情况

开展全民健身运动会的核心是"全民参与",这意味着全民健身运动会覆盖面要达到一定程度。众所周知,省运会是为专业运动员通往更高舞台而举办的,普通农民群众只能坐在电视机前欣赏体育比赛,无法亲身感受赛事的现场效应,更没有机会参赛。"十三五"期间,福建省政府为了广泛开展全民健身运动,出台了《2019 年福建省全民健身运动会工作方案》[②],统筹推进全省全民健身运动会。鼓励各地各行业要充分发挥地方特色和行业优势,把全民健身运动会赛事活动与地方文化旅游、教育、卫生、健康等紧密结合,按规范化、体系化、

---

① 杨凯.福建省乡村振兴中的体育文化建设探讨[J].经济研究导刊,2021(21):16-19.
② 福建省全民健身领导小组办公室关于印发《2019 年福建省全民健身运动会实施方案》的通知[EB/OL].(2019-02-26) [2021-09-06].http://tyj.fujian.gov.cn/zwgk/zfxxgkzl/gkml/gzdt/201902/t20190226_4767393.htm.

标准化、层级化模式举办全民健身运动会,让更多的农民群众在家门口亲身经历和享受高水平全民健身运动赛事,亲身体验和享受福建体育发展成果。调查数据显示(表3-17):2017—2018年福建省农村全民健身运动会覆盖全省37个县,各县年度举办赛事平均举办达12场,其中连城县举办了31场,占6.94%,位居第一位;上杭县举办了23场,占5.15%,位居第二位;连江县举办了21场,占4.70%,位居第三位;南靖县、沙县、长泰县/东山县分别举办了20场、18场、17场,位居第四、五、六位;周宁县、云霄县/仙游县、清流县/明溪县分别举办了6场、5场、4场,位居后三位。有17个县年度举办的赛事超过平均值,占45.95%;年度举办了10项赛事的有政和县、武平县、泰宁县、屏南县、闽清县、罗源县、惠安县7个县,占18.92%。可见,福建省每年举办的全民健身运动会都辐射到八闽大地的各个角落,全省农民群众在家就能享受福建省体育发展成果。

表3-17　2017—2018年福建省农村全民健身运动会举办地分布情况

区　域	举办场次/场	占比/%	排　位
闽侯县	14	3.13	9
连江县	21	4.70	3
罗源县	10	2.24	13
闽清县	10	2.24	13
仙游县	5	1.12	18
明溪县	4	0.89	19
清流县	4	0.89	19
宁化县	12	2.68	11
大田县	8	1.79	15
尤溪县	14	3.13	9
沙县	18	4.02	5
将乐县	8	1.79	15
泰宁县	10	2.24	13
建宁县	9	2.01	14
惠安县	10	2.24	13
安溪县	8	1.79	15
永春县	14	3.13	9
德化县	13	2.91	10
云霄县	5	1.12	18
漳浦县	14	3.13	9
诏安县	15	3.36	8
长泰县	17	3.80	6

区　　域	举办场次/场	占比/%	排　　位
东山县	17	3.80	6
南靖县	20	4.47	4
平和县	15	3.36	8
华安县	12	2.68	11
光泽县	7	1.57	16
松溪县	16	3.58	7
政和县	10	2.24	13
长汀县	9	2.01	14
上杭县	23	5.15	2
武平县	10	2.24	13
连城县	31	6.94	1
屏南县	10	2.24	13
寿宁县	7	1.57	16
周宁县	6	1.34	17
柘荣县	11	2.46	12
合　计	447	100.00	

（三）全民健身运动会参赛人数情况

全民健身运动会是以福建省城乡居民为主体,满足群众体育锻炼、健身娱乐需求,发挥政府主导作用,动员社会力量积极参与,培育福建人民群众健身运动会的自主品牌,倡导健康文明的生活方式,同时有利于树立健身促进健康的新理念,形成爱锻炼、会锻炼、勤锻炼、争贡献、乐分享、重规则、讲诚信的良好社会风尚[1]。全民健身运动会在办赛理念、办赛宗旨、办赛主体、组织形式等方面都与其他运动会有很大的不同,具有较强的全民性、公益性、健身性、娱乐性、多元性、本地性。2015年实施的《福建省大型群众性活动安全管理办法》做了详细的规定:大型群众性活动的预计参加人数在1 000人以上5 000人以下的,由活动所在地县级人民政府公安机关实施安全许可;预计参加人数在5 000人以上或者跨县(市、区)举办的,由设区市人民政府公安机关实施安全许可;跨设区市举办的,由省人民政府公安机关实施安全许可。[2] 调查数据显示(表3-18):2017—2018年福建省农村全民健身运动会参赛人数达91 110人,平均每场全民健身运动会参赛人数达204人。其中参赛人数在100～300人的赛事有227场,占50.78%,位居第一位;在50～100人的赛事有140场,占31.32%,位居

① 福建省全民健身领导小组关于印发《2019年福建省全民健身运动会实施方案》的通知[EB/OL].(2019-02-26)[2021-09-06].http://tyj.fujian.gov.cn/zwgk/zfxxgkzl/gkml/gzdt/201902/t20190226_4767393.htm.

② 福建省人民政府.福建省大型群众性活动安全管理办法[EB/OL].(2015-04-10)[2021-09-26].https://baike.so.com/doc/26130222-27326889.html.

第二位;在300~1 000人的赛事有45场,占10.07%,位居第三位;而50人以下或1 000人以上的赛事仅有35场,占7.83%。可见,福建省农村主要以打造本土化的、参赛规模50~300人的赛事为主,以小型和特大型的赛事为辅。数据显示:参赛人数在15 000人的赛事有"2018年福建省全民健身运动会长泰县首届广场舞大赛"。广场舞是群众喜闻乐见的全民健身活动,亲身参与广场舞大赛,让广大人民群众有更多的获得感和幸福感。2018年,长泰县借福建省全民健身运动会办赛之风,打造本土联赛。2018年3月,经过调查摸底、宣传发动,各乡镇(场、区、办事处)先后举办长泰县首届广场舞大赛分区赛,县直活动点举行选拔赛。经过层层选拔,全县19支广场舞代表队于8月7日在长泰县龙津园千人广场进行总决赛。这种以全民健身运动会为龙头串起乡镇间的单项联赛是高质量落实全民健身国家战略、倡导文明健康生活方式、促进全民健身与全民健康深度融合的一种方略,展现出了长泰县人民群众昂扬向上的精神面貌。可见,"十三五"期间,福建省畅享"全民健身百村行",推进"一县一品""一行一品"等全民健身活动创新,构建市、县(市、区)、乡镇(街道)三级全民健身运动会为龙头的全民健身品牌赛事体系,促进了农村体育全民健身赛事活动常态化开展。

表3-18　2017—2018年福建省农村全民健身运动会参赛人数情况

选　项	举办场次/场	占比/%	排　位
<50人	31	6.94	4
50~100人	140	31.32	2
100~300人	227	50.78	1
300~1 000人	45	10.07	3
>1 000人	4	0.89	5
合计	447	100.00	

(四)全民健身运动会承办单位情况

承办单位是指负责赛事的具体运作及比赛过程中具体事务的单位。《2019年福建省全民健身运动会实施方案》明确指出:各级政府要完善政府购买体育健身服务的相关政策,加大对体育社会组织的扶持力度,发挥体育社会组织在全民健身中的主力军作用。通过市场机制积极引入社会资本和吸引社会力量承办赛事。各级体育社会组织要积极参与全民健身运动会,主动承接各项赛事活动,扩大体育项目人口,扩大项目影响。[1] 调查数据显示(表3-19):承办2017—2018年福建省农村全民健身运动会的单位有政府、学校、企业、协会、俱乐部。其中协会承办全民健身运动会达320场,占71.59%,位居第一位;政府承办全民健身运动会达102场,占22.82%项,位居第二位;企业和俱乐部承办全民健身运动会均达10场,占2.24%,并列位居第三位;学校承办全民健身运动会的只有5场,占1.11%,位居第四位。数据显示:协会承办单位主要有老体协、农体协、羽毛球协会、冬季游泳协会、龙舟协会、篮球协会、长跑运动协会等单项体育协会,也有为数不多的健身指导站、项目推广中心等综合性体育协会。在政府承办的102场全民健身运动会中,体育部门本系统承办75场,占73.53%,文化站、财政局、农业局、计生局、镇政府、管委会等也积极承办了部分全民健身运动会。俱

---

① 　福建省全民健身领导小组关于印发《2019年福建省全民健身运动会实施方案》的通知[EB/OL].(2019-02-26)[2021-09-06].http://tyj.fujian.gov.cn/zwgk/zfxxgkzl/gkml/gzdt/201902/t20190226_4767393.htm.

乐部承办单位中有台球俱乐部、乒乓球俱乐部、蓝堡俱乐部、青少年体育俱乐部等，主要是为了扩大俱乐部名气而积极承办全民健身运动会。企业办赛主要有体育文化传播有限公司、景区旅游公司，以及一些相关企业。可见，自从《福建省全民健身运动会项目绩效评价指标》出台后，福建省全民健身运动会朝着多元办赛的方向前进，逐步形成了体育行业办赛为主，其他行业积极参与的办赛模式，扩大了全民健身运动会的项目人口和项目覆盖面，打造出"接地气、聚人气"的福建农村体育品牌赛事。

表 3-19   2017—2018 年福建省农村全民健身运动会承办单位情况

机　构	举办场次/场	占比/%	排　位
政府	102	22.82	2
学校	5	1.11	4
协会	320	71.59	1
企业	10	2.24	3
俱乐部	10	2.24	3
合计	447	100.00	

（五）全民健身运动会运作经费情况

《2019 年福建省全民健身运动会实施方案》明确指出：各级政府要把全民健身运动会列入为民办实事项目，加大全民健身活动经费的财政投入；积极为各类全民健身赛事活动举办提供安保、医疗、志愿等服务，降低办赛成本；完善政府购买体育健身服务的相关政策，加大对体育社会组织的扶持力度，发挥体育社会组织在全民健身中的主力军作用；通过市场机制积极引入社会资本和吸引社会力量承办赛事。[①] 财政投资是指用于开展体育赛事的财政拨款总额，包含体彩公益金投入金额；社会赞助是指由个人、企业、社会团体等赞助的用于开展体育赛事的金钱、物资等。调查数据显示：2017—2018 年福建省全民健身运动会举办经费达 7 979.361 万元，每项运动会平均运作经费达 17.85 万元。其中财政投资 1 565.021 万元，占 19.61%，民间投资 6 414.34 万元，占 80.39%。

从参与项目的数量来看：首先，由财政投资的全民健身运动会有 408 场，占 91.28%，位居第一位，其中全部由财政投资办赛的有 247 场，占运动会总量的 55.26%。其次，社会赞助参加运作的全民健身运动会有 201 场，占 44.97%，位居第二位，其中全部运作经费由社会赞助投入的只有 40 场，仅占运动会总量的 8.95%。最后，既有财政投资又有社会赞助的全民健身运动会有 161 场，占运动会总量的 36.02%。

从赛事运作经费来看（表 3-20）：2017—2018 年福建省农村全民健身运动会赛事运作经费在 1 万～3 万元的有 247 场，占 55.26%，位居第一位；在 3 万～10 万元的有 178 场，占 39.82%，位居第二位；在 10 万～50 万元的有 18 场，占 4.03%，位居第三位；大于 50 万元的只有 4 项，占 0.89%，位居第四位。

① 福建省全民健身领导小组关于印发《2019 年福建省全民健身运动会实施方案》的通知［EB/OL］.（2019-02-26）［2021-09-06］. http://tyj. fujian. gov. cn/zwgk/zfxxgkzl/gkml/gzdt/201902/t20190226_4767393. htm.

表 3-20 2017—2018 年福建省农村全民健身运动会经费情况

经 费	举办场次/场	占比/%	排 位
1 万～3 万元	247	55.26	1
3 万～10 万元	178	39.82	2
10 万～50 万元	18	4.03	3
>50 万元	4	0.89	4
合 计	447	100.00	

综上可知,在福建省政策与制度保障下,2017—2018 年福建省农村全民健身运动会赛事经费得到有效保障,平均每项全民健身运动会经费达 17.85 万元。虽然福建省农村全民健身运动会运作经费主要在 1 万～10 万元,且 91.28% 的全民健身运动会由财政经费参与运作,但也有 44.97% 的全民健身运动会引入社会赞助参加运营,构建了以公益性为主、赛事产业效应相对有限的、财政投资主导社会各界积极参与的福建省农村全民健身运动会运营发展模式。

三、体育赛事举办情况

体育赛事指的是有一定规模和级别的正规比赛,是一种提供竞赛产品及相关衍生服务产品的特殊活动形式。它通过赛事项目管理策划、项目文化营造和市场经济潜力挖掘,迎合不同参与人群体验、分享需求,从而达到多种目的。大型体育赛事以融媒的方式作用于城市发展,对城市发展具有渗透性和贯穿性的作用,其影响力涉及城市发展的方方面面:经济效益是影响城市发展的动力,社会文化效益是影响城市发展的核心内容,生态环境效益是影响城市可持续发展的保障。①

(一)体育赛事举办总体情况

"十三五"期间,福建省出台《福建省体育赛事管理办法》,推进赛事"管办分离"改革;制定《福建省体育局向社会力量购买群众体育赛事(活动)服务的实施办法》,采用公开招投标机制向体育社会组织购买办赛服务,进一步激发了社会各界承办体育赛事的积极性。② 体育品牌赛事是指符合《福建省体育产业发展专项资金体育竞赛表演业项目资助扶持办法》(以下简称《扶持办法》)(闽体〔2017〕314 号)的,有专门的竞赛规程、秩序册的体育赛事。调查数据显示:2017—2018 年福建省共有 32 个县举办了 100 项体育赛事,参赛人数达 58 064 人,财政投资 3 748.1 万元,社会赞助合计 3 439.4 万元。平均每个县举办 3.13 项体育赛事,平均每项体育赛事投入 71.875 万元,平均每项体育赛事参赛人数达 580 人。2017—2018 年,福建省农村以赛事为主体,突出地方特色,推进地方自然资源、人文资源、产业资源、非物质文化遗产和运动比赛的深度融合,形成了以体育赛事为依托的赛事旅游。以运动体验为依托的健身休闲旅游发展新模式,探索出"体育＋扶贫""体育＋互联网""体育＋旅游""体育＋文化""体育＋产业""体育＋乡村振兴"的农村体育赛事和地方经济共赢的发展路径。尤

---

① 徐成立. 大型体育赛事对城市发展的影响机制[J].北京体育大学学报,2012,35(12):7-11.
② 福建省体育局关于印发《福建省体育局向社会力量购买群众体育赛事(活动)服务的实施办法》的通知[EB/OL].(2018-12-24)[2021-09-06].http://tyj.fujian.gov.cn/zwgk/zfxxgkzl/gkml/zcfg/201812/t20181224_4716059.htm.

其是在 2019 年 3 月中国田径协会马拉松年度新闻发布会上,泰宁环大金湖世界华人山地马拉松赛凭借特别的赛事主题、优秀的赛事组织,获评中国田径协会铜牌赛事、自然生态特色赛事两大奖项,赛事品牌口碑和影响力不断提升。[①] 同时,数据显示:泰宁县旅游接待游客从 2016 年的 409 万人次增加到 2020 年的 733.3 万人次,旅游总收入从 2016 年的 32.77 亿元增加到 2020 年的 65.36 亿元,旅游接待量和旅游总收入分别年均增长 9.2% 和 10.4%[②]。

(二)体育赛事举办地分布情况

随着信息时代经济社会的发展,软实力对区域发展的影响越来越明显。举办体育赛事已成为促进区域经济发展的一种媒介,在赛事策划、举办过程中,城市聚焦民众的眼光,促进体育产业与地方自然资源、人文资源、产业资源、非物质文化遗产资源等融合的不断深化,加快业态融合,以"体育＋"提升城市发展动力。[③] 数据显示(表 3-21):2017—2018 年福建省农村体育赛事举办呈现 4 个层次。古田县、政和县、周宁县、武平县、永春县、将乐县 6 个县举办体育赛事均达 5 场以上,合计 43 场,占 43.00%,位居第一位;永泰县、屏南县、连城县、惠安县、大田县、安溪县、漳浦县、华安县、东山县 9 个县均举办 3～4 场体育赛事,合计 33 场,占 33.00%,位居第二位;宁化县、松溪县、泰宁县、沙县、蒲城县、平和县、南靖县、诏安县、长泰县、尤溪县、建宁县、仙游县、寿宁县、上杭县、明溪县、闽侯县、连江县 17 个县均举办 1～2 场体育赛事,合计 24 场,占 24.00%,位居第三位;柘荣县、长汀县、顺昌县、清流县、闽清县、罗源县、光泽县、德化县 8 个县未举办体育赛事,位居第四位。可见,福建省农村地区在 2017—2018 年举办体育赛事的力度各不相同,各地结合自身发展需要与地方特色,举办体育赛事融合产业来推动地方社会经济协调发展。

表 3-21　2017—2018 年福建省农村体育赛事举办地分布情况

区　域	举办场次/场	占比/%
闽侯县	1	1.00
连江县	1	1.00
罗源县	0	0.00
永泰县	4	4.00
闽清县	0	0.00
仙游县	1	1.00
明溪县	1	1.00
清流县	0	0.00
宁化县	2	2.00
大田县	4	4.00
尤溪县	1	1.00
沙县	2	2.00

① 泰宁县政府办. 2019 泰宁环大金湖世界华人山地马拉松赛鸣枪开跑[EB/OL]. (2019-10-21)[2021-09-06]. http://www.fjtn.gov.cn/zwgk/gzdt/xjdt/201910/t20191028_1385834.htm.
② 泰宁县政府网. 政府工作报告——在泰宁县第十七届人民代表大会第五次会议上[EB/OL]. (2021-01-04)[2021-09-06]. http://www.fjtn.gov.cn/zwgk/gzbg/202109/t20210906_1702650.htm.
③ 胡乔,陶玉流. 城市竞争力视域下大型体育赛事的效益研究[J]. 体育与科学,2009,30(4):32-34,42.

续表

区　域	举办场次/场	占比/%
将乐县	5	5.00
泰宁县	2	2.00
建宁县	1	1.00
惠安县	4	4.00
安溪县	4	4.00
永春县	5	5.00
德化县	0	0.00
漳浦县	3	3.00
诏安县	1	1.00
长泰县	1	1.00
东山县	3	3.00
南靖县	2	2.00
平和县	2	2.00
华安县	3	3.00
蒲城县	2	2.00
顺昌县	0	0.00
光泽县	0	0.00
松溪县	2	2.00
政和县	8	8.00
长汀县	0	0.00
上杭县	1	1.00
武平县	6	6.00
连城县	4	4.00
古田县	12	12.00
屏南县	4	4.00
寿宁县	1	1.00
周宁县	7	7.00
柘荣县	0	0.00
合计	100	100.00

(三)体育赛事级别分布情况

本小节结合《扶持办法》将体育赛事分为 5 个等级。国际甲级赛事是指参赛国家 10 个以上或参赛国家 6 个以上且国外参赛队 10 支以上,央视直播或录播,总投资 800 万元以上,其中市场开发价值 200 万元以上的赛事;国际乙级赛事是指参赛国家 6 个以上或参赛国家 3 个以上且国外参赛队 6 支以上,央视或省级媒体直播或录播,总投资 300 万元以上,其中市场开发价值 80 万元以上的赛事;全国性赛事是指参赛省份 10 个以上或参赛省份 5 个以上且省外参赛队 10 支以上,中央级或省级媒体直播或录播,总投资 150 万元以上,其中市场开发价值 40 万元以上的赛事;海峡两岸传统特色赛事是指参赛省份 5 个以上或参赛省份 3 个以上且省外参赛队 6 支以上,其中必须有台湾的代表队参加,地方台新闻或网络台直播、录播,总投资 100 万元以上,其中市场开发价值 20 万元以上的赛事;地方传统特色赛事是指赛事历史 3 年以上(含 3 年),地方台新闻或网络台直播、录播,总投资 50 万元以上,其中市场开发价值 10 万元以上的赛事。省级指的是没有达到扶持要求,但经省体育局审批的赛事;市级指的是没有达到扶持要求,但经市体育局审批的赛事;县级指的是没有达到扶持要求,但经县政府审批的赛事。调查数据显示(表 3-22):①2017—2018 年福建省农村举办地方传统特色赛事 30 场,位居第一位,其中符合《扶持办法》总投资要求的只有 3 场,占 10.00%。举办全国性赛事 21 场,位居第二位,其中符合《扶持办法》总投资要求的只有 5 场,占 23.81%。②举办县级赛事 19 场,位居第三位,但这些赛事尚未达到福建省赛事补助规定。③举办国际级赛事 14 场,位居第四位,其中符合《扶持办法》总投资要求的有 4 场,占 28.57%。④举办海峡两岸传统特色赛事 6 场,位居第五位,其中符合《扶持办法》总投资要求的只有 1 场,占 16.67%。⑤举办市级、省级赛事 6 场和 4 场,分别位居第五、第六位,这些赛事尚未达到福建省赛事补助规定。综上可知,2017—2018 年福建省各地农村积极举办各种大大小小的体育赛事助力地方社会经济协调发展,但是赛事级别相对较低,符合《扶持办法》要求的体育赛事数量有限。

表 3-22　2017 年福建省农村体育赛事级别分布情况

级　　别	举办场次/场	占比/%	排　　位
国际级赛事	14	14.00	4
海峡两岸传统特色赛事	6	6.00	5
全国性赛事	21	21.00	2
省级赛事	4	4.00	6
市级赛事	6	6.00	5
县级赛事	19	19.00	3
地方传统特色赛事	30	30.00	1
合计	100	100.00	

(四)体育赛事参赛规模情况

赛事聚焦群众的眼光,进而提升城市知名度和影响力。2017—2018 年福建省农村举办体育赛事的参赛人数达 58 064 人,其中,2017 片仔癀东山岛国际半程马拉松赛参赛人数超过 10 000 人,位居第一位;2017 年举办的泰宁环大湖世界华人山地马拉松赛参赛人数达 7 000 人,位居第二位;2018 年福建永泰半程马拉松赛参赛人数达 3 000 人,位居第三位。而 2017 年举办的古田县钓鱼协会第二届"钓鱼王"杯钓鱼比赛、2018 年国际沙滩足球大奖赛(漳浦县站)和英雄传说部落战争——"海西如意城杯"自由搏击王者争霸赛(漳浦站)的参赛人数则分别仅有 35 人、30 人和 22 人,位居后三位。调查数据显示(表 3-23):2017—2018 年福建省农村举办体育赛事的参赛人数在 200~1 000 人的有 42 场,占 42%,位居第一位;参赛人数在 100~200 人的有 32 场,占 32%,位居第二位;参赛人数在 1 000 人以上和 100 人以下的有 13 场,都是占 13%,并列第三位。

表 3-23　2017—2018 年福建省农村体育赛事参赛规模情况

规　模	举办场次/场	占比/%	排　位
<100 人	13	13.00	3
100~200 人	32	32.00	2
200~1 000	42	42.00	1
>1 000	13	13.00	3
合计	100	100.00	

(五)体育赛事运作经费情况

随着社会主义市场经济体制的建立和完善,体育赛事的运作模式正悄然从政府主导向市场主导过渡。体育赛事得到赞助商的赞助而顺利举办,赞助商在体育赛事整个过程中进行宣传、推广自己的产品,提升品牌的市场影响,扩大市场占有量,从而获得回报,因此体育赛事与赞助商之间是一种互利共赢的关系。2017—2018 年福建省农村举办的体育赛事运作经费达 7 187.5 万元,平均每场赛事花费 71.875 万元。其中财政投资 3 748.1 万元,占52.15%,平均每场赛事财政投资 37.481 万元;社会赞助合计 3 439.4 万元,占 47.85%,平均每场赛事社会赞助 34.394 万元。从单场赛事运作经费来看,2017 片仔癀东山岛国际半程马拉松赛总投资达 1 200 万元,位居第一位;2018 年的环福州·永泰国际公路自行车赛总投资达 500 万元,位居第二位;2017 年环福州自行车比赛总投资达 355 万元,位居第三位;2017年南平市中学生乒乓球联赛和教育系统第三届教职工轻排球赛总投资只有 1 万元,排在最后一位。可见 2017—2018 年福建省各地农村都举办了大大小小的体育赛事,但投资额度参差不一,差异性较大。

调查数据显示(表 3-24):第一,体育赛事投资总额在 100 万元以上的有 20 场,占 20%,总投资合计 5 431.5 万元,平均每场赛事投资 271.575 万元。其中,财政投资 2 467.5 万元,占 45.43%,民间投资达 2 964 万元,占 54.57%。从财政投资来看,平均每场体育赛事财政投资达 123.375 万元。2017 片仔癀东山岛国际半程马拉松赛财政投资 550 万元,位居第一位;2017 年环福州自行车比赛财政投资达 255 万元,位居第二位;"为荷而来花海骑行"中国建宁第二届国际自行车公开赛暨 2017 追 FUN·中国自行车俱乐部联赛财政投资达 233 万元,位居第三位。从社会赞助经费来看,平均每场体育赛事社会赞助达 148.2 万元,比平均每场体育赛事财政投资高出 24.825 万元。2017 片仔癀东山岛国际半程马拉松赛获得 650万元的社会赞助,位居第一位;2018 年环福州·永泰国际公路自行车赛获得 500 万元社会赞助,位居第二位;2017 国际沙滩足球大奖赛和南靖土楼国际马拉松赛均获得 300 万元,并列位居第三位。可见,随着社会主义市场经济体制和办赛体制的不断发展,福建省农村大型体育赛事也获得了社会赞助的青睐。

表 3-24　2017—2018 年福建省农村体育赛事运作经费情况

经　费	举办场次/场	占比/%	排　位
1 万~10 万元	35	35.00	1
10 万~50 万元	31	31.00	2
50 万~100 万元	14	14.00	4

经费	举办场次/场	占比/%	排位
大于 100 万元	20	20.00	3
合计	100	100.00	

第二,体育赛事投资总额在 50 万~100 万元的有 14 场,占 14%,总投资合计 867.6 万元,平均每场赛事投资 61.97 万元。其中,财政投资 667.7 万元,占 76.96%,民间投资达 199.9 万元,占 23.04%。从财政投资来看,平均每场体育赛事财政投资达 47.69 万元。2017 年福建省青少年皮划艇激流回旋锦标赛、2018 年世界杯第六届举重大赛财政投资均为 80 万元,并列位居第一位;2018 年永泰县第二届大青云越野赛财政投资达 70 万元,位居第二位;2017 年中国静心泰宁垂钓大赛财政投资达 69.6 万元,位居第三位。从社会赞助经费来看,平均每场体育赛事社会赞助达 14.28 万元,比平均每场体育赛事财政投资少了 33.41 万元。2017 年华安县最美乡村越野跑、英雄传说部落战争——"海西如意城杯"自由搏击王者争霸赛(漳浦站)都获得 50 万元的社会赞助,位居第一位;2018 中国闽侯第四届五虎山越野赛获得 37.9 万元社会赞助,位居第二位;2017 年仙游县第二届全中传统武术交流大赛获得 30 万元社会赞助,位居第三位。另外,尚有 6 场赛事没有获得社会赞助。可见,福建省农村总投资在 50 万~100 万元体育赛事的经费投入主要还是靠财政,社会赞助吸金能力还有待进一步提升。

第三,体育赛事投资总额在 10 万~50 万元的有 31 场,占 31%,总投资合计 743.5 万元,平均每场赛事投资 23.98 万元。其中,财政投资 510.7 万元,占 68.69%,民间投资 232.8 万元,占 31.31%。从财政投资来看,平均每场体育赛事财政投资达 16.47 万元。2018 年尤溪联合梯田山地马拉松赛财政投资 35 万元,位居第一位;2017 年"瑞隆杯"全国山地车晋级赛(第三场)暨首届音乐节、海峡两岸篮球邀请赛、漳州市第二届海峡两岸及港澳地区汽车场越野持挑战赛、全国气排球联赛、中国·将乐国际城市室内五人制足球邀请赛 5 场赛事财政投资均达 30 万元,并列位居第二位;2017 年永春县全国青年男子篮球联赛财政投资达 28 万元,位居第三位。从社会赞助经费来看,平均每场体育赛事社会赞助 7.51 万元,比平均每场体育赛事财政投资少了 8.96 万元。永春县 2017 年海峡两岸(泉州)高山徒步大赛获得 35 万元的社会赞助,位居第一位;2017 年中国骑都"金土地杯"环冠豸山自行车大赛、大田县 2017 年海峡两岸大学生篮球邀请赛和 2017 年"政和白茶杯"第五届全国街舞邀请赛均获得 20 万元社会赞助,并列位居第二位;2018 年国际沙滩足球大奖赛(漳浦县站)获得 15 万元,位居第三位。此外,有 8 场赛事没有获得社会赞助。可见,福建省农村总投资在 10 万~50 万元体育赛事的经费投入主要还是靠财政,社会赞助吸金能力较低,且相对不足。

第四,体育赛事投资总额在 1 万~10 万元的有 35 场,占 35%,总投资合计 144.9 万元,平均每场赛事投资 4.14 万元。其中,财政投资 102.2 万元,占 70.53%,民间投资 42.7 万元,占 29.47%。从财政投资来看,平均每场体育赛事财政投资达 2.92 万元。2017 年全民健身闽浙边界十县(市)老年人门球协作区赛财政投资 7.4 万元,位居第一位;2017 年周宁县庆"五一"、迎"五四"、"与省运同行"全县职工健身运动会财政投资达 6.7 万元,位居第二位;2017 年福建武平县永平镇梁山村箩斗坑森林人家、南平市少年儿童田径锦标赛暨中学生田

径联赛、连城拳演武大会财政投资均达 5 万元,并列位居第三位。从社会赞助经费来看,平均每场体育赛事社会赞助 1.22 万元,比平均每场体育赛事财政投资少了 1.7 万元。2017 年政和县首届"东平高粱杯"闽浙两省气排球邀请赛获得 7 万元的社会赞助,位居第一位;2018 年"电信杯"明溪县活力新盖洋三地跑获得 6 万元社会赞助,位居第二位;2017 年大田县第十八届"广海杯"职工男子篮球赛获得 5 万元社会赞助,位居第三位。此外,有 19 场赛事没有获得社会赞助。可见,福建省农村总投资在 1 万~10 万元体育赛事的经费投入小,主要靠财政,社会赞助吸金能力很有限。

四、其他体育赛事开展情况

随着新媒体时代的来临,体育赛事在提升城市综合竞争力上被赋予新的历史使命。体育赛事经过新媒介技术、运营、产品、服务等商业模式营销,呈现出很强的辐射力和影响力,使得全球化视野下的城市尤为重视对本土体育赛事品牌的打造。城市通过打造品牌获得城市"消费者"认同感和良好评价,拉拢"消费者"需求和二次光顾,直接促进城市的经济发展和文化传播。与此同时,体育赛事举办也可以为群众营造良好的体育健身环境,全方位地加强全民健身宣传报道,弘扬健康新理念,传播社会正能量,助力全社会高质量发展。

(一)其他体育赛事开展总体情况

随着群众健身意识的提高和体育场地不断增加,群众参与健身活动的积极性也逐渐增强,行业、单项体育协会的赛事活动不断丰富,但活动的开展有逐渐向趣味活动方向发展的趋势。其他体育赛事是指除全民健身运动会系列赛事、体育品牌赛事外的赛事(有专门的竞赛规程、秩序册)。其他体育赛事是在 2017 年的调研基础上,于 2018 年调研中新增加的一个考量指标,因此本部分以 2018 年督查的 15 个县和 2019 年督查的 14 个县相关材料进行分析,以每个县的其中一年数据进行汇总计算。调查数据显示:"十三五"期间,福建省这 29 个县举办了 294 场其他赛事活动,参赛人数达 61 926 人,财政投资 825.21 万元,社会赞助合计 302.53 万元。平均每个县举办 10 场其他体育赛事,平均每场其他体育赛事投资 3.84 万元,平均每场其他体育赛事参赛人数达 211 人。

(二)其他体育赛事举办地分布情况

"十三五"期间,福建省各个地方政府通过积极开展其他体育赛事来营销城市、丰富群众体育文化生活、营造良好的体育健身环境。调查数据显示(表 3-25):2018—2019 年福建省29 个县平均举办 10 场其他体育赛事。其中,诏安县举办了 37 场,占 12.59%,位居第一位;尤溪县举办了 24 场,占 8.16%,位居第二位;沙县和安溪县均举办了 21 场,占 7.15%,并列位居第三位;柘荣县、闽侯县、平和县则分别以 2 场、2 场、1 场,位居后三位。

表 3-25 2018—2019 年福建省农村其他体育赛事举办地分布情况

区　　域	举办场次/场	占比/%	排　　位
闽侯县	2	0.68	15
连江县	5	1.7	12
罗源县	5	1.7	12
永泰县	4	1.36	13

区　域	举办场次/场	占比/％	排　位
明溪县	4	1.36	13
清流县	3	1.02	14
宁化县	4	1.36	13
尤溪县	24	8.16	2
沙县	21	7.15	3
将乐县	8	2.72	9
泰宁县	3	1.02	14
建宁县	13	4.42	7
安溪县	21	7.15	3
德化县	16	5.44	5
漳浦县	14	4.76	6
诏安县	37	12.59	1
长泰县	7	2.38	10
东山县	6	2.04	11
南靖县	16	5.44	5
平和县	1	0.34	16
顺昌县	13	4.42	7
光泽县	7	2.38	10
松溪县	6	2.04	11
长汀县	12	4.08	8
上杭县	16	5.44	5
武平县	20	6.81	4
连城县	4	1.36	13
柘荣县	2	0.68	15
总计数	294	100	

　　从举办地来看，在"十三五"期间，福建省农村其他体育赛事在"县城"举办的有146场，占49.66％，位居第一位；在"镇里"举办的有131场，占44.56％，位居第二位；在"乡里"举办的有13场，占4.42％，位居第三位；在"高新园区/管理区"举办的有4场，占1.36％，位居第四位（表3-26）。调研中获悉，在新周期里，各地政府对区域发展定位和模式各有不同，其中诏安县、尤溪县、沙县的其他体育赛事发展已形成自身的发展模式。首先，在诏安县举办的37场其他体育赛事中，在"镇里"举办的其他体育赛事有31场，占83.78％，在"乡里"举办的有6场，占16.22％。诏安县政府将体育融入乡村振兴计划，打造"长寿硒都、生态农业、健身旅游、共建乡愁"的特色乡村建设模式。政府通过引进生态体育项目，将传统体育与客家民俗文化园相结合、现代体育健身与温泉休闲养生相结合，将体育项目的建设标准引进生态水系建设和乡村建设发展，打造生态体育休闲旅游产业链；借助福建省"全民健身百村行"活动延伸到各个乡镇，以"百村行"等特色品牌体育赛事活动带动品牌效应，将凤山楼、浮山城打

造成诏安"客家民俗园";挖掘客家民俗体育"浮山城荡秋千"民间民族民俗传统体育项目,提升传统古村落文化承载力,结合"全民健身百村行"举办诏安特色客家民俗体育竞技活动,吸引周边游客,打造客家旅游品牌。[①] 其次,沙县在"县城"举办的其他体育赛事达100%,这源于全民健身领导小组成员单位的协同推进。2012年沙县成立了"沙县职工文化体育协会",协会制度规定县职工文化体育协会要承担起组织开展全县职工文化体育活动、加强文化体育交流与沟通、普及提高文化体育水平、推进职工文化体育事业健康发展的重托。因此,在发展壮大文旅康养产业的前提下,在充分挖掘沙县深呼吸小城和空气质量全省排名前列的优势基础上,沙县职工文化体育协会以协会为引领,携手各成员单位通力合作,共同营造、培育绿色生态产业,为生态沙县发展做贡献。

表3-26 "十三五"期间福建省农村其他体育赛事举办地分乡镇(街道)分布情况

区　域	举办场次/场	占比/%	排　位
县城	146	49.66	1
镇里	131	44.56	2
乡里	13	4.42	3
高新园区/管理区	4	1.36	4
总计	294	100.00	

(三)其他体育赛事项目分布情况

《福建省全民健身实施计划(2016—2020年)》在推进全民健身品牌赛事工程中明确指出:打造全民健身核心品牌赛事。以"一起动起来,全民健身与您同行"为主题,打造省、设区市、县(市、区)三级全民健身运动会为龙头的全民健身系列品牌赛事,通过深化上下联动组织模式、增设比赛项目、丰富组织形式等,发挥其示范、引领、辐射效应,推进全民健身活动向基层延伸、向常态化发展。可见,全民健身系列赛事增设项目是关键,丰富形式是核心。调查数据显示(表3-27):2018—2019年,福建省农村举办的其他体育赛事涉及篮球、乒乓球、羽毛球、气排球、棋类、趣味运动会、定向挑战赛、航模等24项运动项目。其中,举办了篮球赛78场,占26.53%,位居第一位;乒乓球赛30场,占10.20%,位居第二位;羽毛球赛27场,占9.19%,位居第三位;田径和气排球赛20场,占6.81%,并列位居第四位;棋类19场,占6.46%,位居第五位。位居前五位的其他体育赛事达194场,占65.99%,接近三分之二。航模、定向挑战赛、垂钓、露营等时尚、有趣、休闲的运动项目也开展起来。可见,随着福建省农村群众健身意识的提高和体育场地不断增加,农民群众参与健身活动的积极性也不断增强,行业、单项体育协会的其他赛事活动不断丰富,并逐渐向趣味化、生活化、休闲化方向发展。

表3-27 2018—2019年福建省农村其他体育赛事项目分布情况

项　目	举办场次/场	占比/%	排　位
篮球	78	26.53	1
乒乓球	30	10.20	2
羽毛球	27	9.19	3

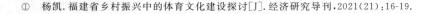

① 杨凯.福建省乡村振兴中的体育文化建设探讨[J].经济研究导刊,2021(21):16-19.

项　目	举办场次/场	占比/％	排　位
气排球	20	6.81	4
田径	20	6.81	4
棋类	19	6.46	5
趣味运动会	15	5.10	6
徒步/登山	12	4.08	7
足球	12	4.08	7
垂钓	11	3.74	8
门球	10	3.40	9
广场舞	9	3.06	10
自行车	7	2.38	11
游泳	7	2.38	11
龙舟	4	1.36	12
武术	3	1.02	13
健身气功	2	0.68	14
舞龙舞狮	2	0.68	14
定向挑战赛	1	0.34	15
航模	1	0.34	15
露营	1	0.34	15
排球	1	0.34	15
骑行	1	0.34	15
网球	1	0.34	15
总计数	294	100.00	

（四）其他体育赛事承办单位情况

调查数据显示（表3-28）："十三五"期间,在福建省农村举办的294场其他赛事活动中,由政府主办的有142场,占48.30％,位居第一位;由协会主办的有131场,占44.56％,位居第二位;文化站、企业、俱乐部各主办了9场、8场、4场,分别占3.06％、2.72％、1.36％,分列第三、四、五位。俱乐部主办的其他体育赛事平均每场参赛人数达620人次,位居第一位;政府主办的其他体育赛事平均每场参赛人数达245人次,位居第二位;企业主办的其他体育赛事平均每场参赛人数达184人次,位居第三位;协会、文化站主办的其他体育赛事平均以170人次、94人次,分别位居第四、五位。可见,政府主导、协会积极参与是目前福建省农村举办其他体育赛事的重要模式,同时也可以看到俱乐部和企业在举办农村其他体育赛事中的重要作用。

表 3-28 "十三五"期间福建省农村其他体育赛事承办单位分布情况

机　构	举办场次/场	占比/%	排　位
政府	142	48.30	1
文化站	9	3.06	3
协会	131	44.56	2
企业	8	2.72	4
俱乐部	4	1.36	5
合计	294	100.00	

（五）其他体育赛事参赛规模情况

调查数据显示（表 3-29）："十三五"期间,福建省举办的 294 场其他赛事活动的参赛人数达 61 926 人,平均每场体育赛事参赛人数达 211 人。其中,"县城"举办的其他体育赛事参赛人数达 32 092 人,占 51.82%,位居第一位,平均每场比赛参赛人数达 220 人,也排在第一位。"镇里"举办的其他体育赛事参赛人数 28 116 人,占 45.40%,位居第二位,平均每场比赛参赛人数达 215 人,也排在第二位。"乡里"举办的其他体育赛事参赛人数达 1 418 人,占 2.29%,位居第三位,平均每场比赛参赛人数达 109 人,也排在第三位。"高新园区/管理区"等举办的其他体育赛事参赛人数达 300 人,占 0.49%,位居第四位,平均每场比赛参赛人数达 75 人,也排在第四位。可见,随着全民健身品牌赛事工程的逐步推进,福建省农村其他体育赛事体系已经逐步向镇里、乡里、高新园区/管理区等基层延伸,且受到当地民众的热情追捧。

表 3-29 其他体育赛事参赛人数分布情况

区　域	参赛人数/人	占比/%	排　位
县城	32 092	51.82	1
镇里	28 116	45.40	2
乡里	1 418	2.29	3
高新园区/管理区	300	0.49	4
总计	61 926	100.00	

（六）其他体育赛事运作经费情况

调查数据显示（表 3-30）："十三五"期间,福建省举办的 294 场其他赛事活动的总投资达 1 128.94 万元,平均每项其他体育赛事投资 3.84 万元。其中,财政投资 826.41 万元,占 73.20%;社会赞助合计 302.53 万元,占 26.80%。从举办地角度来看,"县城"举办的其他体育赛事总投资 719.70 万元,平均每场投资 4.93 万元,均位居第一位;"镇里"举办的其他体育赛事总投资 384.64 万元,平均每场投资 2.94 万元,均位居第二位;"乡里"举办的其他体育赛事总投资 20.30 万元,平均每场投资 1.56 万元,均位居第三位;"高新园区/管理区"举办的其他体育赛事总投资 4.30 万元,平均每场投资 1.08 万元,均位居第四位。

表 3-30 "十三五"期间福建省农村其他体育赛事运作经费情况

区　　域	运作经费/万元	占比/%	排　位
县城	719.70	63.75	1
镇里	384.64	34.07	2
乡里	20.30	1.80	3
高新园区/管理区	4.30	0.38	4
总计	1128.94	100.00	

五、小　结

(1)"十三五"期间,福建省农村广泛开展体育赛事活动,构建了以体育赛事为龙头、全民健身运动会为引领、其他体育赛事为特色的赛事体系。结合全民健身日、传统节假日、文化节、旅游节等重要节点,持续深化"全民健身百村行""运动健身进万家""一县一品""一行一品"等体育健身活动,大力扶持乡镇(街道)、农村(小区)、企业(机关、学校)、协会(社团、俱乐部)等常态化开展全民健身赛事活动。

(2)"十三五"期间,福建省农村举办全民健身活动达 886 场,参与人数 281 088 人,活动经费达 2 538.181 万元,其中财政投资 1 409.741 万元,占 55.54%,民间投资 1 128.44 万元,占 44.46%。平均每个月举办 74 场体育赛事活动,平均每场活动经费达 2.86 万元,平均每场活动参与人数达 317 人,形成了政府主导,街道、乡镇文体机构、行业协会参与的"周周有活动、月月有竞赛、季季有交流"的全民健身活动体系;打造以"县城"为主,"街镇"为辅,乡、村、生活区为延伸,形成多层面开展的福建省农村草根型的全民健身活动圈;涌现出白鹤拳、健身气功、水上安全活动等一批"五进"工程,满足学校、乡镇、社区、农村等健康需求,打造了"全民健身百村行"品牌活动。

(3)随着福建省全民健身政策举措不断完善,福建省各级政府携手社会力量积极举办全民健身运动会,2017—2018 年举办的全民健身运动会达 447 场,参赛选手达 91 110 人,赛事经费达 7 979.361 万元,其中财政投资合计 1 565.021 万元,民间投资 6 414.34 万元。平均每个县举办全民健身运动会达到 12 场,平均每场全民健身运动会参赛人数达 204 人,平均每场全民健身运动会经费达 17.85 万元。涌现出 2018 年寿宁县全民健身运动会、"7.16"全民游泳周、闽浙两省七县梦龙湖畅游活动、福建省全民健身运动暨武平县象棋协会成立四周年"路易斯卡丹"象棋大赛、2018 年闽侯县全民健身运动会暨"体育进乡镇"民间趣味体育比赛等趣味、休闲赛事,也提升了 2017 年福建省全民健身运动会闽清县"快乐乒乓"单打排名赛、永春县羽毛球比赛、上杭县"迎七一"羽毛球联谊赛等传统赛事;逐步构建了"接地气、聚人气"的全人群、全项目、全周期的农村全民健身运动会赛事体系,让健康理念深入人心,越来越多的民众从体育比赛的观赏者变成了运动场上的参与者。

(4)2017—2018 年福建省共有 32 个县举办了 100 场体育赛事,参赛人数达 58 064 人,财政投资 3 748.1 万元,社会赞助合计 3 439.4 万元。平均每个县举办 3.2 场体育赛事,平均每场体育赛事投资 71.875 万元,平均每场体育赛事参赛人数达 580 人。2017—2018 年,福建省农村以赛事为主体,突出地方特色,推进地方自然资源、人文资源、产业资源、非物质文化遗产和运动比赛的深度融合,形成了以体育赛事为依托的赛事旅游、以运动体验为依托的健身休闲旅游发展新模式,涌现出 2017 片仔癀东山岛国际半程马拉松赛、2018 年环福州·永泰国际公路自行车赛、2017 国际沙滩足球大奖赛和南靖土楼国际马拉松赛等大型体育赛事,也打造了 2017 年"瑞隆杯"全国山地车晋级赛(第三场)暨首届音乐节、2018 年尤溪联合梯田山地马拉松赛、海峡两岸篮球邀请赛、漳州市第二届海峡两岸及港澳地区汽车场地越野挑战赛等特色赛事,提升了闽浙边界十县(市)老年人门球协作区赛、2017 年政和县首届"东平高粱杯"闽浙两省气排球、2017 年福建武平县永平镇梁山村箩斗坑森林人家地方品牌赛事,探索出具有福建省特色的"体育+扶贫""体育+互联网""体育+旅游""体育+文化""体育+产业""体育+乡村振兴"的农村体育赛事和地方经济共赢的发展路径。

(5)"十三五"期间,福建省农村举办了 294 场其他体育赛事活动,参赛人数达 61 926 人,财政投资 826.41 万元,社会赞助合计 302.53 万元。平均每个县举办 10 场体育赛事,平均每场其他体育赛事投资 3.84 万元,平均每场体育赛事参赛人数达 211 人。在"一县一品""一行一品"等全民健身活动带动下,福建省农村体育赛事体系已经逐步向镇里、乡村、高新园区/管理区等基层延伸,乡镇(街道)、农村(社区)、企业(机关、学校)、行业、协会常态化推进全民健身其他体育赛事开展,培育了 2018 年漳浦县南浦乡定向挑战赛、"清新福建·悠然三明四季行"2017 年福建泰宁七夕国际帐篷节、2018 年第十三届中小学生科技体育模型运动会等一批趣味化、生活化、休闲化的特色赛事,丰富了福建省农村全民健身赛事体系。

第三节　福建省农村体育健身组织发展现状

改革开放以来,社会政治经济取得了快速发展,我国逐步进入社会转型时期,计划经济体制逐步向市场经济体制转变,工业化、开放化、现代化的社会形态逐步形成;政府管理理念由"全能政府"向"有限政府"转变,极大地激发了社会组织发展活力。2016 年 8 月,我国印发了《关于改革社会组织管理制度促进社会组织健康有序发展的意见》,2018 年国家体育总局、民政部出台了《体育类民办非企业单位登记审查与管理暂行办法》[①],全国各地的社会组织都进行了大幅度的改革,取得了卓有成效的成绩。"十三五"期间,福建省出台《福建省体育赛事管理办法》,推进赛事"管办分离"改革;制定《福建省体育局向社会力量购买群众体育赛事(活动)服务的实施办法》,采用公开招投标机制向体育社会组织购买办赛服务等,指明了体育社会组织权责明确、依法自治的方向,开创了社会各界积极加入体育社会组织发展新局面。[②] 近几年来,福建省健身气功协会、体育舞蹈协会、跆拳道健身俱乐部、妇女健身协会、自行车协会、马拉松协会、青少年体育俱乐部、船艇协会、广场舞协会、自驾游协会等各式各样的体育社会组织迅速崛起,且呈现出翻倍增长趋势,成为福建省全民健身事业的一个重要组成部分。

本书根据研究需要,首先,依托 2017—2019 年《福建省全民健身实施计划(2016—2020年)》落实情况督查调研活动,在督查小组对闽侯县、闽清县、永泰县、寿宁县、柘荣县、诏安县

① 国家体育总局.体育类民办非企业单位登记审查与管理暂行办法[EB/OL].(2018-05-16)[2021-01-04].http://tyj.nantong.gov.cn/ntstyj/qt/content/22279ff7-1ae9-4301-abe2-85b848cc1a34.html.

② 福建省体育局.福建省体育局关于印发《福建省体育局向社会力量购买群众体育赛事(活动)服务的实施办法》的通知[EB/OL].(2018-12-24)[2021-01-04].http://tyj.fujian.gov.cn/zwgk/zfxxgkzl/gkml/zcfg/201812/t20181224_4716059.htm.

等 43 个县督查期间进行材料搜集、审核、分析;其次,借助梳理《福建省全民健身实施计划(2021—2025)》规划研制前期材料的便利优势,补齐 2017 年、2018 年已督查县 2019 年度对应的材料数据;再次,利用福建省体育场地普查技术专员的工作之便,针对前期整理数据中不确定或不太肯定的资料,采取回头电话、微信咨询和表格申报等做法,再进行一次核实整理,从而搜集 43 个县的相关研究材料,确保课题研究顺利进行。最后,根据福建省农村群众身边"健身组织"建设情况研究需要,严格遵守数据完整性、准确性、全面性的原则,排除没有实地调研且数据不全面的平潭县和霞浦县 2 个县的数据,尔后确定以闽侯县、闽清县、永泰县、寿宁县、柘荣县等 41 个县截至 2019 年底的群众身边"健身组织"相关数据作为本章节研究分析数据。

一、体育社会组织发展情况

2016 年福建省人民政府印发的《福建省全民健身实施计划(2016—2020 年)》明确提出:全民健身组织更加健全。县(市、区)建有体育总会、社会体育指导员协会、行业体育协会、人群体育协会、单项体育协会等体育社会组织;乡镇(街道)建有老年人体育协会等体育社会组织。整合体育社会组织资源,壮大青少年体育俱乐部、社区体育俱乐部、社区健身团队、基层体育协会等组织,积极推进体育社会组织向基层延伸,注重培育网络、社区、草根等非正式体育社会组织,优先发展和重点培育群众广泛参与的单项和综合性体育社会组织,着力培养立足基层、服务百姓的项目型体育社会组织。

(一)体育社会组织总体情况

体育社会组织是构建全民健身公共服务体系和产业链、生态圈中的一个重要部分,在竞技体育、群众体育、体育产业发展中发挥着举足轻重的作用,应认真落实我国全民健身计划,满足人民群众日益增长的多元化体育健身需求。目前,福建省各类体育社会组织发展势态迅速,体育社会组织数量、规模得到不断发展。调查数据显示(表 3-31):截至 2019 年底,福建省农村在县级(含以上)民政部门注册登记或备案的体育社会组织共有 732 个,每万人拥有体育社会组织 0.52 个,比全省平均水平少 0.06 个(福建省平均每万人拥有体育社会组织 0.58 个[①])。其中在民政部门注册登记的体育社会组织有 712 个,占 97.27%;在当地乡镇(街道)备案登记的体育社会组织有 20 个,占 2.73%。

从类型来看,单项体育协会有乒乓球协会、篮球协会、武术协会、游泳协会、自行车协会等 560 个,占 76.50%,位居第一位;人群体育协会有老体协、农体协、妇女健身协会、社会体育指导员协会等 78 个,占 10.66%,位居第二位;俱乐部有信鸽俱乐部、龙舟俱乐部、跆拳道健身俱乐部、户外运动俱乐部、拳击俱乐部、游艇俱乐部、青少年体育俱乐部等 53 个,占 7.24%,位居第三位。此外,福建省各地农村都成立了体育总会(41 个),通过自身的桥梁和纽带作用,团结、动员各类体育协会广泛开展群体竞赛活动,为农村体育事业发展做贡献。

表 3-31   福建省农村各类体育社会组织分布情况

类　型	数量/类	占比/%	排　位
乒乓球协会	48	6.56	1
羽毛球协会	47	6.42	2

① 福建省体育局.福建省"十三五"体育事业发展专项规划实施情况评估报告[R].2020.

续表

类 型	数量/类	占比/%	排 位
游泳协会	41	5.60	3
体育总会	41	5.60	3
篮球协会	41	5.60	3
武术协会	39	5.33	4
太极拳协会	39	5.33	4
老体协	38	5.19	5
足球协会	35	4.78	6
自行车协会	35	4.78	6
跑步协会	26	3.55	7
健身健美协会	22	3.01	8
围棋协会	21	2.87	9
农体协	21	2.87	9
钓鱼协会	21	2.87	9
象棋协会	19	2.60	10
气排球协会	18	2.46	11
跆拳道健身俱乐部	16	2.19	12
青少年体育俱乐部	13	1.78	13
信鸽俱乐部	12	1.64	14
白鹤拳协会	12	1.64	14
登山协会	10	1.36	15
龙舟俱乐部	8	1.09	16
健身气功协会	8	1.09	16
户外运动俱乐部	8	1.09	16
瑜伽协会	7	0.95	17
门球协会	7	0.95	17
体育舞蹈协会	6	0.82	17
柔力球协会	6	0.82	17
网球协会	5	0.68	18
台球协会	5	0.68	18
社会体育指导员协会	5	0.68	18
徒步协会	4	0.54	19
排球协会	4	0.54	19
国际象棋协会	4	0.54	19
广场舞协会	4	0.54	19
铁人三项运动协会	3	0.41	20
拳击俱乐部	3	0.41	20

类　型	数量/类	占比/%	排　位
桥牌协会	3	0.41	20
棋牌协会	3	0.41	20
马拉松协会	3	0.41	20
田径协会	2	0.27	21
轻排球协会	2	0.27	21
高尔夫球协会	2	0.27	21
自驾游协会	1	0.14	22
徒步登山协会	1	0.14	22
水上运动协会	1	0.14	22
汽车运动协会	1	0.14	22
骑行协会	1	0.14	22
轮滑协会	1	0.14	22
毽球协会	1	0.14	22
健身协会	1	0.14	22
妇女健身协会	1	0.14	22
帆船帆板协会	1	0.14	22
地掷球协会	1	0.14	22
游艇俱乐部	1	0.14	22
传统弓箭协会	1	0.14	22
搏击俱乐部	1	0.14	22
棒球协会	1	0.14	22
合计	732	100.00	

《全省性体育类社会组织管理办法（暂行）》显示：民政局是体育社会组织的登记管理机关,但是实际工作的业务主管单位则是体育局,而体育局没有专门配备相应的管理部门,这给地方基础体育部门增加了一定的难度,因此体育类社会组织备案力度也就显得相对不足。调研中发现：在福建省农村,老体协覆盖面最广,虽然很多村的老体协没有进行注册或备案,但仍是活跃在农村老年人中的坚实团队。据不完全统计：截至 2019 年,福建省农村共有 563个乡镇（街道）、8 376 个村（社区）都配合老年活动中心和老年人康乐家园建设,建立了老年人体育协会,市、县、乡镇（街道）级老体协建会率达到 100%,并逐步向基层村（社区）委会延伸。其中福州市农村村（社区）级老体协建会率达到 95%。[1]

可见,随着农村经济社会和大众媒体的繁荣发展,农民群众体育需求日益增加,自发性、多元化的群众体育社会组织迅速崛起,逐步形成了以体育总会为龙头,社会体育指导员协会、人群体育协会、单项体育协会等散点分布的体育社会组织,联合打造为农民群众体育健身服务的体育社会组织网络。

---

[1] 福州市体育局.福州市全民健身实施计划(2016—2020 年)实施情况评估报告[R].2020.

(二)体育社会组织属地分布情况

随着福建省全民健身运动会和体育赛事的持续打造,体育社会化、普及化、科学化明显增强;全民健身赛事活动展示平台和融媒体的资源通融、内容兼融、宣传快速,有效地激发出村民的活动兴趣和积极性。调查数据显示(表3-32):截至2019年底,福建省农村在县级(含以上)民政部门注册登记或备案的体育社会组织共有732个,平均每个县有17.85个。其中,在民政部门注册登记或备案的体育社会组织总数量位居前10位的分别是永春县65个(占8.88%)、安溪县33个(占4.51%)、闽侯县29个(占3.96%)、惠安县27个(占3.69%)、上杭县25个(占3.42%)、东山县24个(占3.28%)、沙县23个(占3.14%)、德化县23个(占3.14%)、柘荣县22个(占3.01%)、连江县(2.87%),这10个县的体育社会组织合计292个,占39.89%。位居后10位的分别是顺昌县12个、建宁县12个、古田县12个、清流县11个、周宁县10个、诏安县10个、屏南县10个、明溪县10个、泰宁县9个、华安县7个,这10个县的体育社会组织合计103个,占14.07%,大约是前10位的三分之一。

从每万人拥有体育社会组织数量来看(表3-32),按2019年各县常住人口计算,福建省农村每万人拥有体育社会组织0.52个,比全省平均水平(0.58个)少0.06个。其中,有23个县高于全省平均水平,占56.10%。数据显示:截至2019年年底,福建省农村每万人拥有体育社会组织数量位居前10位的分别是柘荣县(2.39个/万人)、永春县(1.39个/万人)、光泽县(1.24个/万人)、政和县(1.12个/万人)、东山县(1.07个/万人)、松溪县(1.06个/万人)、沙县(0.99个/万人)、建宁县(0.99个/万人)、将乐县(0.98个/万人)、明溪县(0.97个/万人),而位居后10位的分别是平和县(0.39个/万人)、古田县(0.36个/万人)、连江县(0.35个/万人)、云霄县(0.35个/万人)、安溪县(0.32个/万人)、宁化县(0.29个/万人)、惠安县(0.26个/万人)、仙游县(0.22个/万人)、诏安县(0.16个/万人)、漳浦县(0.15个/万人)。其中安溪县、惠安县、仙游县、连江县、平和县、柘荣县、松溪县等县的建设总量与每万人拥有量存在排序严重错位的现象,如安溪县体育社会组织总量排在第二位,每万人拥有量则排在后10位;柘荣县体育社会组织总量排在第九位,每万人拥有量则排在第一位。可见,体育社会组织建设应该根据本地常住人口量有序推进。

表3-32　福建省农村体育社会组织属地分布情况

区　域	常住人口/万人	数量/个	占比/%	每万人拥有数量/个
闽侯县	72.5	29	3.96	0.40
连江县	59.3	21	2.87	0.35
罗源县	21.2	15	2.05	0.71
闽清县	24.0	17	2.32	0.71
永泰县	25.4	17	2.32	0.67
仙游县	86.3	19	2.59	0.22
明溪县	10.3	10	1.36	0.97
清流县	13.7	11	1.50	0.80
大田县	32.1	15	2.05	0.47
尤溪县	36.2	19	2.59	0.52
宁化县	52.2	15	2.05	0.29

区　域	常住人口/万人	数量/个	占比/%	每万人拥有数量/个
沙县	23.3	23	3.14	0.99
将乐县	15.3	15	2.05	0.98
泰宁县	11.5	9	1.23	0.78
建宁县	12.1	12	1.64	0.99
惠安县	101.9	27	3.69	0.26
安溪县	102.5	33	4.51	0.32
永春县	46.8	65	8.88	1.39
德化县	29.6	23	3.14	0.78
云霄县	42.8	15	2.05	0.35
漳浦县	84.4	13	1.78	0.15
诏安县	62.5	10	1.37	0.16
长泰县	22.7	13	1.78	0.57
东山县	22.5	24	3.28	1.07
南靖县	35.1	14	1.91	0.40
平和县	46.0	18	2.46	0.39
华安县	16.7	7	0.96	0.42
顺昌县	19.2	12	1.64	0.63
浦城县	30.0	15	2.05	0.50
光泽县	13.7	17	2.32	1.24
松溪县	12.3	13	1.78	1.06
政和县	16.9	19	2.60	1.12
长汀县	40.2	18	2.46	0.45
上杭县	37.5	25	3.42	0.67
武平县	27.7	17	2.32	0.61
连城县	24.7	18	2.46	0.73
古田县	33.4	12	1.64	0.36
屏南县	14.2	10	1.37	0.70
寿宁县	18.2	15	2.05	0.82
周宁县	12.3	10	1.37	0.81
柘荣县	9.2	22	3.00	2.39

（三）体育社会组织注册时间分布情况

从成立时间来看,数据显示(图3-2):2000年以前注册登记或备案的体育社会组织有82个,占11.20%;2001—2005年注册登记或备案的有51个,占6.97%;2006—2010年注册登记或备案的有135个,占18.44%;2011—2015年注册登记或备案的有247个,占33.74%;2016—2019年注册登记或备案的有217个,占29.65%(2016年、2017年、2018年、2019年注册登记或备案的分别为12.98%、8.47%、5.19%、3.01%)。2018—2019年新增的体育社会组织种类主要有社会体育指导员协会、轮滑协会、羽毛球协会、龙舟俱乐部、瑜伽协会、跑步协会、马拉松协会、妇女健身协会、自行车协会等时尚、休闲、娱乐、健身的体育社会组织。可见,随着福建省全面贯彻落实《福建省全民健身实施计划(2016—2020年)》,各县体育部门根据当地实际情况,积极引导和发展当地比较成熟的体育社团、体育民办非企业单位、体育基金会、自发性群众体育组织等注册和备案,以发展群众体育为目的的非营利性组织,让趣味化、生活化、休闲化的协会、俱乐部、基地等不断丰富群众体育社会组织队伍,满足农民群众日益增长的体育需求。

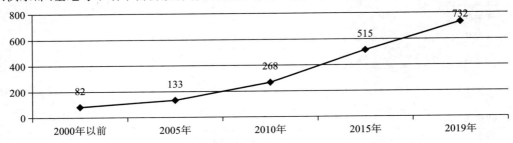

图 3-2　福建省农村体育社会组织注册时间分布情况(单位:个)

(四)体育社会组织办公地点分布情况

群众身边的体育社会组织是人民群众根据自身兴趣和需要自愿组成,在一定范围内为实现共同的体育锻炼兴趣、爱好、目的,按照其章程开展活动的非营利性社会组织。由于它们是直接服务群众的草根组织,其服务范围相对有限,因此体育社会组织的办公地点在一定程度上折射出体育社会组织体系的覆盖面。调查数据显示(表3-33):截至2019年底,福建省农村体育社会组织办公地点设置在县城附近的有493个,占67.35%,位居第一位;设置在镇级周边社区的体育社会组织有195个,占26.64%,位居第二位;设置在村级附近的体育社会组织有40个,占5.47%,位居第三位;设置在乡级和工业园区/林场/果园等特殊区域的体育社会组织分别有2个,占0.27%,并列位居第四位。可见,随着福建省农村体育活动范围日益扩大,体育社会组织也相应地建设到了群众身边,构建了一个以县城为主,以镇级为辅,乡村和特殊区域分散推进的市、县、乡镇(街道)级农村体育社会组织体系,并逐步向基层村(社区)委会延伸。

表 3-33　福建省农村体育社会组织办公地点分布情况

区　域	数量/个	占比/%	排　位
县城	493	67.35	1
镇级	195	26.64	2
乡级	2	0.27	4
村级	40	5.47	3
工业园区/林场果园等	2	0.27	4
合计	732	100.00	

(五)体育社会组织项目特征情况

随着互联网社交媒体的普及和发展,开放性、身临其境、智慧服务、垂直互动的体育"全媒体"逐渐普及,农村体育运动发展空间得到不断拓展。体育社会组织是人民群众为实现共同的体育锻炼兴趣、爱好、目的而自愿组成的一个社会团体,因此体育社会组织项目特征在一定程度上反映了人民群众的运动兴趣发展。调查数据显示(表 3-34):截至 2019 年底,福建省农村注册登记或备案的体育社会组织项目达 53 种,各运动项目体育社会组织数量位居前 10 位的分别是乒乓球协会 48 个(占 7.83%)、羽毛球协会 47 个(占 7.67%)、游泳协会 41 个(占 6.69%)、篮球协会 41 个(占 6.69%)、武术协会 39 个(占 6.36%)、太极拳协会 39 个(占 6.36%)、自行车协会 35 个(占 5.71%)、足球协会 35 个(占 5.71%)、跑步协会 26 个(占 4.24%)、健身健美协会 22 个(占 3.59%),这 10 种类型的体育社会组织数量合计 373 个,占 60.85%。而自驾游协会、徒步登山协会、水上运动协会、汽车运动协会、骑行协会、轮滑协会、毽球协会、帆船帆板协会、地掷球协会、游艇俱乐部、传统弓箭协会、搏击俱乐部、棒球协会 14 类都只成立了 1 个体育社会组织,位居后十四位,合计 14 个,占总数的 2.28%。可见,随着体育社会化进程不断推进,福建省农村体育运动项目也朝多元化方向发展,构建了一个以学校体育运动项目为主,以传统民族体育运动项目为辅,休闲时尚运动项目散点分布的福建省农村体育社会组织体系。

表 3-34　福建省农村体育社会组织项目特征情况

序　号	类　型	数量/个	占比/%	排　位
1	乒乓球协会	48	7.83	1
2	羽毛球协会	47	7.67	2
3	游泳协会	41	6.69	3
4	篮球协会	41	6.69	4
5	武术协会	39	6.36	5
6	太极拳协会	39	6.36	5
7	自行车协会	35	5.71	6
8	足球协会	35	5.71	6
9	跑步协会	26	4.24	7
10	健身健美协会	22	3.59	8
11	围棋协会	21	3.43	9
12	钓鱼协会	21	3.43	10
13	象棋协会	19	3.10	11
14	气排球协会	18	2.94	12
15	跆拳道健身俱乐部	16	2.61	13
16	信鸽俱乐部	12	1.96	14
17	白鹤拳协会	12	1.96	14
18	登山协会	10	1.63	15
19	龙舟俱乐部	8	1.31	16
20	健身气功协会	8	1.31	16
21	户外运动俱乐部	8	1.31	16
22	瑜伽协会	7	1.14	17
23	门球协会	7	1.14	17

续表

序　号	类　型	数量/个	占比/%	排　位
24	柔力球协会	6	0.98	18
25	体育舞蹈协会	6	0.98	18
26	网球协会	5	0.82	19
27	台球协会	5	0.82	19
28	徒步协会	4	0.65	20
29	排球协会	4	0.65	20
30	国际象棋协会	4	0.65	20
31	广场舞协会	4	0.65	20
32	铁人三项运动协会	3	0.49	21
33	拳击俱乐部	3	0.49	21
34	桥牌协会	3	0.49	21
35	棋牌协会	3	0.49	21
36	马拉松协会	3	0.49	21
37	田径协会	2	0.33	22
38	轻排球协会	2	0.33	22
39	高尔夫球协会	2	0.33	22
40	自驾游协会	1	0:16	23
41	徒步登山协会	1	0.16	23
42	水上运动协会	1	0.16	23
43	汽车运动协会	1	0.16	23
44	骑行协会	1	0.16	23
45	轮滑协会	1	0.16	23
46	毽球协会	1	0.16	23
47	健身协会	1	0.16	23
48	帆船帆板协会	1	0.16	23
49	地掷球协会	1	0.16	23
50	游艇俱乐部	1	0.16	23
51	传统弓箭协会	1	0.16	23
52	搏击俱乐部	1	0.16	23
53	棒球协会	1	0.16	23
	合计	613	100.00	

（六）体育社会组织会员发展情况

随着健康中国和全民健身战略的深入推进,运动促进身心健康的意识已深入人心,运动健身成了更多人的生活方式,人们根据自身的体育兴趣、爱好,自由加入或自发组建以体育运动(活动)为目的的体育社会组织。调查数据显示:截至 2019 年底,福建省农村注册登记或备案的体育社会组织会员人数达 408 597 人,平均每个体育社会组织会员达 558 人。其中,会员人数 50～100 人的体育社会组织有 278 个,占 37.98%,位居第一位;会员人数 100～500 人的体育社会组织有 216 个,占 29.51%,位居第二位;会员人数少于 50 人的体育社会组织有 189 个,占 25.82%,位居第三位;会员人数大于 1 000 人的体育社会组织有 26 个,占 3.55%,位居第四位;会员人数 500～1 000 人的体育社会组织有 23 个,占 3.14%,位居第五位。调研中悉知,体育社会组织会员人数从 5 人到 38 000 人不等,其中,漳浦县老体协有会员 38 000 人,永春县老体协有会员 36 000 人,尤溪县老体协、闽清县老体协均有会员 30 000 人,其中包含了各乡镇老体协的会员。而岩溪镇羽毛球俱乐部有会员 18 人、建宁县钓鱼协会有会员 50 人、福建永春县永春拳协会有会员 12 人,这些是由于有的是新注册的,会员处于起步阶段,还有的是仅计算乡镇的集体分会的数量情况,没有计算分会的人数。然而以上数据表明,在《福建省全民健身实施计划(2016—2020 年)》的贯彻实施下,福建省农村各级体育社会组织认真履行职责,结合自身协会特点与区域情况积极发展协会成员,助力福建省农村体育事业蓬勃发展。

二、全民健身活动站点建设发展情况

农业部(现为农业农村部)国家体育总局在《关于进一步加强农民体育工作的指导意见》中指出:农民体育事业与加快推进农业农村现代化建设,实现农业强、农村美、农民富的目标任务紧密相连。大力发展农民体育事业,培养爱农业、懂技术、善经营且强体魄的新型职业农民,是发展现代农业的根本依靠;大力发展农民体育事业,切实增强农民体质、提高农民健康水平,是实现农民富裕幸福美好生活的关键保障;大力发展农民体育事业,有效提升农民的健身理念,形成健康文明生活方式和重规则、讲诚信、善合作、乐分享的良好社会风尚,是美丽乡村建设的重要内容。全民健身活动站点是指具有适宜的体育场地和设施,有社会体育指导员进行指导,有一定数量的群众自愿参加,有专人具体负责,定时开展科学健身活动,经所在地体育行政部门进行备案的群众性体育健身站点。[①] 随着单位制体育的逐步瓦解,全民健身活动站点作为自发性体育组织,得到政府的引导并规范发展,成为一支发展群众体育的重要组织力量。2016 年福建省人民政府印发的《福建省全民健身实施计划(2016—2020 年)》明确提出:全民健身组织更加健全。行政村、社区全民健身站点全覆盖,每万人拥有全民健身站点 5 个以上,每个站点配备 2 名以上社会体育指导员。

(一)全民健身活动站点总体情况

近年来,随着福建省各地全民健身工作的扎实推进,健康福建不断彰显新气象,群众自愿参加、自发形成、自我组织和管理的健身活动如雨后春笋般涌现,城乡、街头、巷尾、公园、广场、社区、村部等健身场景随处可见,展现出福建农村健康生活方式和昂扬精神风貌。在搜集调研资料后,经过填报数据的完整性和真实性审核,剔除数据不全的平和县和周宁县所有全民健身活动站点的数据,本章节仅用 39 个县的数据进行分析。调查数据显示:截至 2019 年底,福建省农村具有适宜的体育场地和设施、有社会体育指导员进行指导、群众自愿参加和自我组织、定时开展科学健身活动、经所在地体育主管部门备案的全民健身活动站点 2 580 个,每天活动人数累计 185 415 人,体育场地面积 1 111 838 平方米,社会指导员人数合

---

① 全民健身活动站点管理办法(讨论稿)[EB/OL]. (2019-01-12)[2020-09-10]. https://wenku. baidu. com/view/63e9532c5afafab069dc5022aaea998fcd22406b. html.

计5 028人。平均每个县有全民健身活动站点66个,平均每个全民健身活动站点每天活动人数累计72人,体育场地面积431平方米,社会指导员人数合计1.95人。

(二)全民健身活动站点地域分布情况

《农村体育工作暂行规定》指出:农村体育工作应当坚持从实际出发,以农民为主要对象,以乡镇为重点,面向基层,服务农民;不断满足广大人民群众日益增长的体育健身需求,提高农民身体素质,丰富农村文化生活,为农村两个文明建设服务。[1] 全民健身活动站点是群众身边的体育组织,因此站点的地址分布在一定程度上折射出农村体育组织的覆盖面。表3-35显示:站点建设在"村里"的有1 547个,占59.96%,位居第一位;站点建设在"县城"的有494个,占19.15%,位居第二位;站点建设在"镇里"的有434个,占16.82%,位居第三位;站点建设在"乡里"的有89个,占3.45%,位居第四位;站点建设在"开发区/林场/茶场等"特殊工作区的有16个,占0.62%,位居第五位。"十三五"期间,福建省以创建"老年人健身康乐家园"为抓手,以有组织、有队伍、有场地、有活动、有管理、有保障"六有"标准全面加强基层老年体育工作,并在《福建省人民政府办公厅关于进一步加强新形势下老年人体育工作的实施意见》(闽政办〔2018〕20号)文件中鲜明地提出:到2020年,全省乡镇(街道)老年人体育组织基本覆盖,80%左右村(社区)、机关及企事业单位建立老年人体育组织;通过创建规划引领,引导街道和乡镇普遍建立老年人基层文化体育组织,在城乡社区广泛建立老年人健身活动站点。据不完全统计,截至2019年底,福建省获评县级以上"老年人健身康乐家园"的乡镇(街道)、村(社区)8 005个(其中省级1 156个),占全省基层单位的48.04%。这项活动的开展,极大地丰富和延伸了农村群众体育"六边"工程,全面加强了基层老年人体育工作。[2] 当然这些也与福建省"全民健身百村行"紧密相连,从2015年福建省体育局携手福建省农业厅打造"全民健身与青运同行·八闽百村行"服务活动,到2016年的"全民健身百村行"活动,这一系列"接地气"又"聚人气"的体育活动带领村民"全民健身+",使得广大村民在活动中既愉悦了身心、享受到了体育带来的快乐,又培养了良好的健身习惯。

表3-35 福建省农村全民健身活动站点地域分布情况

区 域	数量/个	占比/%	排 位
县城	494	19.15	2
镇里	434	16.82	3
乡里	89	3.45	4
村里	1 547	59.96	1
开发区/林场/茶场等	16	0.62	5
合计	2 580	100.00	

从区域角度来看,漳浦县在地方体育主管部门进行备案的全民健身活动站点有288个,位居第一位;德化县有237个,位居第二位;南靖县有192个,位居第三位;闽清县、柘荣县和

① 360百科.农村体育工作暂行规定[EB/OL].(2002-04-12)[2021-10-7].https://baike.so.com/doc/4829937-5046727.html.

② 关于深入开展"老年人健身康乐家园"活动的通知[EB/OL].(2021-01-20)[2021-10-7].http://www.fjsltx.cn/zcfg/sjwj/202101/t20210120_5521159.htm.

泰宁县分别有 11 个、10 个、8 个,位居后三位。从每万人拥有全民健身活动站点数来看,按 2019 年底各县常住人口数量计算,德化县平均每万人拥有全民健身活动站点数 8 个,位居第一位;长泰县平均每万人拥有全民健身活动站点数 6 个,位居第二位;南靖县和松溪县平均每万人拥有全民健身活动站点数均为 5 个,并列位居第三位;闽清县、武平县和诏安县平均每万人拥有全民健身活动站点数分别为 0.46 个、0.43 个和 0.38 个,位居后三位。在调研中发现,福建省不同地方的体育行政部门对"行政备案制度"的理解不同,多数地方实施的是"底线控制",也就是说,全民健身活动站点建设对政府权威和社会稳定威胁小,而有助于树立政府权威和社会稳定的领域,体育行政部门则愿意让渡更多的活动空间。"不承认、不干预、不取缔"的行政模式,导致了在督查中以及后期的调研搜集资料时,管理层无法提供这部分的数据。

综上可知,在福建省全民健身热潮影响下,福建省农村构建了以村里为主,以县城和镇里为辅助,积极向乡里和开发区等特殊工作区延伸的全民健身活动站点网络。各地体育行政部门对全民健身活动站点的管理模式不同,导致了各地发展不均衡,各地间的每万人拥有全民健身站点数量差距较大。可见,对全民健身活动站点的管理由"放任式管理"到"行政化管理",再到"引导、服务式管理"的快速转变,是福建省农村全民健身站点未来发展的关键。

(三)全民健身活动站点注册时间分布情况

全民健身活动站点作为农村基层地区举办体育活动的基本组织,是农村体育活动得以顺利开展的要素所在。随着单位制体育的逐步瓦解,单靠政府独家办体育、靠行政手段组织各种体育活动已完全不能适应中国社会群众体育的需求,健身活动站点作为自发性体育组织,得到政府的引导和规范发展,成为一支重要的发展群众体育的组织力量。调查数据显示(图 3-3):2011—2015 年福建省农村成立的全民健身活动站点有 1 478 个,占 57.29%,平均每年建设 296 个全民健身活动站点,位居第一位;2016—2019 年福建省农村成立的全民健身活动站点有 541 个,占 20.97%,平均每年建设 135 个全民健身活动站点,位居第二位;2006—2010 年福建省农村成立的全民健身活动站点有 376 个,占 14.57%,平均每年建设 75 个全民健身活动站点,位居第三位;2001—2005 年福建省农村成立的全民健身活动站点有 116 个,占 4.50%,平均每年建设 23 个全民健身活动站点,位居第四位。其中,大田县白岩公园全民健身站点是 1984 年建立的,经过了几十年的考验,一直服务于大田县白岩公园周边的群众。

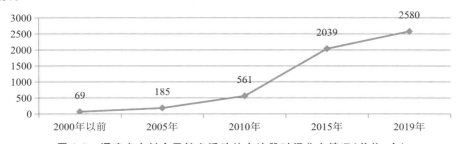

图 3-3　福建省农村全民健身活动站点注册时间分布情况(单位:个)

(四)全民健身活动站点场地面积配置情况

体育场地是开展体育活动的载体,有了体育场地保障,体育活动才能得以良性运转。《全民健身条例》规定:"鼓励全民健身活动站点、体育俱乐部等群众性体育组织开展全民健身活动、宣传科学健身知识;县级以上人民政府体育主管部门和其他有关部门应当给予支持。"①调查数据显示:福建省农村全民健身站点的体育场地面积达 111.1838 万平方米,平均每个全民健身站点的活动场地有 430.94 平方米。其中,寿宁县足球健身指导站(7 114 平方米)、上杭县的蓝溪文化广场(6 655 平方米)、将乐县全民健身中心(5 000 平方米)、惠安县螺城镇西北社区文体活动中心(5 000 平方米)、长泰县兴泰操场(5 000 平方米)和沙县体育中心(5 000 平方米)的全民健身活动站点的场地面积位居前三位;德化县浔中镇阳光社区文体服务中心、祖厝村文体服务中心和浔中镇世科村文体服务中心的全民健身活动站点的体育场地则分别以 15 平方米、13 平方米、10 平方米位居后三位。虽然各站点体育场地的面积大小存在很大的差异,但调研走访中发现,各个健身站点的体育场地面积与运动项目和每天活动人数有很大的关系,比如腰鼓队、广场舞、佳木斯、篮球、柔力球、足球、田径等项目的体育场地就相对较大。再者就是站点活动人数多的,体育场地面积就大,如将乐县全民健身中心站点是综合性的站点,每天活动人数约有 3 000 人,所以站点场地面积相对就大了。而与老年人活动中心联合建设的健身站点,多数是棋牌、扑克、乒乓球、六字诀、八段锦、五禽戏等项目,这些站点通常是室内的小场地。

从范围区间来看,全民健身活动站点体育场地面积在 100～500 平方米的有 1 783 个,占 69.11%,位居第一位;500～1 000 平方米的有 401 个,占 15.54%,位居第二位;10～100 平方米的有 254 个,占 9.85%,位居第三位;大于 1 000 平方米的有 142 个,占 5.50%,位居第四位(表 3-36)。"十三五"期间,福建省制定了《福建省委省政府为民办实事工作——全民健身场地设施建设项目资金管理办法》,每年都安排 8 000 万元左右的资金来推进体育场地建设,加强项目建设管理,提高资金使用效益。体彩公益金使用公告显示:2019 年省委省政府继续将全民健身场地设施建设纳入为民办实事项目,安排资金 9 720 万元,在全省新建 18 个智慧体育公园、3 个全民健身中心、60 个笼式足球场。

综上可知,以福建省政府牵头的各级政府为民办实事工程不断地完善了群众身边的公共体育场地设施服务供给,农民群众身边的体育场地供需矛盾得到有效缓解;各站点都能根据自身锻炼项目的特点和站点的活动开展特性找到相对稳定的体育场地开展站点活动,虽然各站点体育场地大小各异,但是绝大多数的站点面积都足够使用,体育场地面积大都有 100～500 平方米。

表 3-36 福建省农村全民健身活动站点地域分布情况

项　目	数量/个	占比/%	排　位
大于 1 000 平方米	142	5.50	4
500～1 000 平方米	401	15.54	2
100～500 平方米	1 783	69.11	1

---

① 国务院.全民健身条例[EB/OL].(2016-02-06)[2021-10-7].https://www.sport.org.cn/search/system/xzfg/2018/1204/194850.html.

项　目	数量/个	占比/%	排　位
10～100平方米	254	9.85	3
合计	2 580	100	

（五）全民健身活动站点配备社会体育指导员情况

《全民健身活动站点管理办法（讨论稿）》中指出全民健身活动站点应遵守科学、文明、自愿、合法、有序的原则，在社会体育指导员指导下，组织开展群众性体育健身活动，宣传科学健身知识，接受各级体育主管部门和相关部门的监督。《福建省全民健身实施计划（2016—2020年）》中明确提出：每个站点配备2名以上社会体育指导员。调查数据显示：福建省农村全民健身站点社会体育指导员数量合计达5 028人，平均每个站点拥有社会体育指导员2.0人，提前1年实现目标。"十三五"期间，福建省建设社会体育指导员、社会体育志愿者队伍，深入开展"全民健身百村行"系列活动和健身气功"五进"活动，把科学健身指导到农村基层。其中，福建省体育局关于开展健身气功巡回教学最为突出。省体育局通过政府采购方案，联合省级健身气功协会，推进各地市健身气功巡回教学提高班暨社会体育指导员培训班，高效率地为基层培养了一批批优秀的社会体育指导员。

从各个站点配备的社会体育指导员人数来看（表3-37），拥有1名社会体育指导员的全民健身站点有1 133个，占43.91%，位居第一位；拥有2名社会体育指导员的全民健身站点有1 010个，占39.15%，位居第二位；拥有3～5名社会体育指导员的全民健身站点有333个，占12.91%，位居第三位；拥有6名及以上社会体育指导员的全民健身站点有86个，占3.33%，位居第四位；没有社会体育指导员的全民健身站点有18个，占0.70%。数据显示：沙县27个健身站点均配备了2名以上社会体育指导员，其中夏茂镇全民健身活动站点、青州镇全民健身活动站点、湖源乡全民健身活动站点等站点的社会体育指导员人数都达10名，这主要源于沙县将健身气功"五进"活动融入本周期建设指导为民办实事项目来推进。而政和县多数健身站点没有配备社会体育指导员。

表 3-37　福建省农村全民健身活动站点配备社会体育指导员情况

项　目	数量/个	占比/%	排　位
0 人	18	0.70	5
1 人	1 133	43.91	1
2 人	1 010	39.15	2
3～5 人	333	12.91	3
6 人以上	86	3.33	4
合计	2 580	100.00	

综上可知，随着福建省各项制度、政策的落实和不断完善，福建省农村全民健身活动站点大都配备了社会体育指导员，但各站点的配备情况发展不均，存有差异。可见，"十四五"期间，有针对性地加强基层全民健身活动站点社会体育指导员配备建设，补齐人才短板，是福建省促进城乡全民健身活动站点指导员队伍均等化发展的关键。

（六）全民健身活动站点开展活动项目情况

全民健身活动站点通过开展各项活动满足了人民群众多元化体育的需要。调查数据显示：福建省农村全民健身活动站点开展操舞类、健身气功、传统武术类、现代休闲类、民间民族民俗和各种益智类运动项目达五十几项。一是开展广场舞、交谊舞、瑜伽、佳木斯、体育舞蹈等操舞类项目的站点有1 721个，占66.71%，位居第一位，其中开展广场舞运动的站点有1 604个，占93.20%，彰显了农民群众对广场舞的热爱。二是开展篮球、足球、排球、羽毛球、乒乓球、田径、游泳、跆拳道等竞技运动项目的站点有716个，占27.75%，其中开展篮球运动的站点达379个，占52.93%，可见篮球在福建农村也具有深厚的群众基础。三是开展太极拳、太极剑、拳功操、南拳、连城拳、散打等传统武术类的站点有192个，占7.44%，其中开展太极类运动的站点有92个，占47.92%。四是开展六字诀、五禽戏、八段锦、导引养生功法、易筋经等健身气功的站点有190个，占7.36%，其中开展八段锦运动的站点有38个，占20.00%。五是开展健步走、跑步、登山、自行车、器械健身等休闲类运动项目的站点有140个，占5.43%，其中开展器械健身锻炼的站点有56个，占40.00%。六是开展棋牌、扑克、麻将、象棋、围棋等益智类运动项目的站点有139个，占5.39%，其中开展棋牌益智健身的站点有90个，占64.75%。七是开展腰鼓、秧歌、铁杆、水兵舞、风筝、大鼓、竹杆舞、锣鼓花伞、大鼓凉伞、舞狮舞龙、龙灯等地方传统运动项目的站点有123个，占4.77%，其中开展腰鼓健身锻炼的站点有31个，占25.20%。八是开展柔力球、门球、台球、地掷球、益智球等老年人运动项目的站点有105个，占4.07%，其中开展门球运动的站点有61个，占58.10%。调查悉知：农村妇女参加体育活动是工作之余的一种放松娱乐方式，广场舞、交谊舞、佳木斯、腰鼓等项目是在音乐伴奏下的集体活动，在集体活动中人们有说有笑，在轻松愉悦的情境中达到健身效果。因此，农村妇女们喜欢在有音乐伴奏下的集体活动中享受时光、收获健康。另外，随着行政备案制度以及《福建省关于促进体育社会组织健康发展的若干措施》等制度的不断完善，许多农村的中青年体育爱好者依托政策红利，在免费或低收费的场地中自发形成篮球、足球、排球、羽毛球、乒乓球等竞技性较强的全民健身活动站点，如华安县青少年校外活动中心全民健身活动站点、将乐县古镛镇全民健身站点、上杭县溪口镇大厚村全民健身活动站点等都是依托为民办实事项目工程提供的体育场地开展体育活动。与此同时，我们也看到农村老年朋友们融合"老年康乐家园"和"老人活动中心"自发地开展老年体育活动。可见，在全民健身实施计划和其他制度的不断推进下，福建省农村男女老少运动起来，激情澎湃的广场舞、飘逸潇洒的太极拳、栩栩如生的健身气功、刚劲有力的奔跑跳跃等此起彼伏，一浪高过一浪，让美丽乡村处处洋溢着朝气与活力。

（七）全民健身活动站点每天活动人数情况

加强全民健身活动站点建设，推动科学健身指导服务向基层延伸。调查数据显示（表3-38）：福建省农村全民健身活动站点每天活动人数达185 415人，平均每个全民健身活动站点每天活动人数累计达72人。每天活动人数在0～50人的全民健身活动站点有1 813个，占总数的70.27%，位居第一位；每天活动人数在50～100人的全民健身活动站点有458个，占总数的17.75%，位居第二位；每天活动人数在100～300人的全民健身活动站点有252个，占总数的9.77%，位居第三位；每天活动人数大于300人的全民健身活动站点有57个，占总数的2.21%，位居第四位。从数据分析来看，"县城"和"开发区/林场等"工作区每个全民健身活动站点平均每天活动人数达 118 人,位居第一位;"镇里"每个全民健身活动站点平均每天活动人数达 88 人,位居第二位;"乡里"每个全民健身活动站点平均每天活动人数达 63 人,位居第三位;"村里"每个全民健身活动站点平均每天活动人数达 53 人,位居第四位。福建全省大部分地区处于亚热带,依山傍海,山水俊秀,气候温暖湿润,林木常年繁茂,即使冬季也不会让人感到寒冷。因此,在福建一年四季都能看到农村群众运动健身的欢乐场景。

表 3-38　福建省农村全民健身活动站点每天活动人数情况

项　　目	站点数量/个	占比/%	排　　位
0～50 人	1 813	70.27	1
50～100 人	458	17.75	2
100～300 人	252	9.77	3
大于 300 人	57	2.21	4
合计	2 580	100.00	

三、小　结

(1)截至 2019 年底,福建省农村在县级(含)以上民政部门注册登记或备案的体育社会组织共有 732 个,每万人拥有体育社会组织 0.52 个,比全省平均水平少 0.06 个。其中在民政部门注册登记的体育社会组织有 712 个,占 97.27%;在当地乡镇(街道)备案登记的体育社会组织有 20 个,占 2.73%。

(2)随着福建省农村经济社会和大众媒体的繁荣发展,农民群众体育需求日益增加,自发性、多元化的群众体育社会组织迅速崛起,逐步形成了以体育总会为龙头,社会体育指导员协会、人群体育协会、单项体育协会等散点分布的体育社会组织网络,构建了以县城为主,镇级为辅,乡村和特殊区域分散建设的市、县、乡镇(街道)级农村体育社会组织体系。其中,老年人体育协会市、县、乡镇(街道)级建会率达到 100%,逐步向基层村委会(社区)延伸。

(3)福建省农村各地体育社会组织网络得到有序发展,平均每个县已注册或备案的体育社会组织有 17.85 个,每万人拥有体育社会组织数量达 0.52 个。但各县发展不均衡,其中柘荣县、永春县、光泽县、政和县、东山县、松溪县、沙县、建宁县、将乐县、明溪县等县发展相对较好,每万人拥有体育社会组织数均在 0.9 个以上;永春县、安溪县、闽侯县、惠安县、光泽县、上杭县、东山县、沙县县、德化县、柘荣县、连江县等县体育社会组织总量发展较好,其体育社会组织都在 20 个以上。

(4)随着体育社会化进程不断推进,福建省农村体育运动朝多元化方向发展,构建了一个以学校体育运动项目为主,传统民族体育运动项目为辅,休闲时尚运动项目散点分布的农村体育社会组织网。其中乒乓球协会 48 个、羽毛球协会 47 个、游泳协会 41 个、篮球协会 41 个、武术协会 39 个、太极拳协会 39 个、自行车协会 35 个、足球协会 35 个、跑步协会 26 个、健身健美协会 22 个,这 10 种类型的体育社会组织发展较为广泛,总数量达 373 个,占 60.85%。同时也出现了自驾游协会、徒步登山协会、水上运动协会、汽车运动协会、骑行协会、轮滑协会、毽球协会、帆船帆板协会、地掷球协会、传统弓箭协会、搏击俱乐部、棒球协会等时尚休闲的体育社会组织。

(5)截至 2019 年底,福建省农村体育社会组织会员人数达 408 597 人,平均每个体育社会组织会员达 558 人。数据显示:目前农村体育组织会员人数从 5 人到 38 000 人不等,其中体育总会、社会体育指导等人群协会的会员相对较多,有的多达几千人;多数体育社会组织的会员都是在 500 人以内,占 93.31%。

(6)截至 2019 年底,福建省农村已备案的全民健身活动站点有 2 580 个,每天活动人数累计达 185 415 人,体育场地面积达 1 111 838 平方米,社会指导员人数合计 5 028 人。平均每个县有全民健身活动站点 66 个,平均每个全民健身活动站点每天活动人数累计达 72 人,平均每个全民健身活动站点拥有体育场地面积达 431 平方米、社会指导员 1.95 人。

(7)随着各地制度与政策的不断完善,福建省农村全民健身活动站点建设呈逐年递增的趋势,2011—2015 年建设总量达到最高峰,共建设了 1 478 个,平均每年建设 296 个,形成了以村里为主,县城和镇里为辅,积极向乡里和开发区等特殊工作区延伸的全民健身活动站点网络。

(8)各地体育行政部门对全民健身活动站点的管理模式不同,导致了各地每万人拥有全民健身站点数量、发展时间、发展规模、辐射范围、开展活动等存有差异。目前只有德化县、长汀县、清流县和南靖县提前完成了每万人拥有 5 个以上全民健身站点的建设目标,其他多数地方都与建设目标存有差距。绝大多数体育场地面积为 100～500 平方米,但也有小到十几平方米的站点。82% 的站点配置 1～2 名的社会体育指导员,其中有配备十几名社会体育指导员的站点,也有未配置专门的社会体育指导员的站点。70% 以上的站点每天活动人数 0～50 人。66.71% 全民健身站点开展广场舞、交谊舞、瑜伽、佳木斯、体育舞蹈等操舞类项目,而开展球类等竞技运动项目、南拳和太极等传统武术类项目、八段锦和易筋经等健身气功、登山徒步等休闲类运动项目、围棋和象棋等益智类运动项目、腰鼓秧歌等地方传统运动项目的站点分别占 27.75%、7.44%、7.36%、5.43%、5.39%、4.77%。

第四节　福建省农村体育健身指导发展现状

体育健身指导,能够帮助群众获得体育健身、体育技能和体育基本知识;而社会指导员,是群众参与体育健身活动的主要组织者和指导者,也是体育文化的传播者,对全民健身公共服务的科学化和系统化具有积极的意义。[1] 美国每年有 3 800 万人参加志愿服务,其中至少有 1 700 万人从事大众体育志愿服务。美国政府建立了志愿网络服务平台,公民可以在网络平台上就志愿服务进行交流,提高志愿服务的工作效率。[2] 2019 年 8 月 10 日国务院印发的《体育强国建设纲要》中提出:组织社会体育指导员广泛开展全民健身指导服务,建立全民健身志愿服务长效机制。2016 年《福建省全民健身实施计划(2016—2020 年)》中明确提出:推进"全民健身科学指导工程",提高全民健身的科学性。推广"运动是良医",不断提高健身方法和手段的科技含量。研究制定并推广健身活动指南,通过设立个人健康目标推进全民健身运动。举办各种科学健身培训讲座和科学健身指导咨询活动,提高群众的科学健身常识、素养和能力。完善动态国民体质监测体系。建立健全省、设区市、县(市、区)三级国民体质测试与运动健身指导站,引导和支持乡镇(街道)、社区、企事业单位、体育社会组织及体育健

① 于善旭.我国社会体育指导员制度建立 20 年发展述略[J].天津体育学院学报,2013(5):369-375.
② 周学荣,江波.国外大众体育志愿服务发展的经验与启示[J].体育与科学,2005,26(4):59-61.

身中心、健康管理中心等设立国民体质监测站（点），常年为群众提供体质检测、运动能力评定、健身技能传授、健身指导等。[1] 随着体育人群的不断增加，如何健身成为许多初入健身和想去健身群众的老大难问题。因此，社会体育健身指导员与科学健身指导员的出现成为解决群众不会健身的良药，进而带动群众健身生活化、常态化、科学化，让群众爱上健身、想去健身、学会健身，构建科学的健身环境，最大化地发挥健身的功能。

本书根据研究需要，首先，依托《福建省全民健身实施计划（2021—2025）》规划研制前期材料梳理的便利优势，补齐 2017 年、2018 年已督查县 2019 年度对应的材料数据。其次，利用福建省体育场地普查技术专员的工作之便，针对前期整理数据中不确定或不太肯定的资料，采取回头电话、微信咨询和表格申报等做法，再进行一次核实整理，从而搜集 43 个县的相关研究材料，以确保课题研究顺利进行。最后，根据福建省农村群众身边"健身指导"建设情况研究需要，排除数据不完整、不到位的对应县的数据，确定以全省 43 个县、截至 2019 年底群众身边"健身指导"的相关督查表格数据作为本章节研究分析数据。

一、社会体育指导员基本情况

资料显示：在美国想从事体育健身指导工作，就必须通过健身指导员资格认定，获得相应的证书，这一制度成功提升了美国基层体育健身指导员的素质。[2] 福建省也是如此，随着现代社会物质和精神水平的不断改善和提高，人们逐步认识到了体育锻炼的重要性，越来越多的人自愿参加到科学健身指导的学习中。

社会体育指导员是发展我国体育事业，增进公民身心健康，提高生活质量，建设社会主义精神文明的一支重要力量。[3] 自 1993 年我国推行社会体育指导员技术等级制度以来，在国家总局和地方各级体育行政部门的高度重视与共同努力下，社会体育指导员队伍从无到有、从小到大，已经成为推动群众体育事业发展的重要力量。《健康中国行动（2019—2030年）》中明确提出：到 2022 年我国每千人拥有社会体育指导员不少于 1.9 名，到 2030 年不少于 2.3 名。[4] 调查数据显示（表 3-39）：截至 2019 年底，福建省农村共有社会体育指导员28 079人，其中国家级社会体育指导员 214 人，占 0.76％；一级社会体育指导员 1 063 人，占 3.79％；二级社会体育指导员 4 194 人，占 14.94％；三级社会体育指导员 22 608 人，占80.52％。按 2019 年底福建省各县常住人口计算，福建省农村每千人拥有社会体育指导员1.88 名，提前 3 年完成"全民健身行动"的建设指标。

从区域角度来看，福建省 43 个县都逐步组建了本土化的社会体育指导员队伍。漳浦县、仙游县、闽侯县、永春县、云霄县、诏安县、沙县、平和县、上杭县和长汀县培养的社会体育指导员数量位居前 10 位，其中漳浦县培养了 1 883 名社会体育指导员，位居第一位；仙游县培养了 1 812 名，位居第二位；闽侯县培养了 1 545 名，位居第三位。而屏南县、华安县、寿宁

① 福建省人民政府.福建省人民政府关于印发福建省全民健身实施计划（2016—2020 年）的通知[EB/OL].（2017-02-22)[2021-09-18].http://www.quanzhou.gov.cn/zfb/xxgk/ztxxgk/ggwhty/zcfg/201811/t20181108_787905.htm.
② 周学荣，江波.国外大众体育志愿服务发展的经验与启示[J].体育与科学,2005,26(4):59-61.
③ 360 百科.社会体育指导员[EB/OL].（2019-09-05)[2021-09-18].https://baike.so.com/doc/5681973-5894648.html.
④ 健康中国行动推进委员会.健康中国行动（2019—2030 年）[EB/OL].（2019-07-15)[2021-09-18].http://www.gov.cn/xinwen/2019-07/15/content_5409694.htm.

县、清流县、光泽县、泰宁县、周宁县、柘荣县、顺昌县和南靖县位居后 10 位,其中柘荣县培养社会体育指导员 252 名,位居第四十一位;顺昌县培养了 228 名,位居第四十二位;南靖县培养了 208 名,位居第四十三。

按 2019 年福建省农村常住人口计算,福建省农村每千人拥有社会体育指导员不少于 1.88 名的有 28 个县,占 65.12%,其中沙县每千人拥有 4.34 名社会体育指导员,位居第一位;松溪县有 3.51 名,位居第二位;将乐县有 3.40 名,位居第三位;闽清县、明溪县、建宁县、永春县、政和县、蒲城县、柘荣县分别以 3.34 名、3.24 名、3.10 名、2.92 名、2.91 名、2.87 名和 2.74 名分列第四到第十位。寿宁县、长泰县、霞浦县、宁化县、连江县、顺昌县、平潭县、安溪县、惠安县、南靖县分别以 1.59 名、1.49 名、1.47 名、1.30 名、1.27 名、1.19 名、0.80 名、0.67 名、0.60 名、0.59 名位居后 10 位。

表 3-39　福建省农村社会体育指导员基本情况

区　域	常住人口/万人	社会体育指导员人数/人					合计
		国家级社会体育指导员	一级社会体育指导员	二级社会体育指导员	三级社会体育指导员	每千人拥有量/人	
闽侯县	72.5	1	16	204	1 324	2.13	1 545
连江县	59.3	3	88	280	382	1.27	753
罗源县	21.2	1	25	187	252	2.19	465
闽清县	24	4	18	156	623	3.34	801
永泰县	25.4	2	10	18	600	2.48	630
平潭县	46	8	26	130	206	0.80	370
仙游县	86.3	12	40	128	1 632	2.10	1 812
明溪县	10.3	6	29	93	206	3.24	334
清流县	13.7	10	13	55	202	2.04	280
宁化县	28.7	8	39	62	265	1.30	374
大田县	32.1	5	17	87	471	1.81	580
尤溪县	36.2	11	31	76	631	2.07	749
沙县	23.3	7	22	82	900	4.34	1 011
将乐县	15.3	8	15	66	431	3.40	520
泰宁县	11.5	2	27	91	137	2.23	257
建宁县	12.1	5	12	35	323	3.10	375
惠安县	101.9	4	8	84	520	0.60	616
安溪县	102.5	6	108	192	377	0.67	683
永春县	46.8	14	24	208	1 122	2.92	1 368
德化县	29.6	13	60	226	355	2.21	654
云霄县	42.78	2	8	23	1 021	2.46	1 054
漳浦县	84.37	11	26	79	1767	2.23	1 883
诏安县	62.54	5	20	120	905	1.68	1 050
长泰县	22.73	2	4	23	310	1.49	339

区 域	常住人口/万人	社会体育指导员人数/人					合计
		国家级社会体育指导员	一级社会体育指导员	二级社会体育指导员	三级社会体育指导员	每千人拥有量/人	
东山县	22.46	2	6	29	486	2.33	523
南靖县	35.08	2	20	56	130	0.59	208
平和县	52.18	1	19	55	909	1.89	984
华安县	16.7	0	1	12	293	1.83	306
顺昌县	19.2	4	12	67	145	1.19	228
浦城县	30	5	41	102	714	2.87	862
光泽县	13.7	2	16	57	189	1.93	264
松溪县	12.3	2	17	87	326	3.51	432
政和县	16.9	3	11	46	432	2.91	492
长汀县	40.2	3	42	132	719	2.23	896
上杭县	37.5	3	37	127	770	2.50	937
武平县	27.7	0	14	50	495	2.02	559
连城县	24.7	2	1	86	468	2.26	557
霞浦县	46.8	8	38	140	500	1.47	686
古田县	33.4	9	28	152	343	1.59	532
屏南县	14.2	3	11	80	220	2.21	314
寿宁县	18.2	4	9	96	180	1.59	289
周宁县	12.3	2	19	55	179	2.07	255
柘荣县	9.2	9	35	60	148	2.74	252
合计	1 493.84	214	1 063	4 194	22 608	1.88	28 079

综上可知,福建省各县农村都逐步组建了一支结构较为完整的本土化社会体育指导员队伍,每千人拥有社会体育指导员达到1.88名,提前3年完成"全民健身行动"的建设指标;虽然数量得到了发展,但各县社会体育指导队伍结构与每千人拥有社会体育指导员建设指标还存有差异。

二、社会体育指导员培训情况

(一)社会体育指导员培训的总体情况

社会体育指导员是全民健身公共服务的重要组成部分,他们是公共服务的具体服务提供者。因此,社会体育指导员的素质与能力是影响群众体育发展质量的重要因素之一。资料显示:日本政府为体育社团组织提供资金和政策支持。体育社团组织在体育社团的帮助下,制定了体育指导员和体育志愿者的培训和识别制度,为国民的体育锻炼提供切实指导和必要帮助。[1] 在整理调查数据时,发现43个县中填报了2018年和2019年的社会体育指导

---

① 上俊峰,顾长江,汤际澜.日本地方体育振兴政策措施实施的现状[J].首都体育学院学报,2017,29(3):207-212,230.

福建省农村体育公共服务精准化供给研究

员培训情况,由于 2019 年有部分县的数据无法准确获取,因此在社会体育指导员培训的总体情况部分选取 2018 年 43 个县的相关资料进行统计分析。调查结果显示(表 3-40):2018 年福建省农村 40 个县组织开展了 105 场社会体育指导员培训。其中,闽清县组织了 7 场培训,位居第一位;德化县开展了 6 场,位居第二位;上杭县、沙县、清流县、将乐县都是组织了 5 场培训,并列位居第三位;平潭县、霞浦县和大田县 2018 年尚未开展这项工作。

表 3-40 2018 年福建省农村各地社会体育指导员培训情况

序 号	区 域	培训次数/场	占比/%
1	闽侯县	3	2.86
2	连江县	3	2.86
3	罗源县	1	0.95
4	闽清县	7	6.67
5	永泰县	2	1.90
6	仙游县	2	1.90
7	明溪县	2	1.90
8	清流县	5	4.76
9	大田县	0	0
10	尤溪县	4	3.81
11	宁化县	3	2.86
12	沙县	5	4.76
13	将乐县	5	4.76
14	泰宁县	3	2.86
15	建宁县	4	3.81
16	惠安县	4	3.81
17	安溪县	2	1.90
18	永春县	1	0.95
19	德化县	6	5.71
20	云霄县	3	2.86
21	漳浦县	3	2.86
22	诏安县	1	0.95
23	长泰县	1	0.95
24	东山县	2	1.90
25	南靖县	3	2.86
26	平和县	1	0.95
27	华安县	1	0.95
28	顺昌县	1	0.95
29	蒲城县	3	2.86
30	光泽县	2	1.90
31	松溪县	3	2.86

序 号	区 域	培训次数/场	占比/%
32	政和县	1	0.95
33	长汀县	2	1.90
34	上杭县	5	4.76
35	武平县	2	1.90
36	连城县	2	1.90
36	霞浦县	0	0
37	古田县	1	0.95
38	屏南县	1	0.95
39	寿宁县	1	0.95
40	周宁县	2	1.90
41	柘荣县	2	1.90
44	平潭县	0	0

（二）社会体育指导员培训类型情况

社会体育指导员是指在竞技体育、学校体育、部队体育以外的群众体育活动中从事体育知识与技能传授、锻炼指导和组织管理工作的人员，是我国体育事业和体育产业中一个重要人才类型。因此，为了更好地发挥社会体育指导员的骨干力量，必须不断提升他们自身的指导能力和水平。随着《福建省全民健身实施计划（2016—2020 年）》的深入开展，福建省各县农村体育部门积极推进社会体育指导员的培训工作。调查数据显示（图 3-4）：在 2018 年举办的培训中，举办岗前培训的有 15 场，占 14.15%；举办定级培训的有 79 场，占 74.53%；举办在岗培训的有 12 场，占 11.32%。可见，福建省农村还是以发展社会体育指导员队伍的培训为主，提升社会体育指导员的级别和指导能力的重视度相对不够。

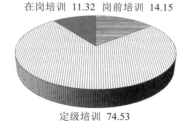

在岗培训 11.32　岗前培训 14.15

定级培训 74.53

图 3-4　2018 年福建省农村社会体育指导员培训类型情况（单位：%）

（三）社会体育指导员培训形式分布

为了提供更为科学优质、周到便捷的健身指导和服务，引导群众更专业、规范、科学地开展全民健身运动，使社会体育指导员服务站成为全民健身的宣传者、科学健身的指导者、群众健身活动的组织者和健身生活方式的引导者，福建省各级政府重视培养类型的相互结合，让全体社会体育指导员都能在技能型、理论型、技能与理论相结合的培训中获得提升。调查结果显示（图 3-5）：2018 年福建省农村举办理论型社会体育指导员培训的只有 7 场，占 6.60%；举办技能型社会体育指导员培训的有 12 场，占 11.32%；举办技能与理论相结合的社会体育指导员培训的有 87 场,占 82.08%。在 2017 年各地市健身气功巡回教学活动引领下,2018 年南靖县文化馆开展了文体惠民促和谐"广场舞"暨社会体育指导员培训班下乡培训活动,让更多的农民在家门口学习与培训。2018 年福建省健身气功协会向全省各地的近百名健身气功骨干进行为期 5 天的培训,解读 2017 年最新修订版的《健身气功竞赛规则》,对健身气功、易筋经、五禽戏做精讲,进行新功法导引养生功十二法、大舞教学及气舞编排教学,最后还对学员进行理论和功法技能考核。经过艰苦地学习与训练,学员们从技术与理论层面都对健身气功有一个更深刻的认识与理解,从而成为真正的健身气功爱好者,或成为行业的健身气功骨干。可见,福建省农村主要还是采用技能与理论相结合方式,以掌握和提高项目运动技能为主,掌握科学健身理论为辅,通过培训基本达到了预期的效果,在实践中发挥了应有的作用。但社会体育指导员缺乏总体培训规划,并且存在重培训、轻使用、轻管理的问题,在效益层面上没有得到最大化释放。

图 3-5　2018 年福建省农村社会体育指导员培训形式分布情况(单位:%)

(四)社会体育指导员培训参加人员情况

社会体育指导员帮助广大人民群众树立科学的体育意识,指导群众开展体育活动,为群众普及专业的、与体育健身相关的知识及技能,引导人们合理进行体育消费。为此,国家体育总局投入大量资金和人力资源,着力培养更多的国家级社会体育指导员。增加参加培训人员数量是培养社会体育指导员和提升指导员素质的必要途径,也是建设社会体育指导员队伍的重要内容。调查结果显示:2018 年福建省 40 个县参加社会体育指导员培训的人数达 2 982 人,其中东山县文广体局举办了 6 个乡镇的三级社会体育指导员培训班,参加人数达 320 人,为本年度参加培训人数最多的县;南靖县的广场舞岗前培训达到 204 人,位居第二位;漳浦县文广体局举办三级社会体育指导员定级 150 人培训,位居第三位。但是参加人数在 10 人左右的培训有 15 场。可见,省级和市级体育相关部门应该举办形式多样、内容丰富、数量更多的社会体育指导员培训来扩大福建省农村社会体育指导员队伍。

(五)社会体育指导员培训时间情况

在《社会体育指导员制度》的指导下,我国社会体育指导员发展迅速,社会体育指导员培训体系也日渐成熟。为了促进社会体育指导员队伍发展,规范社会体育指导员工作,发挥社会体育指导员在全民健身活动中的作用,2011 年 10 月 9 日国家体育总局公布了《社会体育指导员管理办法》,在审批流程中有规定参加进修培训、工作交流和展示活动的证书和证明。这有效地保障了社会体育指导员受教育的时间和效果。调查结果显示(图 3-6):2018 年福建省 40 个县举办了社会体育指导员培训,为期 3～5 天的培训有 60 场,占 56.60%;为期 1～2 天的培训有 30 场,占 28.30%;6 天以上的培训有 16 场,占 15.10%。可见,福建省各地农村举办的社会体育指导员培训的时间还是相对充裕的。

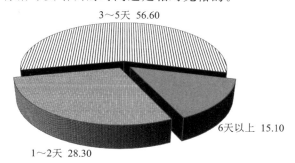

图3-6 2018年福建省农村社会体育指导员培训时间情况(单位:%)

三、国民体质监测站点建设与运行情况

国民体质监测服务体系是国家定期对国民身体质量状况及其发展变化进行综合、系统的监测、测定及干预等,并为国民增强体质提供良好服务的系统,具体包括体质测定宣传体系、体质测定体系、体质干预体系、仪器设备体系、质量控制体系、组织管理体系等。[①] 2010年以来,为了提升全民健身公共服务水平,建立体质监测和运动健身指导工作长效机制,福建省加大投入完善县级国民体质监测站点建设。调查显示:2016—2020年国民体质监测站点建设与运行情况表填报是以"十三五"为周期进行的,为了更全面地了解国民体质监测点运行的经费情况,本部分研究以数据最为齐全的2017年度运行数据进行统计分析。汇总表截至2018年底,福建省43个县已完成国民体质监测站点建设,覆盖率达100%;2017年度累计投入30.56万元,为3.15万人进行国民体质监测,初步建立了省、市、县三级国民体质测试和运动健身指导站网络。由于各县的财力、制度、重视程度等不同,国民体质监测站点建设模式与运行也不同。

第一,安溪县、将乐县、沙县、宁化县、仙游县、柘荣县等9个县(占20.93%)依托体育中心设立国民体质监测点,每年为各个年龄段的城乡群众提供一次国民体质监测。其中,沙县依托实施"体育＋智慧"工程,于2016年成立沙县国民体质检测中心,根据市民个人体质状况,提供有针对性的科学健身指导服务,包括握力、肺活量、反应时、人体成分、血压和心率测量等13个项目,每年免费测试群众1万多人,营造全民参与、全民健康的良好氛围,城乡居民国民体质监测合格率达到95%以上。

第二,东山县、屏南县、周宁县、寿宁县、长汀县、漳浦县、永春县、德化县、顺昌县、云霄县、长汀县等13个县(占30.23%)借助本地中医院、卫生院、卫生所、医务站等医务系统建立国民体质监测站,通过合作运营的模式开展常态化的体质监测活动,其中永春县国民体质监测站点的检测服务较为完善。2016年,永春县文体新局采取与永春县中医院共享互融结合原则,依托医院专业技术人员的业务能力将永春县国民体质监测站点建设在永春县中医院,各项仪器设备运行正常,2016年、2017年每年投入0.5万元,分别监测了500人和280人,每年举办3次公益讲座,参加人数分别达450人和460人。而长汀县、屏南县由于经费紧

---

① 黄海平.论全面建设小康社会的国民体质监测服务体系[J].中国体育科技,2007(2):3-6.

87

缺,建成后均未投入实质性运行。

第三,清流县1个县(占2.33%)将国民体质监测站点建立在文化站,但是由于体质监测工作相对专业化,文化站的兼职人员无法准确使用肺活量测试仪、纵跳测试仪、坐位体前屈测试仪、俯卧撑测试仪等,搜集到的国民体质监测不完整、不准确,导致建立的国民体质监测站点无法准确提供体育健康促进服务。

第四,建宁县、南靖县、连江县、尤溪县等5个县(占11.63%)在社区、街镇等建立国民体质监测站。调查显示:这几个县虽然都配备了相应设备,开展了体质监测工作,但是因当地条件限制,体质测定表由人工填写,无法保证其准确性,且不能提供相应的检测数据分析服务,更是无法提供运动处方。到了2016年,部分县的国民体质监测站出现了体质测试设备老化、损坏,无法正常使用,体质测试工作无法开展,导致在"十三五"周期里不断在调整国民体质监测的服务模式。比如,连江县在福建省政府加大投入完善县级国民体质监测站点建设的引领下,2015年在阳光幼儿园和晓澳监测点设立了国民体质监测站点,2017年由于长期没有使用测试仪器,部分仪器无法正常开展工作,于是只好借用省体科所身高体重测试仪、台阶指脉测试仪等测试仪器,开展国民体质监测工作。2018年建成的连江县西江滨智能体育公园,列入当年省委省政府为民办实事项目,省财政及县财政共投资400多万元,配套建设了智能体质监测装备,投入使用后将继续配备国民体质健康监测的人员和提供经费保障,完善国民体质监测站点的服务,开启新一轮的国民体质健康服务,受到地方群众的喜爱。

第五,闽侯县、永泰县、平潭县、政和县、诏安县、蒲城县、光泽县、华安县等15个县(占34.88%)没有进行明确的挂牌仪式,而是将省局下拨的体质监测器材放置在相对固定的地方。其中2017年政和县、诏安县、永泰县、平潭县和平和县在经费保障下,通过借用仪器、简化测试项目的方式对10 830名群众提供了国民体质监测服务。泰宁县、松溪县、蒲城县、罗源县、连城县、华安县和光泽县7个县,由于工作人员不固定及场地限制,无法常态化开展国民体质监测服务。

四、工间操开展情况

2019年4月国家体育总局发布了《关于开展2019年全国广播体操、工间操展演活动的通知》,要求各地区、各行业加大力度推广普及广播体操、工间操,全年持续广泛开展形式多样的广播体操、工间操培训、展示、展演和比赛等推广普及活动。为带动全国各地举办多种形式的活动,吸引广大群众积极参与,决定在全国开展2019年全国广播体操、工间操展演活动,促进职工群众养成做广播体操、工间操的良好习惯。调查结果显示(图3-7):在2019年福建省督查的14个县中,闽侯县、明溪县、宁化县、清流县、沙县、寿宁县、顺昌县、武平县、尤溪县、漳浦县和长汀县11个县(占78.57%)积极推进工间操培训、展示、展演等活动,开展了94场,参与人数达35 246人的专项活动。其中,开展广播体操的有69场,占74.19%,位居第一位;开展健身气功的有13场,占13.98%,位居第二位;开展健身操的有9场,占9.68%,位居第三位;举办跑步活动的有2场,占2.15%,位居第四位。在实地调研中发现,沙县工间操开展得好,这得益于沙县文体局依托沙县新时代文明实践中心,组建沙县体育志愿者服务队伍,积极发展各社团、社会体育指导员等体育志愿骨干50多名,并指导体育志愿者深入乡镇开展健身气功、柔力球、门球、地掷球、健身秧歌等健身培训32场。2017—2018

年,由县政府组织,县文体和旅游局、县卫健局、县总工会实施,在全县范围举办沙县职工工间操培训班、比赛、千人展示(八段锦)。组织培训项目包括健身气功八段锦、广播体操等,县直各单位指定专人落实该项工作,干部职工每天上午10:00—10:15在单位走廊或操场、空地做工间操(健身气功、第九套广播体操),目前已辐射全县87.3%在职职工。[①] 宁化县也结合本地特色持续开展"风展红旗如画·健身健康宁化"工间操比赛。在实地调查中也发现:顺昌县2018年对10多个企事业单位人员进行了工间操培训,但后续开展工间操培训及推广工作力度相对不足,2019年只有顺昌县总工会开展了1次健身操活动。

可见,让工间操重回办公室、重回"格子间",需要社会各方提高认识,共同努力。各地工会组织、体育部门、机关单位协同配合,做到各司其职,通过制订具体的培训学习、开展方式等实施方案,引导广大单位职工积极参与工间操活动。相信经过各方共同努力,工间操一定会成为全民健身的一道健康的风景线。

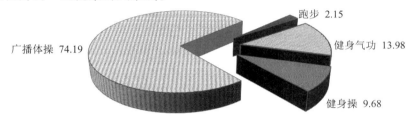

图3-7 2019年福建省农村机关、企事业单位开展工间操开展情况(单位:%)

五、小 结

(1)自2012年福建省推进社会体育指导员协会建设以来,社会体育指导员业务培训、等级评定、办证审批、公益宣传等各项工作都在有序推进,福建省农村社会体育指导员队伍发展迅速。截至2019年底,福建省农村共有社会体育指导员28 079人,其中国家级社会体育指导员214人,占0.76%;一级社会体育指导员1 063人,占3.79%;二级社会体育指导员4 194人,占14.94%;三级社会体育指导员22 608人,占80.52%。按2019年底常住人口计算,福建省农村每千人拥有社会体育指导员1.88名,提前3年完成"全民健身行动"的建设指标,组建了一支结构较为完整的本土化社会体育指导员队伍,其中沙县、松溪县、将乐县、闽清县、明溪县、建宁县6个县每千人拥有社会体育指导员数在3名以上,位居福建省前列。

(2)为提升福建省农村社会体育指导员健身指导的能力和水平,各地除采用体育部门自主培训和推送上级培训外,有些县还委托社团、单项协会等开展社会体育指导员培训。培训形式以定级培训为主,下乡辅导与巡回培训等推进岗前培训和在岗培训为辅,采取技能与理论相结合,有针对性地推进理论型和技能型培训发展,坚持较长时间、较大规模地提升社会体育指导员能力培训,支持贫困县社会体育指导员培训发展。2018年,福建省农村40个地方举办了106场社会体育指导员培训,参加人数达2 982人,培训总时间达448天。其中,闽清县、德化县、上杭县、沙县、清流县、将乐县举办培训的场次较多,东山县、南靖县、漳浦县、沙县、永春县参加培训的人数较多。由于国家级、省级和市级举办的培训时间相对较长,平

① 沙县文体局.沙县人民政府贯彻实施《福建省全民健身实施计划(2016—2020年)》暨创建全民运动健身模范县工作情况汇报[Z].2019-11-28.

潭县、霞浦县和大田县2018年尚未开展这项工作。

（3）国民体质监测是掌握国民体质现状和变化规律,提高科学健身指导水平的重要手段。截至2018年底,福建省43个县已完成国民体质监测站点建设,覆盖率达100%,2017年度累计投入30.56万元,为3.15万人进行国民体质监测,初步建立了省、市、县三级国民体质测试和运动健身指导站网络。不过,各地的财力、制度、重视程度等不同,国民体质监测站点建设模式与运行也不同。安溪县、将乐县、沙县、宁化县、仙游县、柘荣县等9个县,依托体育中心设立国民体质监测点,定期开展国民体质监测。东山县、屏南县、周宁县、寿宁县、长汀县、漳浦县、永春县、德化县、顺昌县、云霄县、长汀县等13个县,依托本地医务系统建立国民体质监测站,通过合作运营的模式开展常态化的体质监测活动。清流县、建宁县、南靖县、连江县、尤溪县等6个县,在社区、街镇、文化站等建设建立国民体质监测站,服务效果较为一般。闽侯县、永泰县、平潭县、政和县、诏安县、蒲城县、光泽县、华安县等15个县2018年尚未进行正式挂牌,其中泰宁县、松溪县、蒲城县、罗源县、连城县、华安县和光泽县7个县还没有开展实质性的国民体质测试。

（4）福建省积极贯彻落实2019年国家体育总局发布的《关于开展2019年全国广播体操、工间操展演活动的通知》,按照国家体育总局的部署,积极推进各地开展形式多样的广播体操、工间操培训、展示、展演和比赛等推广普及活动。在2019年福建省督查的14个县中,闽侯县、明溪县、宁化县、清流县、沙县、寿宁县、顺昌县、武平县、尤溪县、漳浦县和长汀县积极推进工间操培训、展示、展演等活动,共举办了94场机关、企事业单位工间操活动,参与人数达35 246人,激发了广大群众参与体育锻炼的积极性和主动性。其中,沙县依托沙县新时代文明实践中心,委派体育志愿骨干深入各机关、企事业、乡镇开展项目多样化的健身培训,实行专人落实工作制,在全县范围开展举办沙县职工工间操培训班、比赛、千人展示(八段锦)等活动,实施效果好,得到社会各界的好评。但是,有些县持续开展工间操培训及推广工作力度相对不足,工间操活动仅停留在一次性的展示活动上。

第五节　福建省农村体育文化建设发展现状

21世纪,随着科学技术迅速发展,人们正经历着一场壮丽的社会嬗变。从劳动生产方式经济向休闲生活方式经济积极转变,从短缺经济向过剩经济转变,从农业和工业经济向知识经济转变,社会生产方式和生活方式的改变导致城乡居民生活需求逐步由"生存型阶段"向"发展型阶段"转变。[①] 党的十九届五中全会指出:"繁荣发展文化事业和文化产业,提高国家文化软实力,到2035年建设文化强国的伟大目标。"[②]这充分展现了在推进中华民族伟大复兴进程中创造中华文化发展新征程的信心与决心。"民族传统体育文化是各族人民在长期生活和实践中积累起来的生活方式、价值观念、民族精神的总和,蕴含着特殊的体育文化价值和身体活动形式。"[③]民族传统体育活动是具有天然吸附力的文化形态,崇尚"整体思维""天人合一""和谐共生"的价值理念,在漫漫历史长河中,各民族文化相互碰撞、调式、融合、

① 卢元镇,臧超美,杨戏.全民健身与生活方式[M].北京:北京体育大学出版社,2002.
② 沈状海.坚定文化自信建设文化强国[N].人民日报,2020-11-19(9).
③ 邱丕相,杨建营,王震.民族传统体育学科发展回顾与思考[J].上海体育学院学报,2020,44(1):12-20.

传承、发展,形成了"多元一体"的共生文化集合。推动农村体育文化建设,可有效改善农民群众的生活方式,将其从单调乏味的棋牌和家常闲聊中解救出来,采用健康、科学、有效的生活方式愉悦身心,从而有效提升农民群众的生活水平和质量,提高农民群众的身体素质,促进农民群众健康发展。

本书根据研究需要,依托 2017—2019 年《福建省全民健身实施计划(2016—2020 年)》落实情况督查调研活动,对福建省闽侯县、闽清县、永泰县、寿宁县、柘荣县、诏安县等督查县进行材料搜集。第一,在调研期间,组织课题组成员通过听取汇报、座谈、查看档案资料、实地考察、实地访谈等方式搜集大量有关资讯。第二,借助《福建省全民健身实施计划(2021—2025)》规划研制前期材料梳理的便利优势,补齐 2017 年、2018 年已督查的相应县的截至 2019 年底对应的材料数据。第三,对于不确定或不太肯定的资料,采取回头电话、微信咨询和表格申报等做法,再进行一次核实整理,从而集齐相关研究材料,保证课题研究顺利进行。第四,根据福建省农民群众身边"体育文化"建设情况研究的需要,排除数据不完整、不到位的对应县的数据,最后集齐闽清县、仙游县、大田县、惠安县、永春县、华安县、云霄县、政和县、蒲城县、古田县、周宁县、屏南县、连江县、罗源县、安溪县、南靖县、诏安县、东山县、上杭县、长汀县、连城县、闽侯县、永泰县、明溪县、宁化县、沙县、清流县、尤溪县、平和县、漳浦县、长泰县、顺昌县、武平县、寿宁县、柘荣县 35 个县群众身边"体育文化"相关数据作为本章节的研究分析数据。

一、营造体育锻炼氛围情况

为丰富农民群众的体育文化生活,积极回应农民群众日益增长的健身需求,福建省各县政府积极推进农村体育文化建设。首先,通过广播、电视、互联网等媒体,以及农村健身广场、全民健身站点等场所,多渠道倡导全民健身新理念,开辟健身专题、专栏,普及健身知识,传授健身技能,积极宣传和推广传统体育文化,提升全民健康素养。其次,积极在全县镇、乡、村范围内举办以"我运动、我健康、我快乐""谁是大力王""我要上全运会"等为主题的"全民健身日"全民健身活动,举办形式多样、亲近群众的全民健身比赛,积极营造"参与健身,拥有强健体魄"的社会氛围,其中尤为突出的是"全民健身与青运同行・八闽百村行"活动。2015 年,为了迎接福建省承办的第一届全国青年运动会,福建省体育局联合福建省农业厅启动了"全民健身与青运同行・八闽百村行"暨奥运冠军全民健身志愿者服务活动。该项活动以"四送"为目的,即送青运宣传到广大农村,送全民健身活动到老百姓身边,送科学健身指导到农村基层,送健身器材给广大农民,突破性地实现了青运宣传和全民健身首次走入田野乡间的创举。2016 年以来,"全民健身百村行"活动在"四送"的基础上,进一步丰富农民健身活动内涵,结合奥运冠军全民健身志愿服务活动,推出以"四村"即美丽乡村越野跑(村跑)、农民趣味体育运动会(村运)、农家乐旅游观光(村游)、下乡品尝特色美食(村宴)为载体的一系列活动,让村民享受体育带来的快乐,又挖掘当地的旅游文化资源,带动休闲旅游产业发展。[①] 探索以"体育＋"和"＋体育"为路径,以融合当地文化为核心,以践行健康中国战略和乡村振兴战略为目的,全面面向农村的"全民健身＋"尝试。

---

① 泉州晚报.我省今年将深入推进"全民健身百村行"[EB/OL].(2018-04-11)[2021-10-20].http://www.quanzhou.gov.cn/snb/sndt/201804/t20180411_614263.htm.

几年来,"全民健身与青运同行·八闽百村行"活动已经成功举办了 21 站,吸引了福建全省 21 个乡镇、300 余个行政村积极参与,参加活动的人数超过 3 万人。通过"全民健身百村行"活动的示范和带动,福建省各乡镇结合各自实际,开展形式多样的农民健身活动,形成了红火的农民健身氛围。通过活动将健身的乐趣带给群众,将健身的方法推广出去,将健身的技能培养起来。"全民健身百村行"活动立足于深厚的乡镇文化底蕴,将全民健身与农民日常生活、自然文化完美结合,突出地域特色,激发了农民参与全民健身活动的热情,迎合广大农民日益增长的体育文化以及强身健体需求,实现全民健身活动的"全民性"。与此同时,"全民健身百村行"活动还把开展全民健身活动与思想教育巧妙地结合起来,利用黑板报、图片展的形式,与乡村的发展方针、目标和村民健身知识相结合,在活动中实现形势政策教育和省情村情教育。在活动中,村干部既当领队又当教练,村民们也从麻将、扑克一族加入体育运动行列,既疏通了干群沟通渠道,又促进了农村和谐稳定。① 在多种健身需求推动下,大多数村庄都组建了篮球队、气排球队、排球协会等各类文体活动团体,有力带动了农村精神文明的发展,促进农村文明新风的养成,成为农村精神文明建设的有力补充。"全民健身百村行"活动像火种一样,激发起农村全民健身的热潮。

二、民间传统体育文化建设情况

"没有高度的文化自信,没有文化的繁荣兴盛,就没有中华民族伟大复兴。"②1995 年《全民健身计划纲要》的提出,初步掀起全民健身热潮,纲要中明确提出了少数民族居住的地区要全面大力实施以少数民族传统体育文化项目为主要健身活动内容的体育活动。2016 年 6 月 23 日,在发布的《全民健身计划(2016—2020 年)》中,提出国民的健康是国家和民族发展的体现,更是国家综合实力,以及国家社会发展水平和经济发展的体现,实施全民健身计划是国家的重要发展战略。其在主要任务中提到:弘扬体育文化,促进人的全面发展。将体育文化融入体育健身的全周期和全过程,以举办体育赛事活动为抓手,大力宣传运动项目文化,弘扬奥林匹克精神和中华体育精神,挖掘传承传统体育文化,发挥区域特色文化遗产的作用。③ 可见,传统体育文化可以在全民健身的实施中发挥很重要的作用。

(一)民间民族民俗传统体育项目开展情况

农村体育是体育事业的重要组成部分,群众开展的体育运动项目从项目选择、功能价值到竞赛,都具有鲜明的外显作用,并且在当时抵御侵略、争取民族独立的历史背景下,在娱乐健身、情感表达、精神传递、社会和谐、改善人民体质等方面发挥了重要的作用。从农民群众身边发展起来的体育运动项目,在农村群众体育、学校体育和体育产业文化建设中发挥了重要作用。本研究调研了 35 个县,其中有 2 个县没有搜集相应的数据。32 个县的调研调查数据显示:"十三五"期间,福建省农村经常举办和开展的民间民族民俗传统体育项目有 88 类:有自然六合门、五祖拳、白鹤拳、畲拳、连城拳、打团盘、太祖拳、少林拳、虎尊拳、女子五梅拳、

① 在线访谈.福建省"全民健身百村行"探新路[EB/OL].(2018-03-30)[2021-10-20].http://tyj.fujian.gov.cn/gzcy/zxft/fthz/201804/t20180408_2019263.htm.

② 习近平:坚定文化自信,推动社会主义文化繁荣兴盛[EB/OL].(2017-11-08)[2021-10-20].http://dangjian.people.com.cn/n1/2017/1108/c414210-29635034.html.

③ 国务院关于印发全民健身计划(2016—2020 年)的通知[EB/OL].(2016-06-23)[2021-10-20].http://www.gov.cn/zhengce/content/2016-06/23/content_5084564.htm.

姑娘槌、畲族打枪担、八井畲家拳、八卦棍、单鞭罗汉拳等武术类传统体育项目21类；有各式太极拳、健身气功等11类；有舞龙舞狮、腰鼓、宋江阵、拔河、龙舟、旱船、船灯、游大龙、板凳龙、拔龙、龙灯、狮灯、牌桔灯等集体类民间传统项目16类；有打石佛、打醮、海底反、过火山、三公下水操、盘古王戏水、"二月二"斗桥等非遗传统民俗活动8类；有南音、锣鼓、唱戏、提傀儡、装古事、抬花灯、铜管乐民族传统项目7类；有闹春田、劈甘蔗、单手举板车轮、木筒、铁杆、筒车、竹子舞、竹竿舞、碗花舞、游花灯、游大粽、捉泥鳅、滚灯、火把节、花朝节、攻炮城、挑谷子田头民间传统项目17类；有射弩、毽球、蹴球、传统弓箭、传统民族健身操、柔力球、乒乓球、象棋传统体育项目8类。在调研中得知，"十三五"期间，福建省各县农村都重视全民健身文化建设，在全民健身实施计划里都围绕省局部署，大力宣传和发展本土体育创意产品传承开发力度，夯实具有广泛群众基础的民间运动项目，形成一乡一特色的运动项目，弘扬地方体育文化。比如，2018年宁化县挖掘传统武术文化，举办客家武术论坛，保护传承客家武术文化，其中水茜乡打团盘传统武术项目，获得了首届客家武术大赛金奖。2016年来，该县广泛开展旱船、装古事、延祥龙灯踩街、舞龙灯、腰鼓、花船等民俗民间民族传统体育项目，其中石壁镇开展得更加如火如荼，项目总数占到了所有乡镇的一半以上，这些项目在当地有较大影响力，参与人数达到了510余人。

（二）民间民族民俗传统体育项目分布情况

调查数据显示：从设区市角度来看，"十三五"期间，这些民间民族民俗传统体育项目活跃在福建八闽大地的各个地方。其中，闽东地区有畲拳、传统弓箭、竹子舞、八卦棍、虎尊拳、单鞭罗汉拳、太极拳、龙舟、健身气功、八井畲家拳、畲族打枪担等；闽西地区主要有连城拳、女子五梅拳、畲族打枪担、碗花舞、打石佛、女子五梅拳、木筒、太极拳、健身气功、舞龙舞狮等；闽南地区主要有五祖拳、白鹤拳、拍胸舞、龙舟、牌桔灯、盘古王戏水、攻炮城、三公下水操、火把节、蹴球、竹竿舞、武术、舞龙舞狮等；闽北地区主要有射弩、毽球、舞龙舞狮、太极拳、健身气功等；闽中地区主要有板凳龙、武术、太极拳、龙舟、健身气功、舞龙舞狮等。

从行政区角度来看，"镇里"主要有毽球、腰鼓、单手举板车轮、海底反、姑娘槌、板凳龙、拔龙、太极拳、武术、舞龙舞狮、健身气功等，占总数的44.23%，位居第一位；"村里"主要有盘古王戏水、三公下水操、射弩、竹子舞、打石佛、闹春田、打醮、提傀儡、装古事、抬花灯、铜管乐等，占总数的24.04%，位居第二位；"县城"主要有武术、太极拳、龙舟、舞龙、白鹤拳、健身气功、乒乓球、板凳龙、碗花舞、舞龙舞狮等，占总数的19.71%，位居第三位；"乡里"主要有竹竿舞、过火山、滚灯、牌桔灯、传统弓箭、游大龙、走古事、毽球、少林拳、八卦棍等，占总数的12.02%，排在第四位（图3-8）。可见，福建省各地都在认真贯彻国家、省、市"一县一品"的要求，以武术、龙舟、太极拳、健身气功等为主要开展的传统项目，并充分挖掘本镇、本乡、本村的特色项目，从该县实际出发，积极培育各自的"一县多品""一镇一品"民间民族民俗传统体育项目。

（三）民间民族民俗传统体育项目推广相关机构情况

机构泛指机关、团体等工作单位或其内部组织。可见，机构健全，项目推广才能高效运转。调研数据显示（表3-41）：福建省农村民间民族民俗传统体育项目推广机构填报中有103场活动无法准确填报机构类型，占49.52%，位居第一位；沙县肩膀戏传承中心、民间组

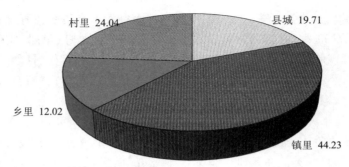

图 3-8　民间民族民俗传统体育项目分布情况(单位:%)

织等以"社团"作为推广机构来推进民间民族民俗传统体育项目开展的占 15.87%,位居第二位;以各种项目"协会"作为推广机构来推进民间民族民俗传统体育项目开展的占 15.38%,位居第三位;以"政府"作为推广机构来推进民间民族民俗传统体育项目开展的占 8.65%,位居第四位;以"老体协"作为推广机构来推进民间民族民俗传统体育项目开展的占 5.77%,位居第五位;以"青年俱乐部或少体校"作为推广机构来推进民间民族民俗传统体育项目开展的占 3.37%,位居第六位;以"村老人会"作为推广机构来推进民间民族民俗传统体育项目开展的占 1.44%,位居第七位。

表 3-41　福建省农村民间民族民俗传统体育项目推广机构分布情况

项　目	数量/场	占比/%	排　位
政府	18	8.65	4
协会	32	15.38	3
社团	33	15.87	2
青年俱乐部或少体校	7	3.37	6
老体协	12	5.77	5
村老人会	3	1.44	7
无机构参与	103	49.52	1
合计	208	100.00	

(四)民间民族民俗传统体育项目推广频率情况

数据显示(表 3-42):福建省农村 2019 年度开展的赛事活动场次达 683 场,其中年度赛事活动场次为 1~2 次的有 146 个地方,占 70.20%,位居第一位;年度赛事活动场次达 3~5 次的有 30 个地方,占 14.12%,位居第二位;年度赛事活动场次达 6~10 次和 10 次以上的都是 14 个地方,占 6.73%,并列位居第三位;没有开展项目的有 4 个地方,占 1.92%,排在最后。在访谈中我们发现:毽球和射弩是顺昌县的少数民族体育项目,开展这项运动是为了每年少数民族运动会的举办,2015 年后由于福建省未开展毽球比赛,因此就停止了该项目的推广活动,但是目前已以分散的方式在学校课外活动中进行毽球项目的传承;而射弩也由于经费问题,4 年一次的少数民族运动会直至赛前一两年才开始准备,故 2019 年未开展射弩活动。走访中我们还发现:闽清县在 2017 年度举办传统体育赛事活动 15 场次,传统体育年度培训 19 场次,共有 677 人参与传统体育赛事活动,财政投资

5万元,社会赞助11万元。同年,屏南县开展的民间民族民俗传统体育项目主要有少林拳、八卦棍、单鞭罗汉拳、虎尊拳、自然六合门、健身气功、太极拳、传统弓箭等传统体育项目。传统体育赛事活动举办10场次,传统体育培训760场次,共有1 350人参与传统体育赛事活动,财政投资3万元,社会赞助6.7万元。可见,福建省各地都在认真贯彻国家、省、市"一县一品"的要求,以武术、龙舟、太极拳、健身气功等为主要开展的传统项目,并充分挖掘本镇、本乡、本村的特色项目,从各县实际出发,积极培育各自的"一县多品""一镇一品"民间民族民俗传统体育项目。

表3-42　2019年福建省农村民间民族民俗传统体育项目年度赛事活动场次开展情况

选　项	数量/个	占比/%	排　位
0 场次	4	1.92	4
1～2 场次	146	70.20	1
3～5 场次	30	14.42	2
6～10 场次	14	6.73	3
10 场次以上	14	6.73	3
合　计	208	100.00	

（五）民间民族民俗传统体育项目推广经费情况

项目推广经费调查数据显示(图3-9):"十三五"期间,福建省208个民间民族民俗传统体育项目年度推广的经费达3 505.39万元,其中社会赞助达1 925.61万元,占54.93%;财政投资达1 579.78万元,占45.07%。另外,在填报的数据中有9个项目没有具体填报使用的经费情况,其中有2个项目是没有专门社团进行组织推广的。由此可见,在福建省农村民间民族民俗传统体育项目发展基础较好,现已逐渐形成由政府、社会和市场多方协作开展活动与比赛的良性运转机制。也有许多地方政府为了提升影响力,采用民间民族民俗传统体育项目"＋旅游""＋比赛"等形式,大力挖掘和打造本土传统体育品牌赛事。例如,长汀县民族民俗传统体育项目种类繁多,打石佛、闹春田、游"板凳龙"、舞龙灯、花朝节、舞龙舞狮、腰鼓、正月十五抬花灯、打醮、舞龙灯、碗花新娘等分布在汀州镇、古城镇、河田镇、四都镇、新桥镇、濯田镇、童坊镇、三洲镇、红三乡等乡镇(村),每年传统节日举行的民族民俗传统体育活动多达50场,吸引了20 000多人参与,财政投资20万元,社会捐助近100万元。其中打石佛、闹春田还在中央电视台第七套《乡土专栏》节目中播出,产生了较好的社会反响,对于传播当地民俗体育文化起到了很好的示范作用。另外,永春白鹤拳是永春县独特的武术拳种,是人民群众青睐的健身活动项目,有着深厚的文化底蕴和群众基础。针对这一现象,政府积极搭建平台,开展学术研讨、对外交流和组织比赛等活动,投资300多万元建设永春白鹤拳史馆,每年举办永春白鹤拳文化节,举办了2015年世界永春白鹤拳大会和2017年海峡论坛·海峡两岸传统武术大赛,编印《永春白鹤拳》画册,编排永春白鹤拳操作为乡土教材在中小学推广。[1] 此外,当地媒体运用社会资金,拍摄制作永春白鹤拳动漫电视连续剧《五色羽传奇》26集,于2012年在央视播出,并获得国家优秀动漫片的荣誉。现代喜剧功夫电影《永春白鹤拳之擎天画卷》于2014年8月中旬在全国院线上映。以永春白鹤拳为题材的第二部电

---

[1]　长汀县文体广新局.长汀县全民健身实施计划(2016—2020年)实施情况评估报告[R].2018.

影《极品师徒》于 2016 年开始拍摄,总投资 4 000 多万元。多次接待美国、英国、俄罗斯、日本、新加坡、马来西亚、菲律宾等国的武术团体来访,举办永春白鹤拳论坛,就永春白鹤拳的技艺、渊源及健身作用深入交流研讨,使永春白鹤拳这一独特的健身项目得到进一步的提高和普及,民间习武健身蔚然成风。① 这些经典做法都为民间传统体育项目的保护和传承树立了典范。

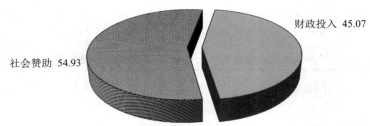

图 3-9 "十三五"期间福建省农村民间民族民俗传统体育项目年度推广经费情况(单位:%)

三、乡村振兴战略中屏南县传统弓箭射艺传承及发展研究

党的十九届五中全会指出:"繁荣发展文化事业和文化产业,提高国家文化软实力,到2035 年建设文化强国的伟大目标。"②弓箭射艺是屏南县当地传统生活技艺和体育相结合的技艺活动,既包含了射手高超的射箭技巧,也反映了射手身心合一的高尚品德。弓箭射艺是对崇高道德的追求,对权欲之美和准确性的向往与享受,最终整合成为追求真理的崇拜,是当地民众生活、生产实践的结晶,反映出一定时期当地村落的准则和民众的宗教信仰、生活方式、生产实践等的尺度,还折射出当地民族灵魂、文化的建树情况,对于推动区域传统文化发展发挥了重要的作用。本书在梳理分析屏南县传统弓箭射艺发展现状基础上,结合乡村振兴和传统文化传承与发展机遇,探索屏南县传统弓箭射艺传承发展路径。

(一)研究对象和研究方法

1.研究对象
本部分以屏南县传统弓箭射艺发展现状作为研究对象。

2.研究方法
(1)文献资料法:即通过查阅中国知网、中国期刊网、维普中文期刊数据库、CNKI 数据库,以及各相关网站,查阅和本研究相关的著作、报刊,梳理与分析已有的研究成果,为屏南县传统工艺研究奠定理论基础。

(2)访谈法:根据研究需要,对福建省相关项目的专家、部分参与传统弓箭习射的学生、屏南当地的传统弓箭技艺传承人进行走访调研,就屏南县传统弓箭射艺传承及发展的基本情况进行访谈,为本研究的顺利推进获取第一手材料。

(3)实地调查法:根据研究需要,深入屏南县进行实地调研,对屏南县文体局、弓箭博物馆、弓箭文化村等进行实地考察,从传统弓箭基本概况、制作流程、赛事举办等相关方面采集

---

① 永春县文体广新局.永春县全民健身实施计划(2016—2020 年)实施情况评估报告[R].2017.
② 沈状海.坚定文化自信建设文化强国[N].人民日报,2020-11-19(9).

信息,为屏南县传统弓箭射艺传承与发展提供相关佐证材料。

(二)屏南县传统弓箭射艺发展情况分析

1.屏南县基本自然条件概况

屏南县是福建省十佳林业县,当地竹木资源丰富。乾隆十七年(1752年)《屏南县志·物产志·竹属》中记载:"弓竹,宜制弓。"这体现出屏南县竹箭的优越性,同时凸显出自然资源对竹木弓箭发展有着深远影响,是屏南县传统竹木弓箭发展至今的先决条件之一。目前,屏南县保存的传统竹木弓箭制作技艺,仍以本地特有的弓竹和箬竹等按照传统技法制做而成(图3-10)。随着旅游业的发展,屏南县传统弓箭技艺等多项民族传统技艺和东山殿等建设被列入非物质文化遗产名录和文物保护单位,融入传统文化古村落建设。目前,屏南县拥有"白水洋景区"与"鸳鸯溪景区"2个自然地质国家5A级旅游区和多个3A级景区,还拥有12个中国传统村落和非物质文化遗产等资源。可见,屏南县传统弓箭射艺发展具有独特的自然环境资源。

图3-10　用来制作传统弓箭的弓竹和箬竹

2.屏南县传统弓箭基本概况

屏南县至今还保留有许多完整的车山殿和车山狩猎文化,猎户出猎前均会到车山殿对神灵和弓箭进行祈祷保佑。调研获悉:祭祀地有道教车山公殿、车山道坛、车山转石等,车山公殿主要有合营殿、文身殿、武身殿、陈六公殿、拓主殿和公座等。车山公崇拜是对猎神的敬仰与祈求猎神佑民相结合而祀,出猎之前对神灵、对弓箭均有仪式祈佑。长期以来屏南县车山拥有一套自己的立坛、出猎、行猎、归猎、分享成果、作山等一套完整的武营规则和禁忌,每个环节都有其独特的习俗做法。除去狩猎文化对弓箭发展有影响外,村落之间的建交文化也对屏南县传统弓箭射艺发展起到重要作用。屏南相邻的村落曾经常发生纠纷,造成悲剧,于是人们想出了和解办法,改成射箭比武,因而至今屏南民间还保留有相邻村落制作竹弓蒿箭互射的习俗。车山殿也被列入屏南县第五批县级文物保护单位名单,2018年猎神车山公信仰被列入第六批宁德市级非物质文化遗产名录,传统弓箭得到有效保护与发展。

3.屏南县传统弓箭制作技艺基本概况

中国传统弓箭主体分为北射与南射[1]。屏南县传统弓箭射艺为南射,属于站立射箭,所采用的弓和箭与北方的弓和箭有很大的不同。北方的弓属于牛角弓,箭采用的是木箭,屏南县传统的弓属于南方特色的竹木复合弓,箭采用的是南方盛产的箬竹制成的竹箭。弓长约

①　刘强.蒙古族弓箭的制作与传承[J].内蒙古民族大学学报,2016(4):355-358.

1.5 米,箭长约 1 米,尾部为传统的 3 片火鸡刀翎箭羽(古时为雕、鹰、隼等猛禽羽毛)。资料显示:屏南县传统的弓制作需采用当地韧性、弹性好的箬竹,选竹环节平坦、质密度高,竹材破片使用强韧的竹青层,用纯天然材料(鱼鳔胶,当地也称鱼珠胶)粘合,外面绕上麻绳使其紧密粘合,成胚后定型打磨并塑型,由中线向两端逐渐做窄,最后绷上牛筋箭弦。竹箭宜采用当地致密度结实的竹子。箭头为手工打造的古式箭头,因娱乐性后又衍生出"哨子箭头"。箭羽制作因猛禽类被列入国家保护动物而改用家禽和山鸡羽毛,最后根据个人喜好在弓和箭上画上吉祥图腾图案。一把合格的复合弓需要经过选材、阴干、开片、刮青、粘合、走绳、定型、打磨、塑型、上弦、调整、训弓等十几道工序的磨砺;一支合格的竹箭则要经过选材、校直、开槽、箭头安装和箭羽选配粘黏、箭杆画活等工序才算完成。

传统竹木弓箭是古代屏南县人民在战争和狩猎中使用的弓箭,是屏南武术文化与狩猎文化的标识。但是自 1959 年以后,由于国内开始推广国际弓,传统弓开始不受重视,随时代变迁逐渐消亡。近年来,经过福建省体育局、屏南县文体局和屏南县射箭协会的不懈努力,屏南县传统弓箭运动在 2008 年国家大力倡导传统体育运动的大背景下开始复苏,传统竹木弓箭制作从原来的小作坊往工厂化发展,屏南县的传统竹木弓箭因而闻名全国,在全国各个民间传统弓箭赛事中均能看到它的身影。2014 年国家成立中国射箭协会传统弓分会,倡导民族传统射箭,并规定传统射箭必须使用天然竹木材质制作的弓箭。2017 年,屏南县传统竹木弓箭制作技艺纳入宁德市第五批非物质文化遗产名录。

4. 屏南县传统射箭射艺运动发展情况

(1)屏南县传统射箭射艺运动基本技术发展概况。

为跟上时代发展的步伐,屏南县射箭协会对射艺的技术动作进行了规范,统一了各个村庄传统的射艺动作,在保留民族传统射姿的同时,将整套技术动作分解为静心与自信、站立、搭箭、握弓、钩弦、转头与举弓、开弓、靠弦、瞄准、撒放、动作暂留、收势 12 个基本技术动作。[①] 同时在射艺运动中注入当地传统文化,注重"礼射"和思想渗透,提倡"发而不中,反求诸己"等道德自省理念。创编了 6 分钟视频展示屏南县传统弓箭射艺规定动作,在射艺表演中把 12 个技术动作融入其中,详细交代了其技术特点,静心与自信是射手身心俱到的表现,意味着射艺的开端;站立分为一字平行式(也称为侧立式)、非丁非八字、正向上步、反向退步等传统姿势,当今屏南县射艺多采用一字平行式;搭箭是指先把箭杆放于右手大拇指上,食指扶稳再将箭尾槽插入弓弦箭口处;握弓位置位于弓身中心点,左右平衡;钩弦区别于现代射箭的三指钩弦法,采用的是传统的拇指钩弦法,拇指钩弦法源于狩猎文化的积累;转头与举弓指左手持弓、右手钩弦,头部自然转向靶面,平视前方,双手举弓至眉梢高度,引弦沉肩;开弓指举弓稳定后采用前撑后拉的方式沿最短距离将弓拉开;靠弦指开弓时将弓弦靠位在耳后;瞄准要求稳定姿势,视线通过箭头聚焦于靶上;撒放是钩弦手放松的过程;动作暂留指在撒放后身体自然放松停滞的状态;收势是在射艺过程结束后的一种礼仪,使身心放松恢复到原始状态。当地特色传统射艺与当今传统射艺潮流接轨,促进了屏南县传统弓箭射艺融入全国各地传统弓箭射艺运动的交流圈。

(2)屏南县传统射箭比赛规程发展概况。

为了更好地融入全国传统弓箭比赛,屏南县重视传统射箭比赛规程更新和修订。目前,

① 维卿.论"六艺"之一"射"的文化特征[J].山西师大体育学院学报,2004(3):106-108.

屏南县已经形成了一套较为规范又融合国家发展的传统弓箭射艺比赛规程。第一，计报分方式要求：按每个靶至少配一名记分员，记分员按计分表上正确的靶位号顺序计分，环值由每支箭所属运动员从高到低顺序报出。过程中靶上所有箭支的环值被记录下来且经过核实之前，任何人不得碰触箭支、靶纸。每次记分结束，将箭支从靶上拔下时，运动员应把计分区的所有箭孔标好。第二，对特殊情况处理方式进行规范。如果出现反弹箭或穿透箭，应依照以下方式记分：如果同一发射组（同一靶位）的所有运动员都认同发生了反弹箭或穿透箭，他们可认定该箭的环值。一支箭射中另一支中靶箭的箭尾并嵌进箭尾，按已中靶的箭的环值计算。一支箭射中另一支箭后，箭杆偏离嵌进环靶，按在靶纸上的位置计算环值。一支箭射中另一支又反弹落地，按射中的靶的环值计算，前提是射坏的箭可被识别。如果运动员未收回所有的箭，可用其他的箭继续比赛，但必须在开始发射前通知裁判员。箭射中他人的靶纸，应计作本轮比赛的一部分，并被判为脱靶，脱靶箭在记分表上用"M"表示。第三，申诉方式：同组运动员负责核实报出的每支箭的环值，如有异议，应及时请示该靶的裁判员做出最终判定。若发现记分表上的错误在箭尚未拔出之前，应予以改正，并要求执行裁判员、记分员、运动员在对应计分表上进行签名确认。第四，场地设施设置：设30米射程场地，使用靶器为80厘米环靶；设40米、50米射程场地，使用靶器为122厘米环靶。第五，赛制规定：采用淘汰制，普遍为三轮淘汰制。第六，器材规定：无现代复合弓科技加持且通过裁判员检查通过的传统竹木弓箭，使用统一标准竹箭，并要求运动员手上不能携带辅助拉弓和撒放的器械。

（3）首届海峡两岸传统弓箭射艺邀请赛基本情况。

首届海峡两岸传统弓箭射艺邀请赛比赛项目分为30米、40米、50米射程三个大项，并根据比赛规模和需求在每个大项下分设若干个小项。本次比赛共有13支参赛队伍参加，其中社会协会、俱乐部各有5支队伍，占38.46%；学校社团有3支代表队，占23.08%。数据显示：首届海峡两岸传统弓箭射艺邀请赛共有50名运动员参赛。男性42名，占84%；女性8名，占16%。其中，有7支队伍没有女性运动员，只有福建医科大学射艺是女性运动员多于男性运动员的。《礼记·射义》记载："射者，男人之事也。"屏南县弓箭活动围绕狩猎、斗争发展而来，由于当地遵从车山公信仰，且至今保留有的车山弟子均为男性，因此在一定程度上限制了女性习练传统弓箭。但是随着时代的发展，屏南县传统弓箭射艺运动得到海峡两岸青年人的认可，并逐步吸引了一部分年轻女性参与体验。

（三）乡村振兴战略视域下屏南县传统弓箭射艺传承及发展路径分析

1.加强资料整理，展示传统弓箭射艺文化底蕴

强化对屏南县传统弓箭射艺文化的内涵挖掘和整理。组织人员深入有关乡镇、村落，收集屏南县传统弓箭射艺的历史遗迹、民间传说、技艺等史料，挖掘出版较为系统、规范的文化资料，体现屏南县传统弓箭射艺的历史文化背景。完善屏南县传统弓箭射艺文化数据库，健全档案资料的信息化工作。发挥县级融媒体中心、博物馆、文化馆、图书馆的资源优势，全方位展示、播放传统弓箭射艺文化资源，促进传统弓箭射艺文化交流和广泛传播，让群众更全面地了解屏南县传统弓箭射艺文化，推动屏南县传统弓箭射艺文化发展。

2.融入生产生活,夯实传统弓箭射艺发展基础

历史文化遗产是祖先留给我们的,我们一定要完整地交给后人①。首先,传统弓箭射艺是屏南县车山祖先留下来的狩猎武术文化,应通过宣传教育,开展各种活动,使全县上下认识到传承推广传统弓箭射艺对于传承和发展地方传统文化的重要意义,从而在思想上重视和珍惜,在行动上积极支持和参与。其次,深入挖掘传统弓箭射艺的技艺价值和民俗价值,创作一批融合鲜活元素的弓箭射艺技术,融入当地特色的民俗节日活动、传统节庆庆典、文化展示活动等,让传统弓箭射艺深入人们生活。最后,注重青少年培养。深入挖掘传统弓箭射艺的"礼射"思想,打造一批彰显道德教育礼射技艺和文化,融入当地学校教育、红色教育基地培养体系。每年举办一期中小学生传统弓箭射艺竞赛活动,努力培养中小学生对传统弓箭射艺的热爱,吸引他们投身传统弓箭射艺活动。

3.加大文化宣传,提升传统弓箭射艺知名度和影响力

由于现代生活方式和价值观念对传统文化的冲击,民众对传统弓箭射艺文化的了解越来越少,这不利于传统弓箭射艺文化的传承和发扬。因此,首先,可以提炼精选一批凸显传统弓箭射艺文化特色的经典性元素和标志性符号,纳入乡村规划设计、乡村建设,合理应用于乡村雕塑、广场园林等公共空间,让传统弓箭射艺深入人们生活。其次,可以借助现代技术手段,拍摄屏南县传统弓箭射艺活动新闻片、电视专题片,运用网络、广播、电视、报纸等多种媒体大力宣传。最后,积极推进传统弓箭射艺文化研讨活动。结合当地习俗举办屏南县传统弓箭射艺文化节,邀请国内弓箭射艺名家和文化学者参加,积极开展各种传统弓箭射艺文化交流研讨,展现屏南县传统弓箭射艺文化魅力,宣传屏南县独特的传统弓箭射艺特色和成就,促进屏南县旅游经济发展。

4.加快"体育+"多元融合,推进传统弓箭射艺文化发展

在新的历史发展时期,简单地强调传承和发展在狩猎时代形成的传统弓箭射艺体育文化是行不通的,要结合《乡村振兴战略规划(2018—2022年)》《屏南县全域旅游规划》《屏南户外运动休闲产业发展规划》等战略规划,以科学发展观为指导,科学制定传统弓箭射艺文化与产业融合发展规划。以屏南县全域旅游创建、美丽乡村建设为基础,以传统村落保护与活化为依托,以传统弓箭射艺文化为特色,以康体健身、文创、娱乐、体验、研学等项目为支撑,让传统弓箭射艺文化与乡村振兴战略相衔接,与全域旅游、民间民俗节庆相融合,打造一个多种文化生态、多种业态融合的旅游品牌文化传播平台,促进屏南县传统弓箭射艺文化发展。

四、典案分析:福建省农村体育文化建设中的榜样与故事

在福建省全民健身实施计划的引领下,福建省各地结合各自实际,开展形式多样的农民健身活动,形成了红红火火的农民健身场景。在推进体育文化建设中,发现和挖掘出了一批积极参与全民健身、带动身边人群健身的先进个人和单位。从各地推荐的人选中发现:大多数先进个人来自体育、文化、宣传、教育等部门领域,以中老年人为主,具有一定的代表性、广泛性。例如,周宁县"赤脚大仙"叶德奕、龙岩体育教师曾昭湘、浦城县山下信用社会计主管

---

① 张芯蕊.新时代如何传承发展中华优秀传统文化[EB/OL].(2019-06-19)[2021-10-20]. http://www.qstheory.cn/zhuanqu/2019-06/19/c_1124643702.htm.

范智娟、华安县老体协辅导总站辅导员林少泉、古田县龙桩拳传承人陈铭、云霄县门球运动负责人黄伟山、永春县老体协秘书长何锡川、屏南县传统弓箭射艺教练叶勇等先进个人。与此同时也涌现出了一批先进集体、优秀社团等,如永春县老体协、漳平市老体协、芗城区自行车运动协会、华安水力发电厂、厦门市健雄青少年体育俱乐部等。

(一)永春县老体协——"永春经验"

永春县老体协自 1985 年创办以来,在各部门、单位,以及社会的大力支持配合下,抓好为民办实事项目——老年活动中心和老年人健身康乐家园创建,做好老年活动中心的管理服务工作,积极组织老年人开展体育健身活动,成功举办县第八届老年人体育健身运动会,并组队参加泉州市第十届老年人体育健身运动会,极大地推动全县老年体育工作再上新台阶。

第一,以为民办实事项目为抓手推进老年活动中心建设。2017 年,老体协将老年活动中心建设与居家养老中心、美丽乡村、幸福院、敬老院建设相结合,共建共管,资源共享,共同发展,建出特色、建出水平、建出康乐。将老年活动中心建设列入为民办实事的议事日程,镇、村(社区)两委主要领导亲自抓,定地址、跑手续、筹资金、抓基建;县政府分管领导带领县老龄办、文体局、老体协领导下乡加强督查指导,建设高标准、高质量的老年活动中心。截至 2020 年底,全县共有市、县级老年活动中心 84 座,全县近 50% 的村(社区)有老年人活动场所,覆盖到全县老年体育人口达 50% 以上。

第二,以"康乐家园"为载体积极推进体育工作。以加强基层,服务老年人体育健身,提高老年体育人口比例为宗旨,大力推进乡镇"老年人健身康乐家园"创建活动。县老体协召开创建"康乐家园"单位座谈会,各单位党政领导高度重视,大力支持,采取措施,精心组织,狠抓落实。目前,永春县的桃城镇桃城社区、达埔镇达德村、东平镇霞林村、石鼓镇石鼓社区、吾峰镇吾中村、桃城镇洛阳村、东关镇东美村、湖洋镇美莲村等 43 个单位被授予省级"老年人健身康乐家园",五里街镇浦头村和五边村、仙夹镇龙湖村、下洋镇上姚村、桃城镇丰山村、蓬壶镇仙岭村等 48 个单位被授予泉州市级"老年人健身康乐家园"。值得一提的是,近年来苏坑镇嵩溪村老年人健身康乐家园办得风风火火,村里 60 岁以上的老年人都可以到"家园"运动、健身、学习、聊天,每天中午都能享受免费的午餐。如今半林、洋田又办成 2 个分中心。

第三,以"赛事活动"为媒介营造生机勃勃的健身氛围。永春县各乡镇老体协都想方设法开展了一些各具特色的老年文体活动。坚持老体协主办、专项协会举办相结合,坚持大中小相结合,坚持会员赛、协作赛、友谊赛、邀请赛相结合,坚持走出去、请进来相结合,坚持节假日与平时相结合,丰富了城乡的文化体育生活,呈现出一派从城镇到农村的生机勃勃的新气象。会员赛、邀请赛成为老年健身活动的主要形式,相互学习、相互促进、共同提高。其中,岵山镇老体协气排球队"走出去、请进来"已成为常态化;桃城镇老体协举办气排球、门球县际邀请赛,热闹非凡,各县球友聚在一起,友谊第一,比赛第二,交流技艺,畅叙友谊,其乐融融;桃城镇桃溪社区每年在元旦、五一、国庆举办气排球、地掷球、门球邀请赛,已形成制度化;五里街镇、石鼓镇利用县城优势,发挥各项运动场地比较完善的优势,举办各项活动,广大老年人体育健身热潮一浪高过一浪,精彩连连。

第四,以"人才"为引领注重辅导员和骨干队伍培养。人才泛指各行各业中的领军人物,是对社会做出贡献的人,是人力资源中能力和素质较高的劳动者。永春县注重以"人才"为引领,积极培育自己的辅导员和骨干队伍。老体协坚持提升与普及两手抓原则,一则积极让老体协派员参加省、市教练员、裁判员的培训;二则每年由老体协举行几个项目的县级培训,如老年人有氧行进健身操培训,各乡镇有 100 多人参加,特别是桃城镇、五里街镇、石鼓镇、岵山镇、东平镇等几个乡镇积极性很高,培训结束后,他们还分头抓好基层的推广。积极举办全县培训班,加强对内半县骨干的辅导,安排门球、地掷球等项目的教练员到各乡镇、村进行培训。老体协除了组织竞技项目的培训,同时加强市、县级实事项目村老年活动中心管理的培训辅导工作,使各地的老年活动中心、康乐家园越办越红火、越办越兴旺、越办越康乐。另外,许多专项协会还以"以赛代训"的形式培养教练员和裁判员,如太极拳协会在举办比赛中普及了健身气功八段锦,同时培养了一批健身气功教练员和裁判员,大大提高了广大会员运动健身的技能水平。

总而言之,永春县老体协不忘初心,砥砺前行,"十三五"期间,硕果累累,成绩骄人。截至 2019 年底,全县已建成老年活动中心 71 座、门球场 71 个、地掷球场 44 个、气排球场 77 个、老年体育辅导站 77 个、辅导点 58 个,培养老年体育活动中心管理员 128 人、裁判员 289 人。43 个单位被评为省级"老年人健身康乐家园"、48 个单位被评为市级"老年人健身康乐家园",老年体育场地设施及"健身康乐家园"数量居全市前列。2020 年,永春县成功举办全省创建"老年人健身康乐家园"研讨会,政府关心、社会热心、家庭放心、老人开心的"永春经验"获得充分肯定和广泛好评。

(二)屏南县传统弓箭非遗传承人——"全民健身榜样"

叶勇,男,44 岁,国家二级射击裁判,屏南县传统弓箭协会秘书长,传统弓箭射艺教练,市级非遗传承人,2014 年加入文体新局工作队伍。成为一名文体工作人员以来,他兢兢业业地工作,不仅出色地完成了自己分内的工作,还任劳任怨地承担起了许多分外的工作。

第一,身先垂范,为全民健身做表率。在文体新队伍这几年的工作中,叶勇积极投身全民体育健身运动的推广,为屏南县开创了独具中国特色的传统弓箭射艺运动,成立了屏南县传统弓箭协会,并于 2016 年 7 月成功举办了"屏南 2016 首届海峡两岸传统弓箭射艺邀请赛",取得了社会各界普遍的好评,填补了屏南县参与传统体育健身方面的不足,带动且培养了一批传统体育运动爱好者,不但使参与者得到了身体锻炼,更是加深了对中国传统体育健身文化内涵的理解。

第二,坚定理想信念,做勇于担当的先锋者。叶勇不仅仅为人们普及了传统体育文化的健身运动,并积极带头参与推动屏南县申报"国家级登山健身步道"的工作。此外,他致力于屏南县"茶盐古道"建设,先后十多次徒步深入荒芜的深山古道,探路、勘测、评估,在"茶盐古道"的基础上,进行科学的赛道设计,规划出一条绝佳的、独具地方历史人文的、可以开展大型户外越野跑比赛的原生态户外赛道,最终为成功举办"2017 中国·白水洋国际户外挑战赛"提供了先决条件。此次赛事成功融合"一带一路""全民健身"两大国家战略,吸引了来自美国、俄罗斯、波兰等多个国家 20 余名外籍运动员和国内 500 多名运动员参赛。本次户外挑战赛更是被评为"2017 年中国体育旅游十佳精品项目"。他为屏南县的全民体育健身及全区域旅游和打造屏南县体育旅游精品,付出了不懈努力并取得了优异的成绩。

第三,学以致用,为传承服务做贡献。叶勇在不断提高自己传统弓箭射艺技术的同时,还十分重视场馆的教学和管理工作。屏南县传统弓箭协会成立后,他在训练中严格要求学员们做到形、神、意、气 4 个方面的和谐统一。为了让更多的人了解传统弓箭射艺文化,协会还多次开展免费的传统弓箭文化的普及和教学。广泛的宣传推广,使广大民众充分感受到传统弓箭文化的魅力,并从中体会到中国传统文化看重"射以观德"的教育功能,把射艺看成是学习礼仪和培养"君子"行为规范的重要手段,从而吸引更多的人加入习练传统体育健身的队伍中来。

体育是全民健身的重要载体,作为一名基层体育工作者,把所知所学体育知识奉献给基层群众体育是我们工作人员无悔的选择。叶勇同志以无私奉献的高尚情操,倾己之能,让广大群众了解和学习传统体育文化健身运动的相关知识,做好全民健身榜样,为家乡全民健身运动添砖加瓦。

(三)助推全民健身运动,共建共享"健康东山"——乒乓球协会

没有全民健康,就没有全面小康。在东山县全面建设小康社会,创建全国文明城市的新机遇下,东山县乒协把工作目标定位在以推动国球的发展为着力点,坚持以人为本、普及推广的原则,引导广大群众积极参与到乒乓球活动中来,大力助推全民健身运动,为"健康东山"添砖加瓦。近3年来,东山县乒协取得了可喜的成绩。

第一,普及乒乓技艺,提升健康素养。东山县乒协2002年成立之时,场地简陋,四处租借场所。而今,县协乒乓球训练馆达700平方米,设施齐全,注册资金从3万元增到8万元。协会规模迅速扩大,铜陵、西埔、陈城等乡镇相继成立了分协会,会员迅速发展,遍布城乡,会员人数从创办初期的12人发展到300多人。共建健康东山,首先要让全民健身意识深入人心。"我运动,我快乐!"县乒协努力倡导健康和谐的健身理念,充分利用每次的活动及赛事,借助微信平台、县协宣传栏、广告标语等进行广泛的宣传,潜移默化地提高群众的健身意识,使终生运动观念深入人心,激发了全县人民投入运动的热情。在全体协会领导、会员的带动下,该县的乒乓球爱好者越来越多。协会高瞻远瞩,从长远眼光做好县级设计,注重薪火相传,积极培养下一代人才。2009年成立东山县少儿乒乓球队,还引进一名省级运动员作为主教练,现有学员已达100多人。东山县的乒乓球运动呈现多层面、立体化、全民性的良好局面,为共建共享"健康东山"奠定了基础。

第二,举办乒乓赛事,推进健康体验发展。全民健身运动要有氛围,有活动项目,有可持续的全民健身公共服务体系。"筑巢引得凤凰来。"东山县乒协以赛事为载体,注重过程推动,抓好赛事的前期训练、举办过程、赛后总结表彰等工作,营造浓烈竞赛氛围,有效推动全民健身运动事业。首先,多方筹措,创设平台。在社团经费紧张的情况下,主动对接社会,取得了热衷公益事业的单位和个人的鼎力相助,赛事活动搞得有声有色、如火如荼。2014年来,主办了东山县庄园御海"慈善杯"乒乓球比赛共3届、东山县"腾新杯"乒乓球比赛共3届、东山县"腾新杯"乒乓球比赛(少儿)共2届、东山县"福万通杯"乒乓球比赛共2届。2017年开始主办了"大有杯"全县乒乓球精英赛。其次,服从领导,服务全县。积极配合县委、县政府、县文化广电体育局的重大体育活动,协办了东山县第三届全民运动会的乒乓球比赛,协办了东山县"五一"全县职工乒乓球赛共2届,每年举办一次全县老年人乒乓球赛。最后,服务部门,伺机推动。2013年以来,东山县乒协积极拓展领域,全力配合相关部门的主题宣传,以此为契机,有效推动赛事开展,使活动有形式有内容。相继开展了"交通安全杯""农信杯""政协杯"等多项乒乓球赛事,扩大了乒乓球运动影响力,让脑力劳动者感受到乒乓球运动的魅力,带动相关部门的干部职工参与到全民健身运动中来。

第三,推进平台建设,提升乒乓内驱引擎发展。"七年之痒"是说当某事持续到7年,会出现倦怠期,导致激情消退。乒乓球协会发展也是如此,如果不及时"加油",不寻找新的发展动力,就可能面临危机。东山县乒协成立以来,有个别会员因为进入高原区等半途而废。

针对这种状况,协会主动采取"走出去、引进来"的策略,努力提高会员球技,积极开展交流活动,与漳州乒协、云霄乒协、诏安乒协、泉州德化乒协在交流中切磋、碰撞、提高,有效地提高了会员的运动激情。

第四,敢于拼搏,助力地方全民健身健康发展。在东山县乒协的有力推动下,该县运动员的实力与水平得到了很大的提高。其一,协会代表东山县出征省、市乒乓球比赛,取得辉煌的成绩。协会秘书长林德顺代表县公安局,参加福建省公安厅举办的全省公安系统"金穗杯"乒乓球赛,获得第三名的佳绩。在由漳州市乒协、芗城区乒协主办的"万安杯"漳州市业余乒乓球锦标赛中,东山县乒协代表队力克强队,奋力拼搏,获得男子公开组团体第二名,为东山赢得荣誉。这2个沉甸甸的奖牌,是东山县乒协成立以来,该县参加福建省、漳州市乒乓球比赛取得的最好成绩,成绩实现新的突破,竞技水平实现新的跨越。其二,县乒协还组队参加了漳州市"乒协杯"乒乓球公开赛,获团体第三名;参加了漳州市农运会,获团体第一名;等等。成绩喜人,为东山县赢得荣誉,为体育事业发展增光添彩。

总之,天道酬勤,一分耕耘一分收获。在东山县文化广电体育局的领导下,在全体乒协历任领导会员的拼搏下,东山县乒协取得了长足的发展与进步,有效地助推了该县的全民健身运动。东山县乒协将站在新的起点,抓住新的机遇,为共建共享"健康东山"贡献力量,实现新的跨越。

五、小 结

（1）为丰富农村群众的文化体育生活,积极响应群众日益增长的健身需求,福建省各县政府重视农村体育文化建设,通过广播、电视、互联网等媒体,以及农村健身广场、全民健身站点等场所,多渠道倡导全民健身新理念,开辟健身专题、专栏,普及健身知识,传授健身技能,积极宣传和推广健康的传统体育文化,提升全民健康素养,在全县范围内举办以"我运动、我健康、我快乐""谁是大力王""我要上全运会"为主题的形式多样的全民健身活动和赛事,形成以参与健身、拥有强健体魄为荣的社会舆论氛围,其中"全民健身与青运同行·八闽百村行"活动尤为彰显。

（2）福建省各级政府积极贯彻《福建省全民健身计划（2016—2020年）》,把体育文化与健身相互融合,通过举办体育赛事活动和体育旅游,大力发展福建省农村民间民族民俗传统运动项目,挖掘、传承和发展本土化传统体育文化。"十三五"期间,福建省农村经常举办和开展的民间民族民俗传统体育项目有88类:有自然六合门、五祖拳、白鹤拳、畲拳、连城拳、女子五梅拳、单鞭罗汉拳等武术类传统体育项目;有舞龙舞狮、宋江阵、拔河、龙舟、旱船、船灯、游大龙、板凳龙等集体类民间传统项目;有打石佛、打醮、海底反、过火山、三公下水操、盘古王戏水、"二月二"斗桥等非遗传统民俗活动;有南音、锣鼓、唱戏、提傀儡等民族传统项目;有闹春田、劈甘蔗、单手举板车轮、竹子舞、竹竿舞、碗花舞、游花灯、攻炮城、挑谷子等田头民间传统项目;有射弩、毽球、蹴球、传统弓箭、传统民族健身操、柔力球、乒乓球、象棋传统体育项目等。

（3）福建省各地都在认真贯彻国家、省、市"一县一品"的要求,携手各界力量开展以武术、龙舟、太极拳、健身气功等为主要传统项目,挖掘本镇、本乡、本村的特色项目,从实际出发,打造各自"一县多品""一镇一品""一乡一项"民间民族民俗传统体育项目。闽东、闽西、闽南民间民族民俗传统体育项目较为丰富,闽北和闽中地区则以武术类传统体育项目为主,其他项目开展得相对较少,但宁化县的打团盘传统武术、长汀县的闹春田、永春县的白鹤拳、长泰县的盘古王戏水等成为福建省农村民间传统体育项目保护和传承的典型。

（4）"十三五"期间，福建省农村 49.52％的民间民族民俗传统项目推广都没有聘请专业的运营机构进行动作，而是政府引导，社团或协会等组织开展各项活动。虽然大多是开展 1～2 次活动，但吸引社会资本参与推广的金额则达到 1 925.61 万元，占 54.93％。可见，福建省农村民间民族民俗传统体育项目开展已逐渐形成政府、社会和市场多方协作的推广模式，其中长汀县、永春县等民间民族民俗传统体育项目"＋旅游""＋比赛"等融合发展十分突出。

（5）随着屏南县美丽乡村建设行动发展，屏南县传统弓箭射艺得到创新发展。在传承地方弓箭射艺基础上，不断地优化弓箭制作技艺、完善射艺运动基本技术创编、优化比赛规程等。因此，在新时代发展之际，应加强资料整理，展示传统弓箭射艺文化底蕴；融入生产生活，夯实传统弓箭射艺发展基础；加大文化宣传，提升传统弓箭射艺知名度和影响力；加快"体育＋"多元融合，推进传统弓箭射艺文化健康发展。

（6）在福建省各地全民健身实施计划的引领下，福建省各县结合各自实际，开展形式多样的农民健身活动，形成了红红火火的农民健身场景。在推进体育文化建设中，发现和挖掘出了一批积极参与全民健身、带动身边人群健身的先进个人和单位。从各地推荐的人选中发现，大多数先进个人来自体育、文化、宣传、教育等部门领域，以中老年人为主，具有一定的代表性、广泛性。例如，周宁县"赤脚大仙"叶德奕、龙岩体育教师曾昭湘、浦城县山下信用社会计主管范智娟、华安县老体协辅导总站辅导员林少泉、古田县龙桩拳传承人陈铭、云霄县门球运动负责人黄伟山、永春县老体协秘书长何锡川、屏南县传统弓箭射艺教练叶勇等。与此同时，也涌现出了一批先进集体、优秀社团等，如永春县老体协、漳平市老体协、芗城区自行车运动协会、华安水力发电厂等。永春县老体协的"永春经验"和屏南县传统弓箭非遗传承人"全民健身榜样"尤为突出。

第四章

福建省农村体育公共服务体系建设困境及成因分析

　　随着福建省各级政府全民健身实施计划和体育事业发展规划的贯彻执行,福建省各地将全民健身纳入本级国民经济和社会发展第十三个五年规划纲要、年度政府工作报告、城市基本公共服务和现代文化服务体系、本级政府财政预算、政府为民办实事项目、加快社会事业发展补齐民生短板工程等。在提高福建省农村体育公共服务建设过程中,各级政府进行了许多有益的尝试,为民办实事项目成效显著,取得了突出的成绩;但是全省在农村公共体育服务体系建设、体育场地资源配置、体育赛事活动开展、社会体育组织发展、科学健身指导、体育文化建设等诸多方面还存在着一些不足。

第一节　福建省农村体育公共服务体系建设中存在的问题分析

一、政府公共体育服务供给机制合力不齐

　　虽然福建省各地农村都成立了全民健身领导小组,"大群体"的全民健身发展格局已达成共识,但全民健身领导小组的职能没有得到应有的体现,缺乏对区域全民健身发展的宏观指导,缺乏对新时期农村体育全民健身发展的整体思考。部分县(市、区)对本地区全民健身发展的短板在哪里、短到什么程度、怎么补短板、补短板的突破口在哪里等缺乏清晰的认识,举措不到位。全民健身工作联席会议制度尚未健全,与发改、土地、规划、住建、税务、教育、旅游、卫生等部门协同运行机制较为松散,工作合力不齐,系统推进全民健身公共服务体系尚有欠缺,"齐动、联动、互动"的全民健身组织协调机制有待进一步完善。

二、农村体育公共服务供给内源性动力不强

　　农村群众对公共体育服务的需求是公共体育服务产品供给的主要依据[①],也是农村体育事业健康有序发展的主要内部动力。随着我国传统农业经济向现代工业经济转变,农村相对落后的生产和生活方式与城市现代的生产和生活方式的组织形式与社会形式存在"城乡二元"结构的差别,农村体育社会发展相对滞后和农民体育参与意识的薄弱,使得农民群众对体育场地资源配置情况、体育赛事活动开展、社会体育组织发展、科学健身指导、体育文化建设引领等无法形成正确的、前瞻性的、可行性的需求表达,从而无法形成一个内

---

①　刘亮.我国体育公共服务均等化的理论模型与实证分析[J].体育科学,2013(1):10.

外供需匹配、稳定发展的农村体育公共服务供给体系来实现农村体育公共服务供给的高质量发展。

随着《福建省全民健身实施计划（2016—2020年）》的贯彻落实，省体育局通过政策鼓励，引导各设区市政府加大对全民健身的财政投入，按照每年体育彩票销售总额的1%比例提取体育彩票公益金，统筹专项资金用于当年为民办实事项目建设。据统计显示：2016—2019年福建省级累计投入体彩公益金达3.36亿元，新建440个多功能运动场、150个室内健身房、230个笼式足球场、90个门球场、30个笼式篮球场、10个拼装式游泳池和10个体育公园。① 结合乡村振兴战略、新时代文明实践中心建设，对农民体育健身工程进行提档升级。然而数据显示：2013—2019年福建省农村体育场地数量增加量位居前10位的分别是全民健身路径增加了38 468件器械、小运动场4 657个、乒乓球场3 370个、健身房1 393个、三人制篮球场1 235个、步行道1 225个、乒乓球馆1 220个、羽毛球馆1 220个、羽毛球场1 173个、棋牌室721个。新增的场地类型基本上与2003年第五次体育场地普查福建省农村标准体育场地类型体育场地数量位居前5位的篮球场、棋牌房馆、门球场、有固定看台的灯光球场、台球房馆的类型相似。另外，其他体育赛事活动是全民健身的根基。调查数据显示："十三五"期间，福建省农村举办的294场其他体育赛事活动中由政府主办的有142场，占48.30%，位居第一位；协会主办的有131场，占44.56%，位居第二位；文化站、企业、俱乐部分别主办9场、8场、4场，分别占3.06%、2.72%、1.36%，分别位居第三、四、五位。其中，俱乐部主办的其他体育赛事平均每场参赛人数达620人，位居第一位；政府主办的其他体育赛事平均每场参赛人数达245人，位居第二位；企业主办的其他体育赛事平均每场参赛人数达184人，位居第三位；协会、文化站主办的其他体育赛事平均每场参赛人数分别为170人、94人，分别位居第四、五位。

综上可知，随着建设健康中国时代的号角吹响，福建省农民健身意识和健身需求不断增强，对体育场地设施、健身文化氛围、健身项目的要求逐步提升，维护自身公共体育权益的意愿更加强烈，但主动投入和积极参与公共服务供给需求表达相对滞后，农村体育公共服务供给内源性动力不强。

三、农村体育公共服务供给外源性动力不足

随着服务型政府建设的不断深入，以及群众权利意识的觉醒，群众体育事业发展管理体制也逐渐由政府主导转向政府与社会力量协同管理。在服务型政府职能转变的大背景下，政府通过简政放权赋予社会各界拥有更多的供给职能和权利，通过购买和加强监督提供更优质的公共服务，从而调动社会力量参与农村体育公共服务供给的主动性和积极性。随着福建省农村"六大员"制度的不断深化，各地农村搭起了"六大员"队伍服务农业生产、农民生活和农村稳定的综合服务体系。据统计，截至2012年12月，全省共有"六大员"140 397人，平均每个建制村有"六大员"10人左右的队伍，全省每年发放"六大员"津贴补助资金约3亿元。② 由于福建农村经营主体较为分散，抗风险能力不高，盈利模式不确定，因此抑制了社会

① 福建省体育局.福建省"十三五"体育事业发展专项规划实施情况评估报告[R].2020.
② 黄跃东、戴云.完善农村"六大员"制度[C]//福建省社会建设研究会，福建农村发展研究中心，福建农林大学人文社科学院.福建省社会科学界第九届学术年"农村组织发展与农村社会管理创新论坛"论文汇编.2012.

多元主体对农村体育公共服务事业投资的积极性。农村经济社会发展滞后、农村体育公共服务长期被耽搁、乡村文化协管员体育参与意识薄弱,以及城乡二元社会结构体制等因素的影响,使得各级政府等供给主体在进行公共体育供给时都选择远离农村,造成了农村体育公共服务供给的外源性动力不足。以福建省农村体育场地建设情况为例,数据显示:截至2019年12月31日,福建省农村有各类体育场地49 754个,场地面积3 642.51万平方米,累计场地建设投资179.71亿元,其中财政投资144.80亿元,占80.58%,民间投资34.90亿元,占19.42%。而清流县、宁化县、柘荣县、寿宁县、明溪县、上杭县、光泽县等11个县社会资本投资体育场地建设的比重都不足5%。此外,数据显示:截至2019年12月31日,福建省各地农村都逐步组建了一支结构较为完整的本土化社会体育指导员队伍,每千人拥有社会体育指导员达到1.88名,提前3年完成"全民健身行动"的建设指标。但是仍有南靖县、华安县、安溪县、平和县、顺昌县、连江县等17个县低于这一标准,其中安溪县、惠安县和南靖县分别只有0.67名、0.60名、0.59名,更是远达不到这一标准。可见,"十四五"期间,构建农村更高水平的全民健身公共服务体系需要加强政策扶持,鼓励社会力量参与建设农村体育公共服务体系建设。

四、农村体育公共服务结构不均衡

(一)供需结构不均衡

目前,福建省农村体育公共服务供给形式仍然是以为民办实事项目、购买提供为主。由于乡村文化协管员体育文化意识薄弱、农民群众体育诉求渠道尚未真正形成等,在当前政府主观导向下,农村体育公共服务供给产品沦为政府的形象工程。实地调研中获悉:在闽南、闽北、闽西、闽中不同地区,都有农民群众表示对本地农村体育公共服务供给内容不知情,也有部分农民群众表示村里提供的农村体育公共服务与当地村民的实际体育需求不吻合,致使农村体育锻炼热情不高、农村体育氛围低迷。

(二)供需内容不均衡

供需内容不均衡指的是农村体育公共服务产品中实物性服务与非实物性的供给产品不均衡,差异性较大。2006年8月,福建省体育局根据国家体育总局有关文件,会同省发改委、财政厅等部门,主动将"农民体育健身工程"纳入新农村建设的总体规划,全面部署了农民体育健身工程实施的指导思想、目标任务、建设内容与标准、经费安排、实施要求等。2012年,全省实现了建制村"农民体育健身工程"的全覆盖,建成14 406个农民体育健身工程点,投入体彩公益金2.90亿元。[1]"农民体育健身工程""全民健身路径工程"等体育民生工程的贯彻实施极大地改善了农村体育场地设施匮乏的格局,对于福建省城乡体育场地资源数量建设均等化发展发挥了至关重要的作用。

而福建省农村非实物性公共产品的供给也跟彭国华等研究结果一样,非实物性的诸如农村体育信息宣传、体质监测、制度规范等软性建设滞后现象严重。[2]调研数据显示:截至2018年底,福建省43个县已完成国民体质监测站点建设,覆盖率达100%;2017年度累计投

---

① 邱冠寰,许红峰,林琳,等.福建省体育场地建设的现状及发展理路[J].厦门理工学院学报,2016(6):101-107.
② 彭国华,张莉,庞俊鹏.健康中国背景下农村公共体育服务的发展困境及治理[J].体育文化导刊,2018(6):58-62.

入 30.56 万元,为 3.15 万人进行了国民体质监测;构建了福建省、市、县三级国民体质测试和运动健身指导站服务网。但是由于各地的财力、制度、重视程度等不同,国民体质监测站点建设地点和运行模式各不相同。安溪县、将乐县、沙县、宁化县、仙游县、柘荣县、东山县、屏南县、周宁县、寿宁县、长汀县、漳浦县、永春县、德化县、顺昌县、云霄县、长汀县等 22 个县(占 51.16%),依托县城的体育中心、中医院、卫生院、卫生所、医务站等建立国民体质监测站,并通过合作运营的模式开展常态化的体质监测活动。而目前,只有清流县 1 个县(占 2.33%)将县里的国民体质监测站点建立在乡里的文化站。由于国民体质监测工作是属于体育专业化的测试,文化站的兼职人员无法准确使用肺活量测试仪、纵跳测试仪、坐位体前屈测试仪、俯卧撑测试仪等,搜集到的国民体质监测数据不完整、不准确,导致建立的国民体质监测站点无法真正提供体育健康促进服务。可见,农村体育非实物性的公共体育服务产品供给的数量和运行管理还有待提升。

(三)区域供给配置不均衡

随着《福建省体育事业发展专项规划》《福建省全民健身实施计划(2016—2020 年)》《福建省足球中长期发展规划(2016—2050 年)》等规划制度的贯彻落实,福建省率领各级政府、各行业将大量资源投向乡村基层,在逐步提高农村体育公共服务覆盖范围的同时,尽可能地满足农村群众多样化的体育需求,从而保障广大农民群众的合法体育权益。然而,随着福建省各地城镇化水平的持续推进,各级政府公共体育服务资源仍悄悄地、不由自主地向城市和发达地区倾斜,而农村地区几乎很难有足够的、多元的资源来促进群众体育事业的发展。数据显示:截至 2019 年底,福建省农村在县级(含)以上民政部门注册登记或备案的体育社会组织共有 732 个,平均每个县有 17.85 个。然而,尤溪县(0.35 个/万人)、安溪县(0.32 个/万人)、宁化县(0.29 个/万人)、惠安县(0.26 个/万人)、仙游县(0.22 个/万人)、诏安县(0.16 个/万人)、漳浦县(0.15 个/万人)都远远低于全省平均水平(0.58 个/万人)。与此同时,福建省农村体育社会组织办公地点设置在县城附近的有 493 个,占 67.35%,位居第一位;设置在镇级周边社区/乡的有 195 个,占 26.64%,位居第二位;设置在村级附近的有 40 个,占 5.46%,位居第三位;在乡级和工业园区/林场/果园等特殊区域的分别有 2 个,占 0.27%,并列位居第四位。可见,当前福建省农村体育是一个构建了以县城为主,以镇级为辅,乡、村和特殊区域分散推进的市、县、乡镇(街道)级农村体育社会组织体系,只有部分向基层村委会(社区)延伸,并且各个地方配置的数量存有差异。从走访来看,目前这些基层体育社会组织几乎没有承担起任何治理农村公共体育服务的职责,无法真正为农村体育发展保驾护航,这在一定程度上损害了农村人民群众的体育权益,同时也阻碍了福建省城乡公共体育服务均等化发展的推进。

第二节 福建省农村体育公共服务体系建设中面临问题的成因分析

一、城乡二元的公共服务供给制度

首先,在城乡二元公共服务供给制度下,城镇居民基本上优先免费享受国家财政投资和补贴的各种公共产品设施和社会保障。① 实践调研发现,在每年开展的为民办实事工作的《福建省全民健身场地设施建设项目实施方案》的保障措施中明确规定:所有的全民健身场地建设选址要在人口相对集中的地方,可以结合全民健身活动中心、公园、广场、美丽乡村建设进布点,完善城市"15分钟健身圈"。这无形地造成了农村公共体育场地供给服务缺失。因此,在城乡二元公共服务供给制度下,农村更多的是靠上级政府"自上而下",短期内"全覆盖、一刀切"的供给。比如,从福建省"农民健身工程"到结合美丽乡村建设,基层综合性文化服务中心、农村社区综合服务设施建设融合配置了公共体育设施,实现农村公共设施的共享共建。这种小规模、少投资、类型简易的农村体育公共服务产品,忽略了不同区域农村体育公共服务发展程度的差异,无法满足不同年龄人群的公共服务的体育需求,使得很多农村体育场地设施出现"晒稻谷"的现象。其次,Kennedy认为,21世纪初农村税取消大大削弱了乡镇政府的实际自治权。税费改革后,贫困的乡镇在财政收入上更加依赖县政府,也逐渐成了县政府的下属行政机构,其所能提供的公共产品及服务也大大减少,逐渐成为"行政空壳"②。这种资源配置过于集中在省、市、县政府,乡镇只能靠争取立项资金、招商引资来维持运转,这使得乡镇政府对农村体育公共服务产品愈显得有心无力。这种城乡二元制度体系将不断弱化其治理农村体育公共服务的动机与能力,从而导致农村体育公共服务发展缺失。

二、农村体育公共服务供给决策机制

随着乡村振兴战略、全面推进健康中国建设、加快推进体育强国等制度的贯彻落实,新时代建设农村体育公共服务已逐渐成为我国体育事业发展的重点。近些年来,福建省紧紧围绕《福建省乡村振兴规划(2018—2020年)》《福建省关于进一步加强农民体育工作的指导意见》《福建省全民健身实施计划(2016—2020年)》《福建省体育事业(2016—2020)》《福建省"十三五"体育事业发展专项规划》《福建省全民运动健身模范市和全民运动健身模范县(市、区)创建活动方案》《2011年福建省实施乡(镇)农民健身活动中心建设工作方案》等规划制度,全面推进农村体育工作,实现了《农业部国家体育总局关于进一步加强农民体育工作的指导意见》提出的目标,即到2020年,基本健全以农民体育协会为主要形式的农民体育社会组织,政府主导、部门协同、社会参与的农民体育事业发展格局更加明晰,实现农民体育工作"五有",即有组织、有人员、有场所、有经费、有活动,促进农村体育持续健康发展。其中,福建省"全民健身百村行"活动尤为彰显。从2015年起,启动了"全民健身与青运同行·八闽百村行",以"四送"为目的,即送青运宣传到广大农村,送全民健身活动到老百姓身边,送科学健身指导到农村基层,送健身器材给广大农民,突破性地实现了青运宣传和全民健身真正走入田野乡间的创举。2016年,福建省体育局在"全民健身百村行""四送"活动的基础上,推出以"四村",即美丽乡村越野跑(村跑)、农民趣味体育运动会(村运)、农家乐旅游观光(村游)、下乡品尝特色美食(村宴)为载体的一系列活动,让村民享受体育带来的快乐,探索以"体育+"和"+体育"为路径,以融合当地文化为核心,以践行健康中国战略和乡村振兴战略

① 沈克印,吕万刚.我国政府购买公共体育服务的制度建设研究——基于社会学制度主义的分析视角[J].成都体育学院学报,2017,43(1):37-42,49.

② KENNEDY J J. From the tax-for-fee reform to the abolition of agricultural taxes:the impact on township governments in North-West China [J]. The China quarterly,2007,189:45-59.

为目的,全面拉开了福建农村体育"全民健身＋"的尝试。在 3 年的时间里,该系列活动已经举办了 21 站,吸引了全省 21 个乡镇 300 余个行政村参与,参加活动的人数超过 3 万人,成功将全民健身活动辐射到农村基层。[①] 可见,福建省各项决策机制极大地提升了农村体育公共服务的有效供给。

　　然而从文件和实践梳理发现,福建省的各项规章制度对农村体育公共服务管理的表述相对宽泛,很难将农村体育公共服务管理工作真正落实到农村体育工作中去,且很难对相关人员起到约束作用。以福建省、各设区市《福建省全民健身实施计划(2016—2020 年)》为例,第一,在"十三五"期间,只有三明市在实施计划中明确提出加快发展农村体育。要求各级政府要将发展农村体育纳入当地全面建成小康社会和社会主义新农村建设规划,增加对农村体育健身设施的投入。[②] 充分发挥农民体育协会和乡镇综合文化站作用,进一步增强农村基层体育公共服务能力。利用好农村中学校、企事业单位等特色体育场地设施和体育专业人才资源,在地方民俗日、传统节日、农闲季节等时间积极开展适合农村的各项体育活动,促进农村迎新春、民间民族民俗活动、农民运动会、农趣活动等繁荣发展。第二,宁德市在实施计划的公共体育场地设施不断增加、健身活动开展更加深入 2 个层面中明确提出,积极开展"体育文化下乡活动",加快"城乡公共体育设施提档升级和覆盖延伸",推进农村体育发展。第三,福州、泉州、南平、龙岩等 7 个地市都较为侧重农村公共体育设施提质增量对农村体育发展的规划,而其他五边工程都没有明确提出如何发展农村体育。从各县制订的实施计划来看,"十三五"期间只有明溪县、清流县、宁化县、大田县、尤溪县、光泽县、寿宁县等 11 个县(占 25.58％),明确提出从顶层设计出发,全面加快发展农村体育;而其余县则只侧重农村体育公共体育场地设施建设发展和全民健身活动"进农村"的开展。其中,顺昌县提出鼓励驻村干部、大学生村官、志愿者等参与基层综合性文化体育管理服务工作,以体育场馆、文化站、健身站点为依托,积极推进社会体育指导员进家庭、进社区、进企业、进农村,开展形式多样的全民健身志愿服务,推动健身服务指导向基层服务等。[③] 可见,当前农村体育公共服务决策机制的精准化程度不强,使得这种缺乏明确、具体、严格规定的发展目标、主要任务和重点工程的顶层设计无法给福建省基层农村体育执行官员以明确的规划,同时也给他们留下了不落实之机,找到了无法贯彻落实的托词,极大影响了福建省各地农村体育公共服务事业的发展。

三、农村体育公共服务主体权责失衡

　　首先,按照公共财政理论,应根据事权与财权对应的原则合理划分各级政府的公共产品供给责任。当前,福建省建立了从农民群众最盼望、最迫切的事情入手,通过建立扎根农村的"六大员"队伍,形成农业生产、农民生活和农村稳定的村级综合服务体系。农村体育公共服务主体责任仍然是县级政府,农村体育公共服务主要由县政府负责提供,但由于各地县政府文体部门人员编制问题,使得政府无形中将部分本应由县政府负担的职能转嫁给协会、社会组织、全民健身站点等,通过购买公共产品的形式辅助农村体育公共产品供给。这种由政

① 福建省体育局.福建省"十三五"体育事业发展专项规划实施情况评估报告[R].2020.
② 三明市人民政府关于印发三明市全民健身实施计划(2016—2020 年)的通知[EB/OL].(2017-01-12)[2021-10-20].http://xxgk.sm.gov.cn/smsrmzfbgs/smsrmzf/zfxxgkml/ghjh/201701/t20170112_594869.htm.
③ 顺昌县人民政府.顺昌县全民健身实施计划(2016—2020 年)[R].2017.

府购买出一点、协会组织筹一点、社会热心人士捐一点的模式虽然有效地弥补了地方财政收入不足,但它剥夺了农民的国民待遇,加重了农民自身负担,并使公共产品应主要由政府提供转变为事实上部分由农民自身提供。其次,由于乡镇政府无财权,只能被动地接受上级安排指示,对上级产生依赖,严重缺乏主动提供公共服务的积极性、主动性和创新性,提供的公共服务能力十分有限,无法跟上农民群众日益增长的健身需求。比如国民体质监测服务,数据显示:截至2018年底,福建省43个县已完成国民体质监测站点建设,覆盖率达100%,但由于人力、物力、财力的制约,以及体制机制等影响,能够连续3年开展体质监测工作,提供准确、翔实检测数据和分析报告的寥寥无几;目前所开展的国民体质测试和运动健身指导无法满足市民的健身需求,引领市民科学健身、高质量健身尚未发挥应有作用。可见,"被动式""单一式"的国民体质监测模式使得多数站点人烟稀少、形同虚设。最后,在行政机构庞大、层级繁多的情况下,极易造成信息传递的拖延、失真、消失等现象。因此在农村体育公共服务主题权责失衡的情况下,提供公共服务的能力十分微弱,无法真正满足新时代新阶段农村群众的体育公共需求。

四、农村体育公共服务供给监督管理缺乏延续性

由于传统政府体育行政既不能带来明显的经济效益,也不能迅速改变农村基层相对贫困落后的面貌,因此由以经济发展为中心转向关注公共服务发展仍有很长一段距离。[①] 目前,随着福建省各地实施计划的贯彻落实,各地逐步形成了政府主导、部门协同的全民健身发展格局。为确保各级政府全民健身实施计划各项指标、重点任务、重点工程的完成,进一步增强各级政府及体育职能部门的全民健身公共服务责任意识和能力,依据自身实施计划规定要求,从2017年开始连续3年组织督查小组对全省43个县全民健身"多纳入"、全民健身组织领导、全民健身经费保障等10项内容进行督查,以县政府实施效果评估自我评估报告、全民健身领导小组成员单位专题报告、第三方专业评估团队评估等分层评估与调查评估相结合,定量评估与定性评估相结合的方法,全面地、客观地总结分析2016—2019年福建省各县实施计划落实成效、特色亮点及存在的不足。实践表明:调研和督查有效地提升了县(市、区)政府对全民健身工作的重视,加大了政策扶持力度;有效地促进了县(市、区)全民健身领导小组协调机制的改善,形成"齐动、联动、互动"工作合力;有效地推进了县(市、区)对本地区全民健身发展的精准把控,精准施策;有效地推动了县(市、区)主动谋划,扎实推进全民健身各项工作的落实。

与此同时,在调研和督查中也发现了,由于福建省各地经济发展的差异,全民健身投入不平衡;县公共体育场地设施布局缺乏整体规划,建设存在较大盲目性和随意性;因部门的利益冲突及协同的体制机制不健全,国家新建居住区和公园体育设施配置政策难以得到落实;全民健身站点法律地位不明确,缺乏相关管理法规制度;体育部门购买公共服务尚未形成完善的制度规范,购买公共体育服务"一事一议"的专项转移支付存在较大的制度寻租和廉政风险等。可见,农村体育公共服务产品供给的部门多、中间环节多、涉及维度多,如果公共服务供给过程中缺乏有效监督,就容易出现人力、物力和资金使用上的效率低下,导致农村公共服务的供给更加短缺。

---

① 韩宏宇,郑家鲲.公共体育服务精准化供给的内涵、困境及实现策略[J].体育学研究,2021,35(3):76-82.

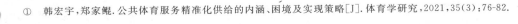

第五章

福建省农村体育公共服务精准化供给发展路径分析

建设健康中国,要实现人人享有健康美好生活,要使发展成果更好地惠及全体人民,不断实现人民对美好生活的向往。Vaitkevicius 等[①]、Sims 等[②]国外学者研究发现,从增进健康角度出发,运动确实能显著提升居民健康状况。运动健康促进属于预防医学范畴,全民健身与预防医学在预防疾病和增进健康的目标、方法及效果上具有一致性。[③] 农村体育公共服务是一项以人为本、整体干预、经济高效的农民群众健身和健康促进方式。在解决农村体育公共服务供给时要从农民群众最关心、最直接、最现实的利益问题入手,通过对农村体育公共服务精准识别、精心制定、精益生产、精确提供、精细管理来实现公共服务高质量发展,提升农村体育公共服务的共建共享水平。

第一节 农村体育公共服务精准化供给的内涵与特征

一、公共服务精准化供给的内涵与特征

众多学者从不同角度对公共服务精准化供给内涵进行了阐释。王凯等(2020)在社区公共服务精准供给研究中指出:在微观逻辑与精细之道中提出精准识别社区需求是社区公共服务精准供给的前提,政府、不同供给主体在逻辑关联、精准管理、服务优化的微观逻辑基础上社区公共服务实现靶向供给。[④] 张贵群和张欣(2017)提出:公共服务的精准供给是指各级政府以及其他公共服务主体为解决人民最现实的利益问题,提供人民群众迫切需要的服务,通过各项服务管理,实现资源的优化配置,增加服务的有效供给,提高服务的共建共享水平,并以此提出公共服务的供给侧结构性改革需要在精准识别、精心规划、精益生产、精准提供、精细管理的模式下推进改革。[⑤] 韩宏宇和郑家鲲(2021)认为:实现公共体育服务精准化供给需把握公共体育服务精准化供给的内涵:供给靶向的人民性、规划决策的适配性、供给方式

---

① VAITKEVICIUS P V,EBERSOLD C,MUHAMMAD S,et al. Effects of aerobic exercise training in community-based subjects aged 80 and older:A pilot study[J]. Journal of the American Geriatrics Society,2002,15(12):1532-5415.

② SIMS J,HILL K,DAVIDSON S,et al. Exploring the feasibility of a community-based strength training program for older people with depressive symptoms and its-impact on depressive symptoms[J]. BMC geriatrics,2006,6(1):1-8.

③ 李力研. 论"全民健身计划"的基础理论建设[J]. 武汉体育学院学报,1995,29(3):9-13.

④ 王凯,孙森浩,徐瑞良. 社区公共服务精准供给研究:微观逻辑与精细之道[J]. 阜阳师范学院学报,2020(1):109-117.

⑤ 张贵群,张欣. 精准服务:政府公共服务供给模式创新[J]. 山东行政学院学报,2017,156(3):1-6.

的网络化和供需关系的动态平衡性。面对民众公共体育服务需求日益复杂的挑战,实现公共体育服务精准化供给主要存在如下问题:靶心模糊,需求识别不充分;靶向偏移,顶层设计不适配;动能不足,协同机制不完善;痛而不通,评估体系不健全等。新时期实现公共体育服务精准化供给,需以"数字化"改革,强化需求牵引;以"系统化"观念,加强全局谋划;以"网络化"协同,提升有效生产;以"动态化"反馈,增强评估优化。①

二、农村体育公共服务精准化供给的内涵与特征

关于农村体育公共服务精准化供给,学者们从不同角度对其内涵进行了阐释。如韩宏宇和郑家鲲(2021)认为:公共体育服务精准化供给的内涵就是供给靶向的人民性、规划决策的适配性、供给方式的网络化和供需关系的动态平衡性实现公共体育服务精准化供给服务。②徐增阳和张磊(2019)认为:城市社区公共服务精准化本质上是以社区居民需求为中心的整体性运作过程。他们提出推进城市社区公共服务精准化需构建以人民为中心的价值判断机制、以党建为引领的整合机制、以协商为基础的沟通机制、以合作为纽带的协同机制、以质量为核心的评价机制、以科技为保障的支撑机制。③

在梳理学者们研究基础上,笔者也认为农村体育公共服务精准化供给的标准就是各级政府及社会行业协会供给主体,以精准供给为导向,通过对农民群众公共体育服务需求的精准识别、服务过程的精准管理、服务监督的精准评估,为农民群众提供更多准确、优质、高效的健身场地设施、科学健身指导、体育社会组织建设、全民健身赛事供给等内容,来满足农民群众公共体育服务需求。因此,农村体育公共服务精准化供给体系主要是以精准识别为关键,精准管理为重点,精准评估反馈为枢纽所构成的一个全面、动态化循环系统。农村体育公共服务精准化供给主要有以下特征:一是公共服务精准化。以往政府追求标准化、高效化服务,通常采用统一化工程推送公共服务产品,极易忽视民众个性化、差异化需求,也无法满足不同人群的需求,公共服务的"锚向性"不足、精准性欠缺。在前大数据时代,公共服务精益化供给使得农民群众对公共服务供给内容和服务流程产生了强烈期望,此时政府供给侧改革必然要顺应形势,实行精兵简政、优化流程,将管理权限下沉,实施本土化自治和公民自助性服务,使政府公共服务精准化供给能够准确有效地满足农民群众和农村社会的体育需求。二是公共服务精益化。依托大数据时代信息的数据共建共享,提升管理资源的优化与整合水平,实现准确规避公共产品资源重复建设、供需错配、资源闲置等问题,并通过农民群众、农村体育组织、农村体育基础组织的自助服务,节省政府公共服务建设成本,提升农村公共财政投入的生产效率。三是公共服务精细化。依托公共服务平台,将政府公共服务中的为民办实事项目、办事流程、服务内容等公开服务,通过数据开放、智慧办公流程提供精细化管理,能有效革除政府公共服务过程中的信息不对称带来的官僚作风、暗箱操作等弊端,并防止公共服务"供需错位"。四是公共服务专业化。随着互联网、大数据、云计算等技术的不断发展,农民在信息感知获取、参与健身项目、参与方式等方面均发生了变化。微信小程序、知识百科、专业 app 软件等可以联合专业化的体育社会组织、社会体育指导员、体育教师等体育人才来提供专业化体育健康咨询服务,实现农村体育公共服务产品提质增量建设。

---

①② 韩宏宇,郑家鲲.公共体育服务精准化供给的内涵、困境及实现策略[J].体育学研究,2021,35(3):75-82.
③ 徐增阳,张磊.公共服务精准化:城市社区治理机制创新[J].华中师范大学学报(人文社会科学版),2019,58(4):19-27.

第二节　福建省农村体育公共服务精准化供给发展路径分析

"十三五"期间,福建省体育局以"农民体育健身工程""全民健身百村行活动""全民运动健身模范县(市、区)创建活动"为主要抓手,积极推动意见、条例和全民健身计划在福建各地贯彻落实,有效地提升了广大农民群众参与体育健身活动的热情,在树立健康的生活方式、加强乡村精神文明建设、促进农村经济社会健康发展等方面发挥了积极作用。在全面建成小康社会征程上,加快发展农村体育事业,切实提高农民身体素质和身心健康,使发展成果更好地惠及全体民众。

一、强化全民健身公共服务职能,实现基本公共体育服务向农村倾斜

2021年2月25日,习近平总书记在全国脱贫攻坚总结表彰大会上讲道:乡村振兴是实现中华民族伟大复兴的一项重大任务。要围绕立足新发展阶段、贯彻新发展理念、构建新发展格局带来的新形势、提出的新要求,坚持把解决好"三农"问题作为全党工作的重中之重,坚持农业农村优先发展,走中国特色社会主义乡村振兴道路,持续缩小城乡区域发展差距,让低收入人群和欠发达地区共享发展成果,在现代化进程中不掉队、赶上来。可见,党和国家对于维护农民利益的决心。体育作为国家文化软实力的重要组成部分,其被赋予的意义也不再局限于增强人的体质和丰富人的精神等微观层面,其承载更多的是维护社会和谐稳定、促进民族整体发展以及彰显国家综合国力等宏观意义。长期以来,城乡二元结构格局引起的公共服务体系的城乡差别,使得农村体育的公共服务更多地由农民自己提供。要改变这种状态,必须摆脱传统的、根深蒂固的城乡居民生活权益"天然有别"的思想观念的束缚,加快政府职能转变,树立"以人为本"的服务理念,改变"重城轻农""重工轻农"的公共服务供给制度。第一,强化全民健身公共服务职能,推进城乡公共服务均等化,实现城乡、区域协调发展,使广大农民群众共享现代化发展成果。第二,强化各级政府对农村体育公共服务的保障责任,切实将全民健身国家战略作为履行公共服务的重要组成部分。认真履行全民健身领导小组的职能,充分发挥全民健身工作联席会议的制度优势,加强全民健身发展的宏观指导和系统推进。调整政府财政支出结构,加大对农村体育公共领域的投资力度,建立城乡一体的规格服务供给格局,保障农民群众享受体育基本公共服务方面的权益。第三,建立自下而上和自上而下相结合的公共服务供给决策机制,让农民群众在消费公共体育产品时能够清楚知道自己要什么,如何获取,需要付出什么,能够得到什么,从而引导农民群众理性消费,提升政府向农村体育供给服务绩效。

二、制定农村公共服务供给专项规划,开启农村体育发展新时代

(一)增加农村体育公共场地设施供给

"十三五"期间,福建省"全民健身百村行""四送"活动,都是在每个乡镇的路边、街上、学校操场等场地上临时搭台开展,没有一个正规的公共体育设施,使得很多体育服务活动无法常态化开展。因此,以乡村振兴战略推进"村村合并"建设为契机,积极推进县、镇、乡公共体育设施建设专项规划对接"多规合一",有效保障农村公共体育场地建设用地。推进便民利民的中小型乡村健身中心、体育主题公园(口袋公园)、运动休闲景区、健康服务点等建设,逐

步增加室内全民健身场馆建设比重。依托福建省农村"六大员"制度平台,推进农村为民办实事项目的"点单式"申报模式,改变"要我建"为"我要建"供给。主动融入乡村振兴建设,有序推进根植于农业农村、彰显地域特色和乡村价值的体育特色小镇、体育休闲旅游目的地、自驾车房车露营地等建设。主动融入村容村貌整治方案,利用文化礼堂、撤并校舍、综合文化服务中心(文化站)优先建设靠近村庄、方便可达的全民健身设施,推进美丽乡村体育设施建设。

(二)丰富农村体育赛事活动供给

近几年来,福建省围绕践行健康中国战略、全民健身国家战略和乡村振兴战略的目标,以品牌赛事为龙头、海丝(两岸)赛事为特色、全民健身运动会为引领的赛事体系,持续推进"全民健身百村行""运动健身进万家""一县一品""一行一品"等全民健身活动,大力扶持乡镇(街道)、农村(社区)、企业(机关、学校)常态化开展全民健身赛事活动。因此,依托农村生态资源优势,持续创新开展"一县多品""一乡一特色"健身赛事活动,实现运动健身进万家活动向农村倾斜。健全全民健身赛事激励机制,构建覆盖全人群全民健身赛事,形成"品牌赛事+区域联赛+乡镇运动会+乡村民俗活动"四位一体的农村体育竞赛体系。大力发展路跑、篮球、排球、乒乓球、羽毛球等大众体育运动项目,推广普及武术、太极、八段锦、广场舞、门球、桥牌等传统康养运动项目,支持开展具有历史文化和区域特色的舞龙灯、逐火把、舞龙舞狮等传统体育,扶持培育生态徒步、定向越野、房车露营等具有前沿、时尚、消费引领特征的休闲运动。结合全民健身日、丰收节、文化节、旅游节,以及重大节庆等时间节点,举办形式多样的健身活动,推进农民群众健身进万家活动。支持各类体育组织、社会体育机构通过政府购买服务承接农村群众体育竞赛活动。

(三)加快农村"体育+""+体育"多元融合创新发展

鼓励各地继续以"体育+"和"+体育"为路径,推进农村体育与文化、旅游、生态、乡村振兴等有机融合,围绕知名景区景点,积极培育登山、徒步和红色旅游村跑、定向越野赛等,打造一批有影响力的山地户外生态运动旅游精品线路、精品赛事、精品景区和体育特色小镇,提升民间民族民俗体育文化建设,打造经典体育文化和旅游网红打卡点。完善国民体质监测制度,为农民群众提供体质测试服务,加强体育运动指导,推广"运动处方"。建立体育与文化站、养老机构合作机制,引入运动项目和运动康复服务,推广农村"动养结合"的生活方式,发挥体育锻炼在促进身心健康方面的积极作用。

(四)提升科学健身指导水平

通过政策设计、规则制定、资金支持、项目监管、规范评估等方式,把体育人才、体育社会组织吸纳到农村体育治理网络中来。大力推进区域间、行业间、层级间体育人才队伍的互联互通机制,大力培养基层体育管理人员、社会体育指导员、专项化体育服务人才,积极引导退役运动员、教练员、体育教师加入农村体育服务队伍。加强与专业体育院校等单位合作,开展基础体育社会组织负责人、管理干部的培训,提升体育综合素养和专业技能,提升农村体育治理能力和水平。深化政府购买农村体育服务制度,构建农村体育保障、激励和服务评价体系,定期开展农民群众健身技能展示、交流大会,开展优秀社会体育指导员"走基层送健康"志愿服务活动,规范农民群众国民体质健康监测机制,通过体质测定、分析数据、生成运动报告、制定运动处方、引导体育锻炼以及线上反馈模式,引导农民群众养成科学健康的体育生活方式。

（五）推进信息化平台建设

加强全民健身公共服务信息化建设，特别是新增共享健身平台建设，如"三微一端"健身文化交流平台。针对农村不同群体，依托高科技、新媒体、综合图文、动漫、音视频、游戏等形式和视频化、移动化、社交化、游戏化的传播方式，丰富信息化服务载体，推动全民健身信息化、特色化发展和运用。建立健全农村全民健身宣传长效机制和全民健身榜样激励机制，有组织、有计划、有深度、有温度地讲好全民健身的好故事。重视各级政府的购买服务，支持以技能培训为主的农村青少年体育夏（冬）令营，填补农村体育师资的不足，发展农村青少年体育供给。

三、增进公共服务治理创新，构建多层次农村体育公共服务供给体系

乡镇政府财政"空壳化"使得农村体育公共服务治理动机与能力逐步弱化，甚至虚化。福建省近几年农村体育公共体育场地设施供给明显改进，主要得益于"中央转移支付项目""省委、省政府为民办实事""农民体育健身工程"等项目的实施。阶段性扶贫式发展农村体育取得了一定的效果，但是"送体育"活动一般一个地方仅仅一两次而已，辐射范围相当有限，难以惠及广大农村的各个村落，对农民群众日益增长的体育健身需求来说，无疑是杯水车薪。对此，一是按照事权和财权统一原则配置公共财力，建立中央、省、市、县、乡镇政府多层次的农村公共服务供给体制。目前，农村地区仍然是福建省公共服务建设的薄弱环节，且山区建设发展资金融资能力远远滞后于沿海地区，故更需要来自国家、省、市层面政府的专项财政的转移扶持力度。各地乡镇政府是农民群众最直接接触的国家行政机关，能深入了解八闽大地农民群众的公共体育服务需求。因此，应将农村体育公共服务的财权也一并下放给基层的乡镇政府，以保证其有足够的能力来完成县政府安排下来的公共体育服务治理任务。二是创新社会组织参与机制。目前，作为政府和市场部门之外的"第三种力量"社会组织，在提高社会资源配置效率、满足社会个性化和多样化需求、完善公共服务结构等方面都发挥了巨大作用[①]，在弥补政府失灵、辅助政府开展农村体育工作等方面发挥了很大的作用。比如，县域的老体协，农体协积极引领乡镇各个分会开展农村体育，成为农村体育活动开展的两面鲜活旗帜。因此，必须发挥政府以外的其他组织和个人的积极性和能动性，凡是一切有助于增加农村体育公共服务供给的，只要不违背党和国家的方针政策，都应该鼓励他们积极参与到农村体育供给中来，尤其是借助民间组织能够精准识别农民群众当前的体育需求，让他们直接参与供给，能够更精准地提供农民急需的公共服务。各级政府可通过建立健全体育社会组织的法人治理结构和运行机制，提高自我管理、自我约束能力，增强造血功能，提升服务效能和品质；通过加强体育社会组织建设的分类施策、专业引导，加大资金和人才扶持力度；通过制定体育社会组织等级评估与奖励办法，落实税收优惠政策。将适合由体育社会组织承担的服务事项纳入政府购买公共体育服务指导性目录，健全遴选机制、监督机制、激励和约束机制；通过鼓励金融机构创新支持体育社会组织发展的金融产品和信贷产品等制度，形成稳定的、制度化的参与机制。

① 郑旗.县域体育公共服务与市场服务的体制机制研究[M].北京：人民出版社，2018.

四、深化公共服务生产模式,丰富多元农村体育公共服务供给主体

农村公共体育服务是国家公共服务的重要组成部分,其发展在一定程度上受到了党执政方式的影响,经历了由"统治"到"管理"再到"治理"的发展历程。[①] 在"城乡二元"公共体育服务体系下,农村地区公共服务存在离县政府中心越远供给能力越弱、偏远农村地带执行无法覆盖的情况。因此,农村体育公共服务的政府供给虽说是主渠道,但是政府提供并不等于必须是政府直接生产。农村体育公共服务供给要做到政府提供与执行生产适度分离,在坚持政府主渠道的基础上,积极鼓励市场化供给、政府与市场混合供给等方式,以提高农村体育公共服务供给效率,增加农村体育公共服务供给的数量。当然,政府供给不意味着直接供给,也不等于政府全部提供;市场化供给也不意味着全部市场化供给,必须积极寻求政府作用与市场化机制相结合的治理机制。比如,近几年来,福建省农村体育文化活动供给模式显著改进,就是得益于省市政府的健身运动"五进""全民健身百村行"等工程的推进。这种通过政府购买服务、街道(乡镇文体机构、行业协会等)协助、个人(企业、社会团体等)赞助、专业机构(协会等)承办的多元主体合作模式丰富了福建省农村全民健身活动的开展,在很大程度上弥补了因政府工作人员短缺而产生的农村体育公共服务供给不足。政府应努力从没有管理优势的具体事务中解脱出来,把供给工作重点转为规划、方案、项目、工程等方面引领、规范、监督,打造农村体育公共服务供给市场公平竞争的环境;建立以市场为导向的供给产品生产模式,并朝着专业化、规范化、品牌化方向转变,优化现代化农村体育公共服务生产体系。

五、强化公共服务监督管理,推进农村体育公共服务供给高质量发展

农村体育公共服务供给的数量与质量水平关系到农民群众的切身利益,必须强化和完善其监督机制,创新服务型治理管理。为确保建成农村体育公共服务多层次多元主体协同合作供给体系,首先,应制定农村体育公共服务的行为规范和技术标准,明确农村体育公共服务的市场准入条件,允许符合条件的市场供给主体参与。其次,加强农村体育公共服务信息公开,强化运行监督。各级政府应加大农村体育公共服务信息公开执行力度,积极推进农村体育公共服务在公共服务平台进行信息发布、信息变更、项目推进、结果公示、过程管理等方面,实现全流程信息及时公开,接受社会监督,推动农村体育公共服务工程、项目等在阳光下运行,保障农村体育公共服务运行环境公平、公正、公开。最后,构建农村公共体育服务的质量监督体系,定期对参与农村公共体育服务的相关部门、社会组织、协会等进行服务质量、能力以及信用等方面的综合评定,并根据评定等级给予相应的财政补贴,进而规范农村公共体育服务市场化治理的环境,提高农村体育公共服务精益供给的服务效益。

① 郭修金,冉强辉,陈德旭,等.全面建成小康社会进程中农村公共体育服务发展的战略使命[J].体育科学.2016,36(4):42-50,60.

参考文献

［1］ JAY J C. Sport in society：issue and controversies[M]. New York：McGraw-Hill，2004.

［2］ KENNEDY J J. From the tax-for-fee reform to the abolition of agricultural taxes：the impact on township governments in north-west China[J]. The China quarterly，2007，189：43-59.

［3］ SIMS J，HILL K，DAVIDSON S，et al. Exploring the feasibility of a community-based strength training program for older people with depressive symptoms and its-impact on depressive symptoms[J]. BMC geriatrics，2006，6（1）：1-8.

［4］ VAITKEVICIUS P V，EBERSOLD C，MUHAMMAD S，et al. Effects of aerobic exercise training in community-based subjects aged 80 and older：A pilot study[J]. Journal of the American Geriatrics Society，2002，15（12）：1532-5415.

［5］ 陈昌盛，蔡跃洲. 中国政府公共服务：体制变迁与地区综合评估[M]. 北京：中国社会科学出版社，2007.

［6］ 全国体育学院教材委员会. 体育概论[M]. 北京：人民体育出版社，1989.

［7］ 卢元镇，臧超美，杨弢. 全民健身与生活方式[M]. 北京：北京体育大学出版社，2002.

［8］ 郑旗. 县域体育公共服务与市场服务的体制机制研究[M]. 北京：人民出版社，2018.

［9］ 孙建军. 我国基本公共服务均等化供给政策研究[M]. 北京：知识产权出版社，2012.

［10］ 张赛群. 供给侧改革视角下福建省精准扶贫政策优化研究[M]. 北京：经济日报出版社，2020.

［11］ 赖扬恩. 中国农村社会的结构与原动力研究[M]. 武汉：华中科技大学出版社，2014.

［12］ 张冬梅. 体育与公共服务均等化[M]. 北京：社会科学文献出版社，2015.

［13］ 黄跃东，戴云. 完善农村"六大员"制度[C]//福建省社会建设研究会，福建农村发展研究中心，福建农林大学人文社科学院. 福建省社会科学界第九届学术年"农村组织发展与农村社会管理创新论坛"论文汇编. 2012.

［14］ 福建省统计局编委会. 福建省统计年鉴：2020[M]. 北京：中国统计出版社，2020.

［15］ 福建省统计局编委会. 福建省统计年鉴：2014[M]. 北京：中国统计出版社，2014.

［16］ 课题组. 福建省第六次全国体育场地普查调查报告[R]. 2014.

［17］ 课题组. 2020 年福建省体育场地统计调查报告[R]. 2020.

［18］ 课题组. 福建省"十三五"体育事业发展专项规划实施情况评估报告[R]. 2020.

［19］ 课题组. 福建省、各设区市及 43 县全民健身实施计划（2016—2020 年）实施情况评估报告[R]. 2020.

［20］ 沙县文体局. 沙县人民政府贯彻实施《全民健身实施计划（2016—2020）》暨创建全民运动健身模范县工作情况汇报[R]. 2019.

［21］ 长汀县文体广新局. 长汀县人民政府贯彻实施《全民健身实施计划（2016—2020）》暨创建全民运动健身模范县工作情况汇报[R]. 2019.

［22］ 永春县文体广新局. 永春县人民政府贯彻实施《全民健身实施计划（2016—2020）》暨创建全民运动健身模范县工作情况汇报[R]. 2019.

［23］ 福建省体育局. 福建省、各设区市及 43 县全民健身实施计划（2016—2020 年）[Z]. 2016.

［24］ 刘芳. 中外公共体育服务体系构建比较研究[J]. 山东体育科技，2015，37（1）：26-30.

［25］ 王占坤，周以帖，李款，等. 日本青少年公共体育服务治理经验及启示[J]. 沈阳体育学院学报，2020，39（6）：18-26.

［26］ 李留东，田林，杜浩，等. 美、德、英三国公共体育服务建设经验及启示[J]. 天津体育学院学报，2019，

34(6):466-473,485.

[27] 齐立斌.农村公共体育服务体系的运行机制研究[J].南京体育学院学报,2010,24(4):44-48.

[28] 唐鹏,潘蓉,刘嘉仪.农村公共体育服务体系的建构研究[J].体育与科学,2010,31(6):53-57.

[29] 胡庆山,方千华,张铁明,等.迈向体育强国的农村体育公共服务体系建设[J].上海体育学院学报,2011,35(5):12-17.

[30] 王凯.农村公共体育服务扁平化治理的理论建构与路径展望[J].体育科学,2017,37(10):90-97.

[31] 颜小燕.农村公共体育服务供给的治理机制研究——基于十九大报告中"乡村振兴"战略背景的分析[J].体育与科学,2018,39(2):13-19.

[32] 许彩明,武传玺."乡村振兴战略"背景下我国农村体育公共服务升级路径研究[J].西安体育学院学报,2019,36(5):555-561.

[33] 熊禄全,张玲燕.农村公共体育服务供给侧改革治理的内在需求与路径导向[J].体育科学,2018,38(4):22-36.

[34] 郑丽,张勇.农村公共体育服务供给侧改革协同治理路径研究[J].沈阳体育学院学报,2016,35(3):19-23.

[35] 胡庆山,王健.农村体育公共服务供给的价值审思与现实困境[J].上海体育学院学报,2014,38(4):20-24,30.

[36] 王毅.双重失灵与农村体育公共服务探索[J].体育文化导刊,2014(6):15-18.

[37] 李珊珊.农村体育公共服务供给模式探索[J].体育文化导刊,2014(12):43-46.

[38] 刘玉.我国农村政府购买基本公共体育服务发展困境与破解路径[J].西安体育学院学报,2017,34(1):34-39.

[39] 秦小平,王志刚,王健,等."以钱养事":农村体育公共服务供给机制改革新思路[J].上海体育学院学报,2012,36(1):32-35.

[40] 俞丽萍.我国体育公共服务均等化问题的研究[J].武汉体育学院学报,2011,45(7):31-35.

[41] 薛山,龙家勇."均等化"理念下农村基本公共体育服务的经验与选择[J].北京体育大学学报,2016,39(3):17-22.

[42] 舒刚民.中国农村公共体育服务供给的治理路径[J].成都体育学院学报,2017,43(5):33-39.

[43] 彭国华,张莉,庞俊鹏.中国农村公共体育服务政策的变迁历程[J].当代中国史研究,2017,24(3):121.

[44] 王驰,何元春.地方性知识视阈下我国农村公共体育服务供给理念的反思及重构[J].北京体育大学学报,2018,41(7):9-16.

[45] 陈家起,刘红建,朱梅新.苏南地区农村体育公共服务供给的有益探索[J].体育与科学,2013,34(5):111-117.

[46] 卢文云,梁伟,孙丽,等.新农村建设背景下西部农村公共体育服务供给现状、问题与对策研究[J].体育科学,2010,30(2):11-19.

[47] 王海宏,杨建国,王剑,等.农村公共体育服务的现状调查与对策研究[J].武汉体育学院学报,2008,42(11):73-77.

[48] 王小娟,郁俊,罗华敏,等.新农村多元化公共体育服务形式实证研究[J].体育科学,2012,32(2):69-80.

[49] 肖伟,田媛,夏成前.乡村振兴战略下农村体育发展方向与路径研究——基于乡村振兴与体育发展关联的辨析[J].武汉体育学院学报,2019,53(1):24-29.

[50] 马德浩.新时代我国农村公共体育服务的治理困境及其应对策略[J].体育科学,2020,41(1):104-111.

[51] 王郅强,靳江好.坚持科学发展观 强化社会管理和公共服务职能[J].中国行政管理,2004(10):60-63.

[52] 黄丽华.政府公共服务:范围、规模与工具选择[J].探求,2005(1):35-39.

[53] 许晓龙.公共服务供给机制[J].山东省农业管理干部学院学报,2013,30(1):66-69.

[54] 薛晓东,邢浩然.公共服务研究综述[J].山东省农业管理干部学院学报,2013,30(1):66-69.

[55] 常修泽.中国现阶段基本公共服务均等化研究[J].中国天津市委党校学报,2007(2):66-71.

[56] 廖文剑.基本公共服务均等化研究文献综述[J].辽宁行政学院学报,2008(9):17-19.

[57] 唐钧."公共服务均等化"保障6种基本权利[J].时事报告,2006(6):42-43.

[58] 邱需恩.基本公共服务均等化理论与政策研究[J].公共管理高层论坛,2007(1):243-260.

[59] 缪小林,张蓉,于洋航.基本公共服务均等化治理:从"缩小地区间财力差距"到"提升人民群众获得感"[J].中国行政管理,2020(2):67-71.

[60] 肖林鹏.公共体育服务概念及理论分析[J].天津体育学院学报,2003(2):97-101.

[61] 周爱光.从体育公共服务的概念审视政府的地位和作用[J].体育科学,2012,32(5):64-70.

[61] 刘玉.论社会转型期我国体育公共服务的内涵、特性与分类框架[J].成都体育学院学报,2010,36(10):1-4.

[63] 郇昌店,肖林鹏,李宗浩,等.我国公共体育服务发展述评[J].体育学刊,2009,16(6):20-24.

[64] 彭国华,庞俊鹏.新时代中国农村公共体育服务发展的路径选择[J].武汉体育学院学报,2019,53(2):25-32,39.

[65] 詹新寰,仇泽国.我国农村公共体育服务运行现状研究[J].首都体育学院学报,2018,30(4):292-296.

[66] 李斌,李拓.公共服务均等化、民生财政支出与城市化[J].中国软科学,2015(6):79-90.

[67] 杨晓军.城市公共服务质量对人口流动的影响[J].中国人口科学,2017(2):104-114,128.

[68] 焦利民,雷玮倩,许刚,等.中国城市标度律及标度因子时空特征[J].地理学报,2020,75(12):2744-2758.

[69] 戴维红,许红峰.福建省农村体育场地现状调查[J].山西师大体育学院学报,2008(3):18-21.

[70] 夏博雯,魏德样.福建省体育场地发展的动态特征分析——基于"五普""六普"数据挖掘视角[J].体育科学研究,2018,22(5):36-43,88.

[71] 雷雯,魏德样.县域体育场地发展空间特征及其影响因子研究——基于ESDA-GWR方法[J].福建师范大学学报(自然科学版),2017,33(1):99-108.

[72] 魏德样,黄彩华,雷福民,等.基于县域单元的福建省体育场地发展空间特征及其演化[J].体育科学,2016,36(1):38-48,90.

[73] 朱焱,于文谦.新时期我国公共体育资源综合配置水平评价指标体系构建[J].武汉体育学院学报,2020,54(3):5-12.

[74] 钟武,王冬冬.基于基尼系数的群众体育资源配置公平性研究[J].体育科学,2012,32(12):10-14.

[75] 许月云,黄燕霞,吴玉珊,等.基于协整模型的福建省教育系统体育场地建设发展趋势预测[J].体育学刊,2016,23(5):35-41.

[76] 许月云,陈霞明.区域体育场地建设现状与发展路径:以泉州市为例[J].首都体育学院学报,2016,28(2):114-121.

[77] 李玏.中国乡村宜居宜业水平评价体系及测度研究[J].山西农业大学学报,2022,21(4):94-103.

[78] 陈元欣,何开放,杨金娥,等.我国利用非体育用地建设突出的设施研究[J].体育学研究,2020,34(5):41-47.

[79] 杨凯.福建省乡村振兴中的体育文化建设探讨[J].经济研究导刊,2021(21):16-19.

[80] 徐成立.大型体育赛事对城市发展的影响机制[J].北京体育大学学报,2012,35(12):7-11.

[81] 胡乔,陶玉流.城市竞争力视域下大型体育赛事的效益研究[J].体育与科学,2009,30(4):32-34,42.

[82] 于善旭.我国社会体育指导员制度建立20年发展述略[J].天津体育学院学报,2013(5):369-375.

[83] 周学荣,江波.国外大众体育志愿服务发展的经验与启示[J].体育与科学,2005(4):59-61.

[84] 上俊峰,顾长江,汤际澜.日本地方体育振兴政策措施实施的现状[J].首都体育学院学报,2017,

29(3):207-212,230.

[85] 黄海平.论全面建设小康社会的国民体质监测服务体系[J].中国体育科技,2007(2):3-6.

[86] 邱丕相,杨建营,王震.民族传统体育学科发展回顾与思考[J].上海体育学院学报,2020,44(1):12-20.

[87] 刘强.蒙古族弓箭的制作与传承[J].内蒙古民族大学学报,2016(4):355-358.

[88] 维卿.论"六艺"之一"射"的文化特征[J].山西师大体育学院学报,2004(3):106-108.

[89] 刘亮.我国体育公共服务均等化的理论模型与实证分析[J].体育科学,2013(1):10.

[90] 邱冠寰,许红峰,林琳,等.福建省体育场地建设的现状及发展理路[J].厦门理工学院学报,2016,24(6):101-107.

[91] 彭国华,张莉,庞俊鹏.健康中国背景下农村公共体育服务的发展困境及治理[J].体育文化导刊,2018(6):58-62.

[91] 沈克印,吕万刚.我国政府购买公共体育服务的制度建设研究——基于社会学制度主义的分析视角[J].成都体育学院学报,2017,43(1):37-42,49.

[93] 韩宏宇,郑家鲲.公共体育服务精准化供给的内涵、困境及实现策略[J].体育学研究,2021,35(3):76-82.

[94] 李力研.论"全民健身计划"的基础理论建设[J].武汉体育学院学报,1995,29(3):9-13.

[95] 王凯,孙森浩,徐瑞良,等.社区公共服务精准供给研究:微观逻辑与精细之道[J].阜阳师范学院学报,2020(1):109-117.

[96] 张贵群,张欣.精准服务:政府公共服务供给模式创新[J].山东行政学院学报,2017,156(3):1-6.

[97] 徐增阳,张磊.公共服务精准化:城市社区治理机制创新[J].华中师范大学学报(人文社会科学版),2019,58(4):19-27.

[98] 王国敏.新农村建设的物质基础:农村公共产品供给制度——一个非均衡发展的经济学分析[J].农业经济导刊,2006(12):73-78.

[99] 郭修金,冉强辉,陈德旭,等.全面建成小康社会进程中农村公共体育服务发展的战略使命[J].体育科学,2016,36(4):42-50,60.

[100] 习近平.习近平在会见全国体育先进单位和先进个人代表等时的讲话[N].人民日报,2013-09-01(01).

[101] 沈状海.坚定文化自信建设文化强国[N].人民日报,2020-11-19(09).

[102] 国务院办公厅.关于印发体育强国建设纲要[EB/OL].(2019-09-02)[2020-10-10].http://www.gov.cn/zhengce/content/2019-09/02/content_5426485.htm.

[103] 国家统计局.全国体育场地统计调查制度[EB/OL].(2020-06-10)[2022-06-16].http://www.stats.gov.cn/tjfw/bmdcxmsp/bmzd/202006/t20200610_1755562.html.

[104] 福建省体育局.关于开展2020年度体育场地统计调查工作的通知[EB/OL].(2020-01-20)[2022-07-16].http://tyj.fujian.gov.cn/zwgk/zfxxgkzl/gkml/gzdt/202001/t20200120_5184422.htm.

[105] 国家统计局.全国体育场地统计调查制度[EB/OL].(2020-06-10)[2022-06-16].http://www.stats.gov.cn/tjfw/bmdcxmsp/bmzd/202006/t20200610_1755562.html.

[106] 福建省体育局.积极推进全民健身场地设施建设[EB/OL].(2020-04-14)[2022-06-16].https://tyj.fujian.gov.cn/zwgk/zfxxgkzl/gkml/gzdt/202004/t20200414_5236202.htm.

[107] 葛宁远.福建省基本实现基层综合性文化服务中心全覆盖[EB/OL].(2020-01-20)[2022-06-16].http://fj.cri.cn/20200120/27abbef0-b03a-1cd8-34d7-ef2ce2233e10.html.

[108] 福建省体育局.关于命名2019—2021年度福建省全民运动健身模范县(市、区)的通知[EB/OL].(2022-01-10)[2022-06-16].http://tyj.fujian.gov.cn/zwgk/zfxxgkzl/gkml/gzdt/202201/t20220110_5812568.htm.

[109] 习近平的扶贫观:决不能让困难群众掉队[EB/OL].(2015-10-16)[2020-09-10].http://news.cnr.cn/native/gd/20151016/t20151016_520164525.shtml.

［110］习近平:广泛开展全民健身活动,加快推进体育强国建设［EB/OL］.（2017-10-18）［2020-09-10］.ht-tp://sports. people. cn/n1/2017/1018/c22155-29594985. html.

［111］习近平会见国际奥委会主席巴赫［EB/OL］.（2019-01-31）［2021-09-10］. http://www. xinhuanet. com/politics/leaders/2019-01/31/c_1124072056. htm.

［112］健康中国行动推进委员会. 健康中国行动（2019—2030 年）［EB/OL］.（2019-07-15）［2021-09-10］. ht-tp://www. gov. cn/xinwen/2019-07/15/content_5409694. htm.

［113］福建省人民政府. 福建省大型群众性活动安全管理办法［EB/OL］.（2015-04-10）［2021-09-26］. ht-tps://baike. so. com/doc/26130222-27326889. html.

［114］上杭县文体局. 关于印发全民健身赛事活动经费扶持办法（试行）的通知［EB/OL］.（2018-07-06）［2021-09-06］. http://www. shanghang. gov. cn/bm/wtj/zwgk/zcjdwtj/201807/t20180731_1292443. htm.

［115］泰宁县文体广电出版局. 泰宁县体育社团开展全民健身赛事活动经费补助办法［EB/OL］.（2018-11-30）［2021-09-26］. http://www. fjtn. gov. cn/zfxxgkzl/zfxxgkml/zdgz/201812/t20181218_1249979. htm.

［116］福建省体育局.2019 年福建省全民健身运动会实施方案［EB/OL］.（2019-02-26）［2021-09-06］. ht-tp://tyj. fujian. gov. cn/zwgk/zfxxgkzl/gkml/gzdt/201902/t20190226_4767393. htm.

［117］福建省体育局. 福建省体育局向社会力量购买群众体育赛事（活动）服务的实施办法［EB/OL］.（2018-05-16）［2021-01-04］. http://tyj. fujian. gov. cn/zwgk/zfxxgkzl/gkml/zcfg/201812/t20181224_4716059. htm.

［118］泰宁县政府办.2019 泰宁环大金湖世界华人山地马拉松赛鸣枪开跑［EB/OL］.（2019-10-21）［2021-09-06］. http://www. fjtn. gov. cn/zwgk/gzdt/xjdt/201910/t20191028_1385834. htm.

［119］泰宁县政府网. 政府工作报告［EB/OL］.（2021-01-04）［2021-09-06］. http://www. fjtn. gov. cn/zwgk/gzbg/202109/t20210906_1702650. htm.

［120］国家体育总局. 体育类民办非企业单位登记审查与管理暂行办法［EB/OL］.（2018-05-16）［2021-01-04］. http://tyj. nantong. gov. cn/ntstyj/qt/content/22279ff7-1ae9-4301-abe2-85b848cc1a34. html.

［121］全民健身活动站点管理办法（讨论稿）［EB/OL］.（2019-01-12）［2020-09-10］. https://max. book118. com/html/2019/0111/7161134012002001. shtm.

［122］360 百科. 农村体育工作暂行规定［EB/OL］.（2002-04-12）［2021-10-07］. https://baike. so. com/doc/4829937-5046727. html.

［123］关于深入开展"老年人健身康乐家园"活动的通知［EB/OL］.（2021-01-20）［2021-10-07］. http://www. fjsltx. cn/zcfg/sjwj/202101/t20210120_5521159. htm.

［124］国务院. 全民健身条例［EB/OL］.（2016-02-06）［2021-10-07］. https://www. sport. org. cn/search/system/xzfg/2018/1204/194850. html.

［125］福建省人民政府. 福建省人民政府关于印发福建省全民健身实施计划（2016—2020 年）的通知［EB/OL］.（2017-02-22）［2021-09-18］. http://www. quanzhou. gov. cn/zfb/xxgk/ztxxgk/ggwhty/zcfg/201811/t20181108_787905. htm.

［126］360 百科. 社会体育指导员［EB/OL］.（2019-09-05）［2021-09-18］. https://baike. so. com/doc/5681973-5894648. html.

［127］健康中国行动推进委员会. 健康中国行动（2019—2030 年）［EB/OL］.（2019-07-15）［2021-09-18］. ht-tp://www. gov. cn/xinwen/2019-07/15/content_5409694. htm.

［128］泉州晚报. 我省今年将深入推进"全民健身百村行"［EB/OL］.（2018-04-11）［2021-10-20］. http://www. quanzhou. gov. cn/snb/sndt/201804/t20180411_614263. htm.

［129］在线访谈. 福建省"全民健身百村行"探新路［EB/OL］.（2018-03-30）［2021-10-20］. http://tyj. fujian. gov. cn/gzcy/zxft/fthz/201804/t20180408_2019263. htm.

［130］习近平:坚定文化自信,推动社会主义文化繁荣兴盛［EB/OL］.（2017-11-08）［2021-10-20］. http://dangjian. people. cn/n1/2017/1108/c414210-29635034. html.

[131] 国务院. 全民健身计划纲要[EB/OL]. (2008-01-01)[2021-10-20]. https://www. sport. org. cn/sfa/2008/0101/82427. html.

[132] 国务院关于印发全民健身计划(2016-2020 年)的通知[EB/OL]. (2016-06-23)[2021-10-20]. http://www. gov. cn/zhengce/content/2016-06/23/content_5084564. htm.

[133] 张芯蕊. 新时代如何传承发展中华优秀传统文化[EB/OL]. (2019-06-19)[2021-10-20]. http://www. qstheory. cn/zhuanqu/2019-06/19/c_1124643702. htm.

附 录

附录1 体育场地调查表

调查单位基本情况表

表　　号： TYCD—A
制定机关： 国家体育总局
批准机关： 国家统计局
批准文号： 国统制[2020]41 号
有效期至： 2023 年 4 月

20　年

01	统一社会信用代码□□□□□□□□□□□□□□□□□□ 尚未领取统一社会信用代码的填写原组织机构代码：□□□□□□□□—□
02	单位详细名称

03	法定代表人（单位负责人）_____	04	单位联系电话___-_____（转____）

05	单位所在地址 _____（省、自治区、直辖市）_____（市、地、州、盟） _____（县、市、区、旗）_____（乡、镇） _____（街、路、村）_____号

06	单位所在行政区划及代码 （区划代码和城乡代码由调查机构填写） 单位位于：_____街道办事处_____社区（居委会） 区划代码：□□□□□□□□□□□□　　城乡代码：□□□

07	机构类型：□□ 10 企业　　　　　20 事业单位　　　　30 机关　　　　　40 社会团体 51 民办非企业单位　52 基金会　　　　53 居委会　　　54 村委会 55 农村专业合作社　56 农村集体经济组织　90 其他组织机构

08	行业类别：□ 1 体育　　2 教育　　3 其他

单位负责人：　　　统计负责人：　　　填表人：　　　联系电话：　　　报出日期：20　年　月　日

125

足球场地调查表

表　　号： TYCD—B1
制定机关： 国家体育总局
批准机关： 国家统计局
批准文号： 国统制[2020]41 号
有效期至： 2023 年 4 月

统一社会信用代码 □□□□□□□□□□□□□□□□□□
尚未领取统一社会信用代码的填写原组织机构代码 □□□□□□□□—□
单位详细名称： 20 年

01	场地名称	
02	建成时间	□□□□年□□月
03	固定资产投资	投资合计 □□□□□□万元 财政资金 □□□□□□万元 民间投资 □□□□□□万元
04	年度固定资产投资—2019	投资合计 □□□□□□万元 财政资金 □□□□□□万元 民间投资 □□□□□□万元
05	场地代码：□□□□□□ 101011 十一人制足球场　101012 十一人制足球馆　101021 七人制足球场　101022 七人制足球馆 101031 五人制足球场　101032 五人制足球馆　101041 沙滩足球场	
06	体育场地面积	体育场地面积： □□□□□□平方米 其中：分项体育场地面积： □□□□□□平方米 附属用房体育场地面积： □□□□□□平方米
07	体育场地数量	体育场地数量： □□个 其中：分项体育场地数量： □□个 附属用房体育场地数量： □□个
08	面层材料	□　1 天然草坪　2 人造草坪　3 其他
09	固定座席	□□□□□座
10	建筑面积	□□□□□□平方米

11	分项体育场地情况 （选填，可自行续表）	场地代码	场地名称	体育场地数量	体育场地面积
		□□□□□□＿＿	＿＿＿＿	□□个	□□□□□□平方米
		□□□□□□＿＿	＿＿＿＿	□□个	□□□□□□平方米
		□□□□□□＿＿	＿＿＿＿	□□个	□□□□□□平方米
		□□□□□□＿＿	＿＿＿＿	□□个	□□□□□□平方米
		□□□□□□＿＿	＿＿＿＿	□□个	□□□□□□平方米

12	附属用房体育场地情况 （选填，可自行续表）	场地代码	场地名称	体育场地面积
		□□□□□□＿＿	＿＿＿＿	□□□□□平方米
		□□□□□□＿＿	＿＿＿＿	□□□□□平方米
		□□□□□□＿＿	＿＿＿＿	□□□□□平方米
		□□□□□□＿＿	＿＿＿＿	□□□□□平方米
		□□□□□□＿＿	＿＿＿＿	□□□□□平方米

单位负责人：　　　统计负责人：　　　填表人：　　　联系电话：　　　报出日期：20 年 月 日

冰雪场地调查表

表　　号：　TYCD—B2
制定机关：　国家体育总局
批准机关：　国家统计局
批准文号：　国统制[2020]41号
有效期至：　2023 年 4 月

统一社会信用代码　□□□□□□□□□□□□□□□□□□
尚未领取统一社会信用代码的填写原组织机构代码　□□□□□□□□—□
单位详细名称：　　　　　　　　　　　20 年

01	场地名称	
02	建成时间	□□□□年□□月
03	固定资产投资	投资合计 □□□□□□万元 财政资金 □□□□□□万元 民间投资 □□□□□□万元
04	年度固定资产投资—2019	投资合计 □□□□□□万元 财政资金 □□□□□□万元 民间投资 □□□□□□万元
05	场地代码：□□□□□□ 104011 冰球场　　　　104012 冰球馆　　　　105012 冰壶馆　　　　106011 滑冰场 106012 滑冰馆　　　　106021 速度滑冰场　　106022 速度滑冰馆　　107011 滑雪场 107012 滑雪馆　　　　107021 跳台滑雪场　　107031 U 型滑雪场　　107041 技巧滑雪场 107051 雪车雪橇场	
06	体育场地面积	体育场地面积：　　　　　　　　　□□□□□□□平方米 其中，分项体育场地面积：　　　□□□□□□□平方米 附属用房体育场地面积：□□□□□□□平方米
07	体育场地数量	体育场地数量：　　　　　　　　　□□个 其中：分项体育场地数量：　　　□□个 附属用房体育场地数量：□□个

08	1	冻冰方式（滑冰场馆填写）	□ 1 天然冰场　2 人工制冷冰场　3 非制冷冰场
	2	冰面数量（滑冰场馆填写）	□□块
	3	雪道面积（滑雪场馆填写）	□□□□□□□平方米
	4	索道数量（107011 滑雪场填写）	□□条
	5	最大高差（107011 滑雪场填写）	□□□米
	6	雪道长度（107051 雪车雪橇场填写）	□□□□米

09	固定座席	□□□□□座
10	建筑面积	□□□□□□平方米

11	分项体育场地情况 （选填，可自行续表）	场地代码	场地名称	体育场地数量	体育场地面积
		□□□□□□____	_____	□□个	□□□□□平方米
		□□□□□□____	_____	□□个	□□□□□平方米
		□□□□□□____	_____	□□个	□□□□□平方米

12	附属用房体育场地情况 （选填，可自行续表）	场地代码	场地名称	体育场地面积
		□□□□□□____	_____	□□□□□平方米
		□□□□□□____	_____	□□□□□平方米
		□□□□□□____	_____	□□□□□平方米

单位负责人：　　　　统计负责人：　　　　填表人：　　　　联系电话：　　　　报出日期：20 年　月　日

健身场地调查表

表　　号：　TYCD—B3
制定机关：　国家体育总局
批准机关：　国家统计局
批准文号：　国统制[2020]41 号
有效期至：　2023 年 4 月

统一社会信用代码　□□□□□□□□□□□□□□□□□□

尚未领取统一社会信用代码的填写原组织机构代码　□□□□□□□□—□

单位详细名称：　　　　　　　　　　　　20　年

01	场地名称	
02	建成时间	□□□□年□□月
03	固定资产投资	投资合计　□□□□□□万元 财政资金　□□□□□□万元 民间投资　□□□□□□万元
04	年度固定资产投资—2019	投资合计　□□□□□□万元 财政资金　□□□□□□万元 民间投资　□□□□□□万元
05	场地代码：□□□□□□ 201012 社区健身中心　　　202012 全民健身中心　　　203011 全民健身路径　　　204012 健身房 205011 登山步道　　　205021 步行道　　　205031 自行车骑行道　　　205041 步行骑行综合道 206011 体育公园	
06	体育场地面积 （206011 体育公园不单独统计面积）	体育场地面积：　□□□□□□平方米 其中，分项体育场地面积：□□□□□□平方米
07	体育场地数量	体育场地数量：　□□个 其中：分项体育场地数量：□□个
08	1　健身步道长度	□□□□□米
	2　器材件数 （203011 全民健身路径填写）	□□□件
09	建筑面积	□□□□□□平方米

10	分项体育场地情况 （选填，可自行续表）	场地代码	场地名称	体育场地数量	体育场地面积
		□□□□□□＿＿＿	＿＿＿＿＿＿	□□个	□□□□□平方米
		□□□□□□	＿＿＿＿＿＿	□□个	□□□□□平方米
		□□□□□□	＿＿＿＿＿＿	□□个	□□□□□平方米
		□□□□□□	＿＿＿＿＿＿	□□个	□□□□□平方米
		□□□□□□	＿＿＿＿＿＿	□□个	□□□□□平方米

单位负责人：　　　　统计负责人：　　　　填表人：　　　　联系电话：　　　　报出日期：20　年　月　日

户外运动场地调查表

表　　号：　　TYCD—B4
制定机关：　国家体育总局
批准机关：　国家统计局
批准文号：　国统制[2020]41号
有效期至：　2023年4月

统一社会信用代码　□□□□□□□□□□□□□□□□□□
尚未领取统一社会信用代码的填写原组织机构代码　□□□□□□□□—□
单位详细名称：　　　　　　　　　　　　20　年

01	场地名称			
02	建成时间		□□□□年□□月	
03	固定资产投资		投资合计　　□□□□□□万元 财政资金　　□□□□□□万元 民间投资　　□□□□□□万元	
04	年度固定资产投资—2019		投资合计　　□□□□□□万元 财政资金　　□□□□□□万元 民间投资　　□□□□□□万元	
05	场地代码：□□□□□□ 301011 攀岩场　　301012 攀岩馆　　301021 攀冰场　　301022 攀冰馆 302011 水上运动场　303011 海上运动场　304011 汽车赛车场　304021 卡丁车运动场 304031 摩托车运动场　305011 航空运动机场　306011 营地　　307011 天然游泳场			
06	体育场地面积 （306011 营地不填写）		体育场地面积：　　　　　　　　□□□□□□□平方米 其中，分项体育场地面积：　　□□□□□□□平方米 　　　附属用房体育场地面积：□□□□□□平方米	
07	体育场地数量 （306011 营地不填写）		体育场地数量：　　　　　　　□□个 其中，分项体育场地数量：　□□个 　　　附属用房体育场地数量：□□个	
08	1	赛道长度 （304011 汽车赛车场、304021 卡丁车运动场、304031 摩托车运动场填写）	□□□□□米	
	2	码头或栈桥数量 （302011 水上运动场和303011 海上运动场填写）	□□个	
	3	码头或栈桥长度 （302011 水上运动场和303011 海上运动场填写）	□□□□米	
	4	跑道数量 （305011 航空运动机场填写）	□□条	
09	固定座席		□□□□□□座	
10	建筑面积		□□□□□□平方米	

11	分项体育场地情况 （选填，可自行续表）	场地代码	场地名称	体育场地数量	体育场地面积
		□□□□□□____	____	□□个	□□□□□平方米
		□□□□□□____	____	□□个	□□□□□平方米
		□□□□□□____	____	□□个	□□□□□平方米

12	附属用房体育场地情况 （选填，可自行续表）	场地代码	场地名称	体育场地面积
		□□□□□□____	____	□□□□□平方米
		□□□□□□____	____	□□□□□平方米
		□□□□□□____	____	□□□□□平方米

单位负责人：　　　统计负责人：　　　填表人：　　　联系电话：　　　报出日期：20　年　月　日

室外体育场地调查表

表　　号：　TYCD—B5
制定机关：　国家体育总局

统一社会信用代码　□□□□□□□□□□□□□□□□□□

尚未领取统一社会信用代码的填写原组织机构代码　□□□□□□□□—□

单位详细名称：　　　　　　　　　　20　年

批准机关：　国家统计局
批准文号：　国统制[2020]41 号
有效期至：　2023 年 4 月

01	场地名称	
02	建成时间	□□□□年□□月
03	固定资产投资	投资合计　□□□□□□万元 财政资金　□□□□□□万元 民间投资　□□□□□□万元
04	年度固定资产投资—2019	投资合计　□□□□□□万元 财政资金　□□□□□□万元 民间投资　□□□□□□万元
05	场地代码：□□□□□□ 102011 篮球场　　102021 三人制篮球场　　103011 排球场　　103021 沙滩排球场 109011 田径场　　109021 小运动场　　109031 田径跑道　　110011 游泳池 110021 跳水池　　112011 乒乓球场　　113011 羽毛球场　　114011 网球场 115011 橄榄球场　116011 手球场　　　116021 沙滩手球场　117011 高尔夫球场 117021 高尔夫球练习场　118011 曲棍球场　119011 棒球场　　119021 垒球场 121011 自行车场　121021 山地自行车场　121031 小轮车场　122011 射击场 122021 飞碟靶场　123011 射箭场　　124011 马术场　　124021 赛马场 126011 地掷球场　127011 门球场　　129011 板球场　　130011 藤球场 135011 轮滑场　　135021 滑板场　　138011 木球场　　139011 毽球场 401011 体育场	
06	体育场地面积	体育场地面积：　　　　　　　　□□□□□□□平方米 其中，分项体育场地面积：　　□□□□□□□平方米 附属用房体育场地面积：□□□□□□□平方米
07	体育场地数量	体育场地数量：　　　　　　　□□个 其中：分项体育场地数量：　□□个 附属用房体育场地数量：　□□个
08	1	靶位数量 （122021 飞碟靶场填写）| □□个
	2	球洞数量 （117011 高尔夫球场和 117021 高尔夫球练习场填写）| □□□洞
09	固定座席	□□□□□座
10	建筑面积	□□□□□□平方米

11	分项体育场地情况 （选填，可自行续表）		场地代码	场地名称	体育场地数量	体育场地面积
		1	□□□□□□＿＿＿	＿＿＿＿＿	□□个	□□□□□平方米
			□□□□□□＿＿＿	＿＿＿＿＿	□□个	□□□□□平方米
			□□□□□□＿＿＿	＿＿＿＿＿	□□个	□□□□□平方米
			□□□□□□＿＿＿	＿＿＿＿＿	□□个	□□□□□平方米
			□□□□□□＿＿＿	＿＿＿＿＿	□□个	□□□□□平方米
		2	场地代码 （仅限足球场地填写）| 场地名称	面层材料： 1 天然草坪 2 人造草坪 3 其他	体育场地数量	体育场地面积
			□□□□□□＿＿＿	＿＿＿＿＿	□	□□个	□□□□□平方米
			□□□□□□＿＿＿	＿＿＿＿＿	□	□□个	□□□□□平方米
			□□□□□□＿＿＿	＿＿＿＿＿	□	□□个	□□□□□平方米

12	附属用房体育场地情况 （选填，可自行续表）	场地代码	场地名称	体育场地面积
		□□□□□□＿＿＿＿	＿＿＿＿＿＿＿	□□□□□□平方米
		□□□□□□＿＿＿＿	＿＿＿＿＿＿＿	□□□□□□平方米
		□□□□□□＿＿＿＿	＿＿＿＿＿＿＿	□□□□□□平方米
		□□□□□□＿＿＿＿	＿＿＿＿＿＿＿	□□□□□□平方米
		□□□□□□＿＿＿＿	＿＿＿＿＿＿＿	□□□□□□平方米

单位负责人：　　　　统计负责人：　　　　填表人：　　　　联系电话：　　　　报出日期：20　年　月　日

室内体育场地调查表

<table>
<tr><td colspan="2">表　　　号：</td><td>TYCD—B6</td></tr>
<tr><td colspan="2">制定机关：</td><td>国家体育总局</td></tr>
<tr><td colspan="2">批准机关：</td><td>国家统计局</td></tr>
<tr><td colspan="2">批准文号：</td><td>国统制[2020]41号</td></tr>
<tr><td colspan="2">有效期至：</td><td>2023年4月</td></tr>
</table>

统一社会信用代码　□□□□□□□□□□□□□□□□□□

尚未领取统一社会信用代码的填写原组织机构代码　□□□□□□□□—□

单位详细名称：　　　　　　　　　　　20　年

01	场地名称	
02	建成时间	□□□□年□□月
03	固定资产投资	投资合计　□□□□□□万元 财政资金　□□□□□□万元 民间投资　□□□□□□万元
04	年度固定资产投资—2019	投资合计　□□□□□□万元 财政资金　□□□□□□万元 民间投资　□□□□□□万元
05	场地代码：□□□□□□ 102012 篮球馆　　103012 排球馆　　108012 武术馆　　108032 泰拳馆 109012 田径馆　　109032 田径跑廊　110012 游泳馆　　110022 跳水馆 111012 体操馆　　111022 艺术体操馆　111032 蹦床馆　　112012 乒乓球馆 113012 羽毛球馆　114012 网球馆　　116012 手球馆　　118012 曲棍球馆 120012 举重馆　　120022 摔跤馆　　120032 柔道馆　　120042 拳击馆 120052 跆拳道馆　120062 空手道馆　121012 自行车馆　122012 射击馆 123012 射箭馆　　124012 马术馆　　125012 击剑馆　　127012 门球馆 128012 壁球馆　　131012 保龄球馆　132012 台球馆　　133012 沙狐球馆 134012 棋牌室　　135012 轮滑馆　　135022 滑板馆　　136012 电子竞技馆 402012 体育馆　　403012 综合馆　　404012 体能训练馆	
06	体育场地面积	体育场地面积：　　　　　　□□□□□平方米 其中，分项体育场地面积：□□□□□平方米
07	体育场地数量	体育场地数量：　　　　□□个 其中：分项体育场地数量：□□个
08	靶位数量 （122012 射击馆填写）	□□个
09	固定座席	□□□□□座
10	建筑面积	□□□□□□平方米

11	分项体育场地情况 （选填，可自行续表）	场地代码	场地名称	体育场地数量	体育场地面积
		□□□□□□＿＿＿	＿＿＿＿	□□个	□□□□□平方米
		□□□□□□＿＿＿	＿＿＿＿	□□个	□□□□□平方米
		□□□□□□＿＿＿	＿＿＿＿	□□个	□□□□□平方米
		□□□□□□＿＿＿	＿＿＿＿	□□个	□□□□□平方米
		□□□□□□＿＿＿	＿＿＿＿	□□个	□□□□□平方米

单位负责人：　　　　统计负责人：　　　　填表人：　　　　联系电话：　　　　报出日期：20　年　月　日

附录 2 全民健身活动调查表

附表 2-1 全民健身活动情况汇总

序号	县	乡镇(街道)	活动名称	主办单位	承办单位	协办/赞助单位	参加人数/人	财政投入/万元	社会赞助/万元	举办时间	举办年限
1											
2											
3											
4											
5											
6											
7											
8											
9											
10											
11											
12											
13											
14											
15											
16											

填表说明:

1. 全民健身活动是指县(市、区)区域里由体育行政部门、街道和乡镇文体机构、行业协会等主办的健身活动,含健身气功"五进"活动(没有竞赛规程、秩序册,但有活动方案)。

2. 主办单位是指活动发起单位。

3. 承办单位是指负责活动的具体运作及活动过程中具体事务的单位。

4. 协办/赞助单位是指为全民健身活动提供协助或赞助的单位。

5. 财政投入是指各级财政用于开展全民健身活动的财政拨款总额,包含体彩公益金投入金额。

6. 社会赞助是指由个人、企业、社会团体等赞助的用于开展全民健身活动的金钱、物资等。

7. 举办时间是指举办活动的时间。

8. 举办年限是指首次举办该项活动至今共几年。

附表 2-2 全民健身运动会系列赛事情况汇总

序号	县	赛事名称	参赛人数/人	主办单位	承办单位	协办/赞助单位	执行单位	财政投入/万元	社会赞助/万元	举办时间
1										
2										
3										
4										
5										
6										
7										
8										
9										
10										

填表说明:

1. 全民健身运动会系列赛事是指统一冠名"2018年福建省全民健身运动会××市(县、区或单位)××(项目)"的比赛(有专门的竞赛规程、秩序册)。

2. 主办单位是指赛事的发起单位。

3. 承办单位是指负责赛事的具体运作及比赛过程中具体事务的单位。

4. 协办/赞助单位是指为比赛提供协助或赞助的单位。

5. 执行单位是指赛事具体运作的机构。

6. 财政投入是指用于全民健身运动会赛事的财政拨款总额,包含体彩公益金投入金额。

7. 社会赞助是指由个人、企业、社会团体等赞助的用于开展全民健身运动会赛事的金钱、物资等。

8. 举办时间是指举办比赛的时间。

附表 2-3 体育品牌赛事汇总

序号	县	乡镇(街道)	赛事名称	赛事级别	赛事年限	主办单位	承办单位	协办/赞助单位	执行单位	参赛人数/人	财政投入/万元	社会赞助/万元	举办时间	获得体育产业专项资金扶持及金额
1														
2														
3														
4														
5														

填表说明:

1. 体育品牌赛事是指符合《福建省体育产业专项资金体育竞赛表演业项目资助扶持办法》(闽体〔2017〕314 号)的,有专门的竞赛规程、秩序册的体育赛事。

2. 赛事级别是指赛事的等级,分为五个等级:国际甲级赛事是指参赛国家 10 个以上或参赛国家 6 个以上且国外参赛队 10 支以上,央视直播或录播,总投资 800 万元以上,其中市场开发价值 200 万元以上的赛事;国际乙级赛事是指参赛国家 6 个以上或参赛国家 3 个以上且国外参赛队 6 支以上,央视或省级媒体直播或录播,总投资 300 万元以上,其中市场开发价值 80 万元以上的赛事;全国性赛事是指参赛省份 10 个以上或参赛省份 5 个以上且省外参赛队 10 支以上,中央级或省级媒体直播或录播,总投资 150 万元以上,其中市场开发价值 40 万元以上的赛事;海峡两岸传统特色赛事是指参赛省份 5 个以上或参赛省份 3 个以上且省外参赛队 6 支以上,其中必须有台湾的代表队参加,地方台新闻或网络台直播或录播,总投资 100 万元以上,其中市场开发价值 20 万元以上的赛事;地方传统特色赛事是指赛事历史 3 年以上(含 3 年),地方台新闻或网络台直播或录播,总投资 50 万元以上,其中市场开发价值 10 万元以上的赛事。

3. 赛事年限是指首次举办该赛事至今共几年。

4. 主办单位是指赛事的发起单位。

5. 承办单位是指负责赛事的具体运作及比赛过程中具体事务的单位。

6. 协办/赞助单位是指为比赛提供协助或赞助的单位。

7. 执行单位是指赛事具体运作的机构。

8. 财政投入是指用于开展体育赛事的财政拨款总额,包含体彩公益金投入金额。

9. 社会赞助是指由个人、企业、社会团体等赞助的用于开展该项体育赛事的金钱、物资等。

10. 举办时间是指举办比赛的时间。

附表 2-4　其他体育赛事汇总

序号	县	乡镇(街道)	赛事名称	赛事年限	主办单位	承办单位	协办/赞助单位	执行单位	参赛人数/人	财政投入/万元	社会赞助/万元	举办时间
1												
2												
3												
4												
5												
6												
7												
8												
9												
10												
12												
13												
15												
17												
18												

填表说明:

1. 其他体育赛事是指除全民健身运动会系列赛事、体育品牌赛事以外的赛事(有专门的竞赛规程、秩序册)。

2. 赛事年限是指首次举办该项赛事至今共几年。

3. 主办单位是指赛事的发起单位。

4. 承办单位是指负责赛事的具体运作及比赛过程中具体事务的单位。

5. 协办/赞助单位是指为比赛提供协助或赞助的单位。

6. 执行单位是指赛事具体运作的机构。

7. 财政投入是指用于开展体育赛事的财政拨款总额,包含体彩公益金投入金额。

8. 社会赞助是指由个人、企业、社会团体等赞助的用于开展该项体育赛事的金钱、物资等。

9. 举办时间是指举办比赛的时间。

附录3 体育社会组织调查表

附表 3-1 体育社会组织基本情况汇总

序号	组织名称	成立时间	注册/备案	办公地址	会员数/人	负责人	联系方式
1							
2							
3							
4							
5							
6							
7							
8							
9							
10							
11							
12							
13							
14							
15							
16							
17							
18							
19							
20							
21							
22							

填表说明：

1. 体育社会组织包括体育总会、体育人群协会、单项协会、科学研究会、体育类民办非企业单位、体育基金会，以及未注册但备案登记的以上类别体育社会组织（不含全民健身站点）。

2. 注册是指在民政部门登记注册的体育社会组织，备案是指在当地乡镇（街道）备案登记的体育社会组织。

附表 3-2　全民健身活动站点汇总

序号	县	站点名称	站点地址	成立时间	开展活动项目	每天活动人数/人	负责人	联系电话	场地面积/m²	社会指导员人数/人
1										
2										
3										
4										
5										
6										
7										
8										
9										
10										
11										
12										
13										
14										
15										
16										
17										
18										
19										
20										
21										
22										
23										
24										
25										
26										

填表说明：

1. 全民健身活动站点(含健身气功活动站点、晨晚练点)是指具有适宜的体育场地和设施、有社会体育指导员进行指导、群众自愿参加和自我组织、定时开展科学健身活动、经所在地体育主管部门进行备案的群众性体育组织。

2. 社会体育指导员是指在站点从事技能传授、锻炼指导和组织管理工作的人员。

附录 4　健身指导调查表

附表 4-1　社会体育指导员基本情况汇总

序号	县(市、区)	社会体育指导员人数/人	国家级社会体育指导员人数/人	一级社会体育指导员人数/人	二级社会体育指导员人数/人	三级社会体育指导员人数/人
1						
2						
3						
4						
5						
6						
7						
8						
9						
10						

填表说明:截至 2020 年 12 月 31 日取得公益性社会体育指导员证书的人员。

附表 4-2　2016—2020 年社会体育指导员培训情况汇总

序号	培训时间	培训级别	培训名称	主办单位	培训类型	培训形式	参加人次/人	培训时长/天	备注
1									
2									
3									
4									
5									
6									
7									
8									

填表说明:

1. 培训级别指的是国家、省级、市级或县(市、区)级培训。

2. 培训类型分为社会体育指导员定级培训、岗前培训、在岗培训三种。

3. 培训形式指的是技能型、理论型、技能与理论相结合型。

4. 培训时长是指社会体育指导员培训的天数。

附表 4-3 2016—2020 年国民体质监测站点建设与运行情况汇总

序号	站点名称	站点地址	建成时间	仪器设备类型及数量	站点使用面积/m²	站点人员配备人数/人	2016年监测人次/人	2017年监测人次/人	2018年监测人次/人	2019年监测人次/人	2020年监测人次/人	2016年运行经费/万元	2017年运行经费/万元	2018年运行经费/万元	2019年运行经费/万元	2020年运行经费/万元	数据库建设	监测报告
1																		
2																		
3																		
4																		
5																		
6																		
7																		
8																		
9																		

填表说明：监测站人员配备指的是指在本站点工作，并取得劳动报酬或收入的全职或兼职人员数。

填表单位:(盖章)　　　　　　填报人:　　　　　　联系方式:

序号	开展工间操的单位	开展时间	工间操开展的项目	参加人次/人	备注
1					
2					
3					
4					
5					
6					
7					
8					
9					
10					
11					
12					

填表说明:

1. 工间操是指机关和企业事业单位(不含学校)中的工作人员每天在工作时间内抽出一定时间来集体做的体操。

2. 开展时间是指开展工间操的具体年份。

3. 工间操开展的项目是指机关、企事业单位工间操开展的活动项目,如广播体操、健身操、健身气功等。

4. 参加人次指工作日每天参与工间操的人数。

附录5　体育文化建设调查表

附表 5-1　民间民族民俗传统体育项目汇总

序号	县	民间民族民俗传统体育项目名称	开展区域	年度赛事活动场次/场	年度培训场次/场	财政投入/万元	社会赞助/万元	专门组织/社团/俱乐部	参与赛事活动总人数/人	备注
1										
2										
3										
4										
5										
6										
7										
8										

填表说明：

1. 民间民族民俗传统体育项目包含武术、摔跤、舞龙舞狮、太极、健身气功、车鼓、抓鸭子、拍胸舞、白鹤拳等。
2. 开展区域是指该项目在本地区开展的主要街道/乡镇。
3. 财政投入是指年度该项目推广的财政拨款总额，包含体彩公益金投入金额。
4. 社会赞助是指年度个人、企业、社会团体等赞助该项目推广的金钱、物资等。
5. 专门组织/社团/俱乐部是指为推广该项目所成立的相关机构。
6. 若该地区某民间民族民俗体育传统项目2017年没有开展任何活动，或曾有某项民俗民间民族体育传统项目，但已消亡，请填写名称，并在备注栏写明未开展活动或消亡原因。

附表 5-2　全民健身先进单位或个人汇总

序号	县	先进个人或单位	先进个人或单位简介	全民健身先进事迹简介（100字左右）
1				
2				
3				
4				
5				
6				

填报说明：

1. 先进个人填写内容包括性别、年龄、职业等；单位填写内容包括单位类型。
2. 先进事迹仅需填写单位或个人在全民健身宣传、指导、管理、志愿服务、赛事组织或服务等领域中做出突出贡献的介绍。

后　　记

　　本书是 2018 年福建省社会科学规划一般项目的最终研究成果。再回首,思绪万千! 从 2016 年 9 月有幸加入福建省全民健身实施计划落实情况督查调研小组到 2018 年福建省社会科学规划项目立项,再到 2021 年 9 月完成结项工作,想想这 5 年虽然短暂,自己却收获了很多,也成长了不少。5 年来,我收获的不仅仅是阅历和知识,更多的是从领导们身上学到了对工作一丝不苟、雷厉风行、讲究效率的作风;从老师们身上学到了对待名利淡然处之的态度,对待工作尽职尽责、决不推诿、认真严谨、团结务实的作风,对待科研脚踏实地、勇于开拓、兢兢业业的精神。这些优良作风一直激励我、鼓舞我,让我在这几年的工作、科研、生活中坚持下来,并在专业领域中做了更深入的研究,以"良好"等级完成了省社科项目结项。当然,我也留下了很多遗憾,受自己科研能力的制约,本书的一些观点还阐述得不够精辟,对公共服务体系建设的供给和需求两端未进行对称分析,也缺乏对农民需求进行系统调查等,这些遗憾只能以后找机会弥补了。

　　在书稿付梓之际,向支持和参与本课题研究的所有研究人员、工作人员表示衷心的感谢!

　　感谢福建省体育局群众体育处范永胜、苏德新、张华晟同志,在课题研究实施过程中,他们鼎力支持和提供了便利条件,使课题实证研究得到最真实和最珍贵的资料。

　　感谢福建省体育局体育产业处提供了福建省 2020 年全国体育场地统计普查的数据库资料,使得本书体育场地资源配置的实证材料在纵横上有一个翔实、科学、准确的比较和分析。

　　感谢永春县文化体育和旅游局刘松宝和黄诗鸣、古田县文化体育和旅游局高林翔、华安县文化体育和旅游局黄正升、仙游县文化体育和旅游局胡建新、屏南县文体新局陆海清等同志们,在课题调研实施过程中,他们鼎力支持和提供了便利条件,使课题实证研究得到最真实和最翔实的调研资料。

　　感谢泉州师范学院的许月云教授,她既是我的领导,又是课题组成员,还是我本书研究、撰写、修改和出版的指导者。她在学术上一丝不苟、精益求精,生活上默默耕耘、任劳任怨,她带领我参加了"2017 年、2018 年、2019 年福建省全民健身落实情况督查调研""2020 年福建省体育场地统计调查""福建省社会足球场地评估和分析""全民健身条例起草调研工作",参与《福建省"十四五"全民健身实施计划(2021—2025)》《福建省"十四五"体育发展规划》等课题研制,沐浴的不但有学术的正气,而且有做人的准则。

　　感谢福建师范大学体育科学学院的许红峰教授、集美大学体育学院的王德平教授,在课题论证和修改的过程中,他们热情指导和帮助,为本课题的研究提供了诸多的真知灼见。

　　感谢本课题组成员董婧涓、魏太森、林芹芳、吴瑞珠、任慧涛,他们在整个督查过程中帮忙搜集 43 个县的调研数据、问卷材料、实地调研等,兢兢业业地帮忙梳理、审核、排查调研材料,正是这些调研成果,为本课题研究提供了真实、可靠、翔实的第一手材料,为课题的顺利进行奠定了基础,在此一并表示感谢。

感谢泉州师范学院的领导们、科研处的全体同仁们,他们给予的充分肯定和精诚服务是我在挫折中屡次奋起的强大精神动力。

感谢我的家人,他们给予我无私的关爱和理解,是我最深厚的动力和终身的财富。

本书的出版得到福建省社会科学规划项目资助,厦门大学出版社给予了积极的支持,在此表示衷心的感谢!

陈霞明

2022 年 8 月